SUPER MARIO

Seine größten Abenteuer

Yukio Sawada

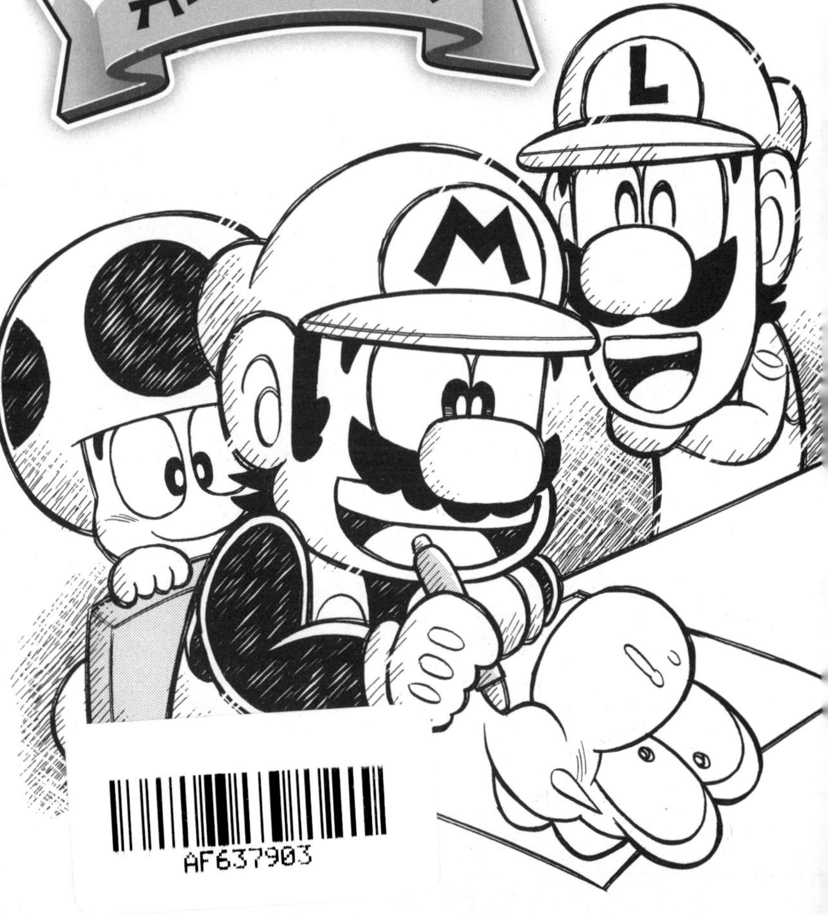

Inhalt

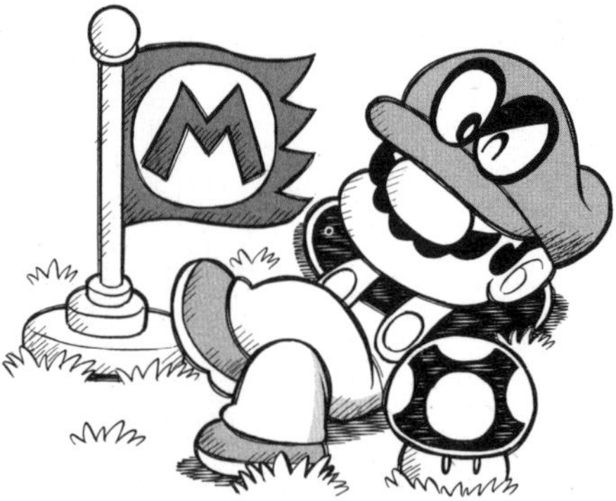

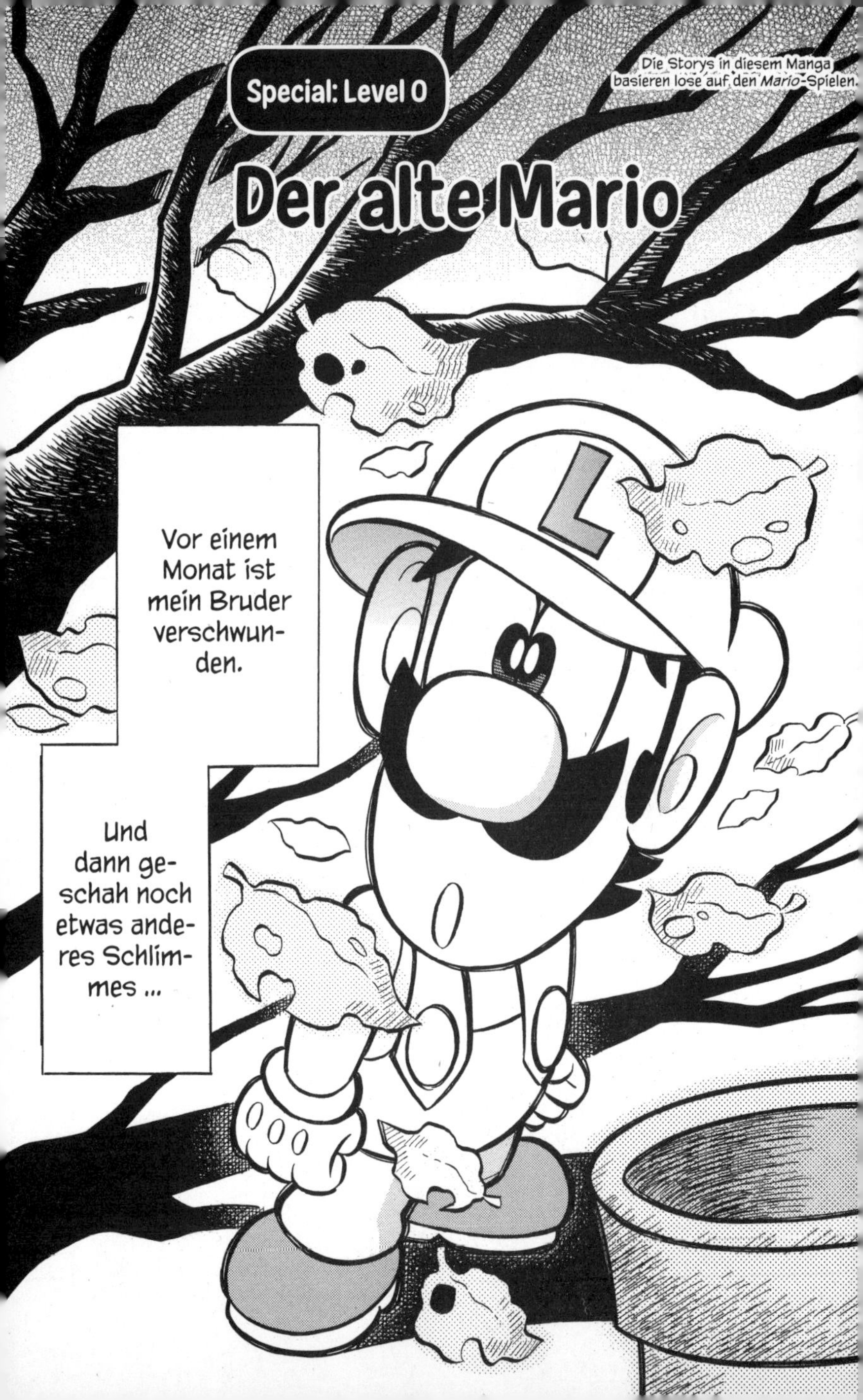
Special: Level 0
Der alte Mario
Die Storys in diesem Manga basieren lose auf den Mario-Spielen.
Vor einem Monat ist mein Bruder verschwunden.
Und dann geschah noch etwas anderes Schlimmes ...

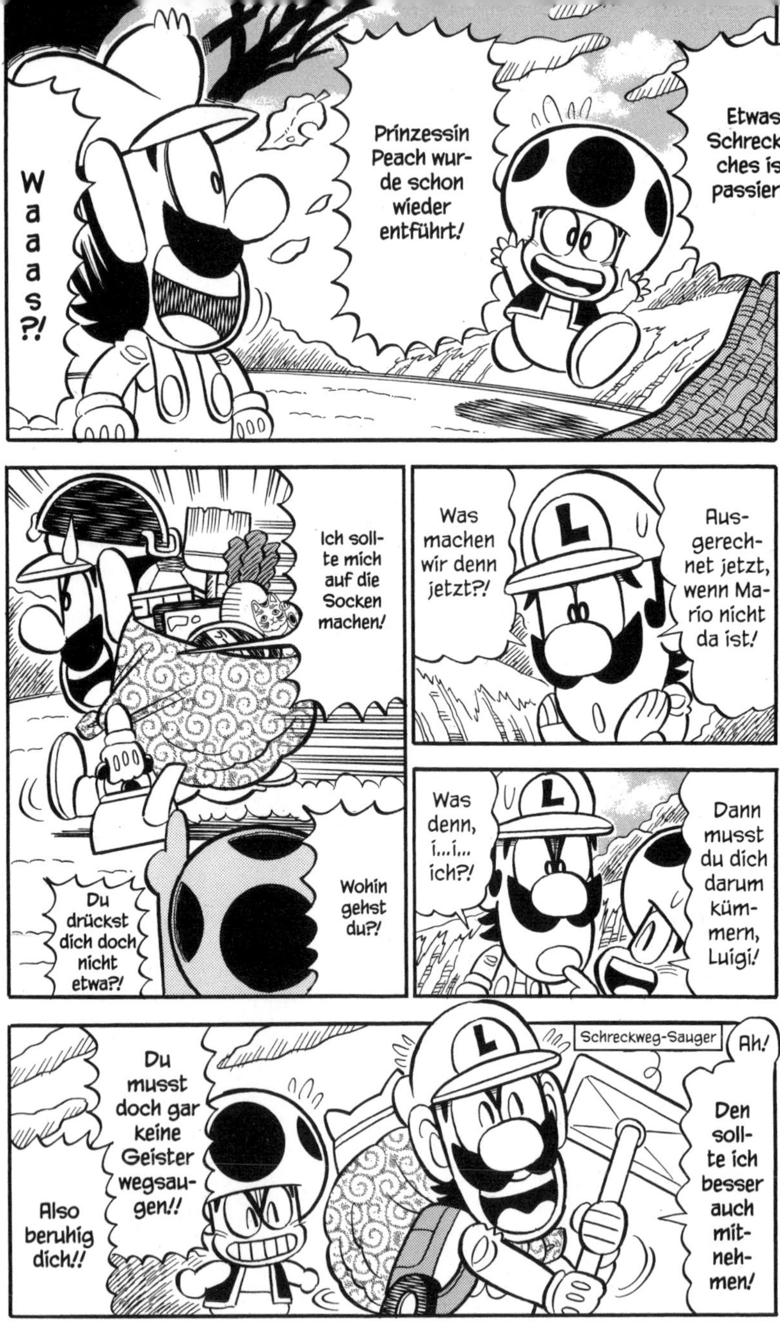

Etwas Schreckliches ist passiert!
Prinzessin Peach wurde schon wieder entführt!
Waaas?!
Ausgerechnet jetzt, wenn Mario nicht da ist!
Was machen wir denn jetzt?!
Dann musst du dich darum kümmern, Luigi!
Was denn, i...i... ich?!
Ich sollte mich auf die Socken machen!
Wohin gehst du?!
Du drückst dich doch nicht etwa?!
Ah!
Schreckweg-Sauger
Den sollte ich besser auch mitnehmen!
Du musst doch gar keine Geister wegsaugen!!
Also beruhig dich!!

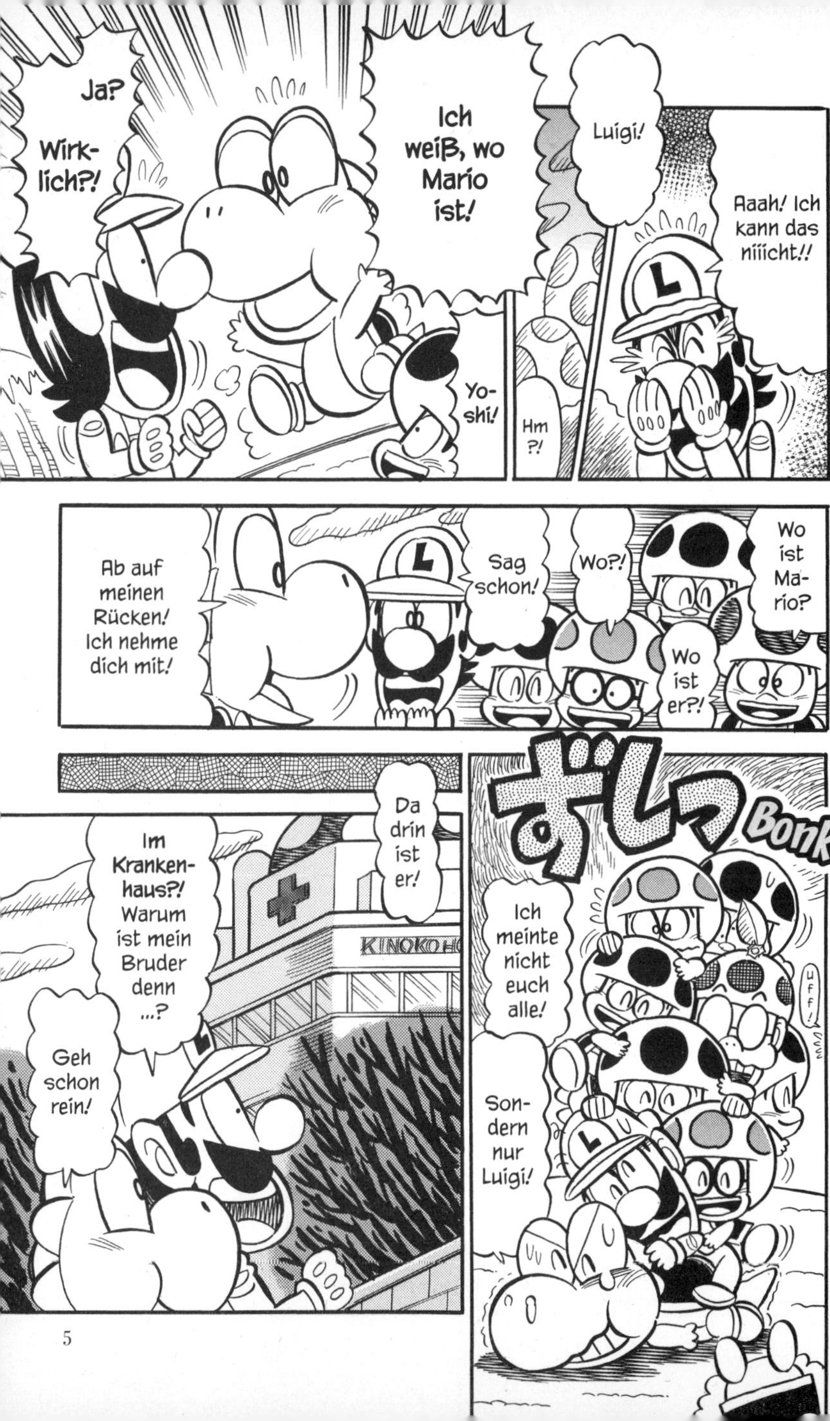
Luigi!
Aaah! Ich kann das niiicht!!
Hm?!
Yo-shi!
Ich weiß, wo Mario ist!
Ja? Wirklich?!
Wo ist Mario?
Wo ist er?!
Wo?!
Sag schon!
Ab auf meinen Rücken! Ich nehme dich mit!
ずしっ
Bonk
Ich meinte nicht euch alle!
Uff!
Sondern nur Luigi!
Da drin ist er!
KINOKO HO
Im Krankenhaus?! Warum ist mein Bruder denn ...?
Geh schon rein!

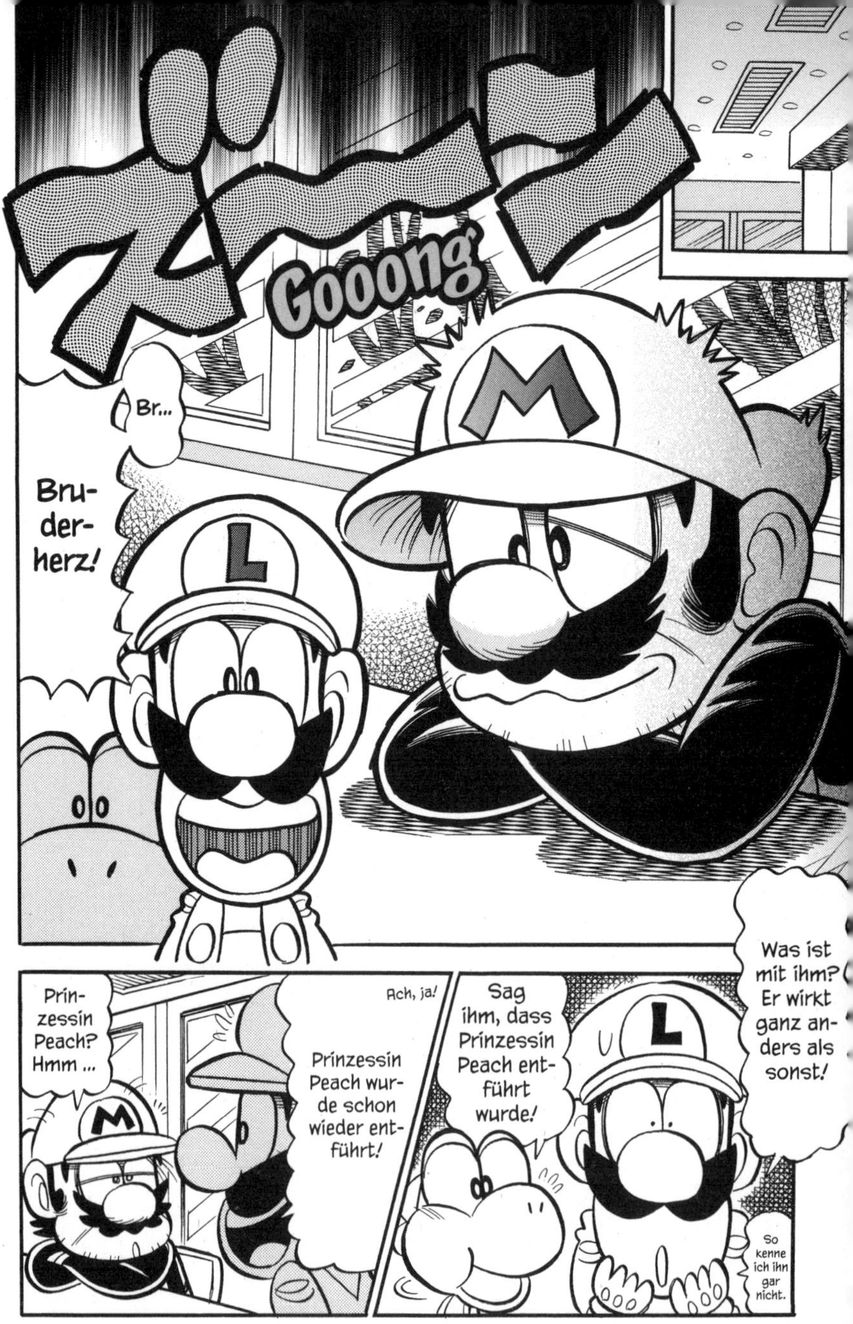
Gooong
Br...
Bruderherz!
Prinzessin Peach? Hmm ...
Ach, ja!
Prinzessin Peach wurde schon wieder entführt!
Sag ihm, dass Prinzessin Peach entführt wurde!
Was ist mit ihm? Er wirkt ganz anders als sonst!
So kenne ich ihn gar nicht.

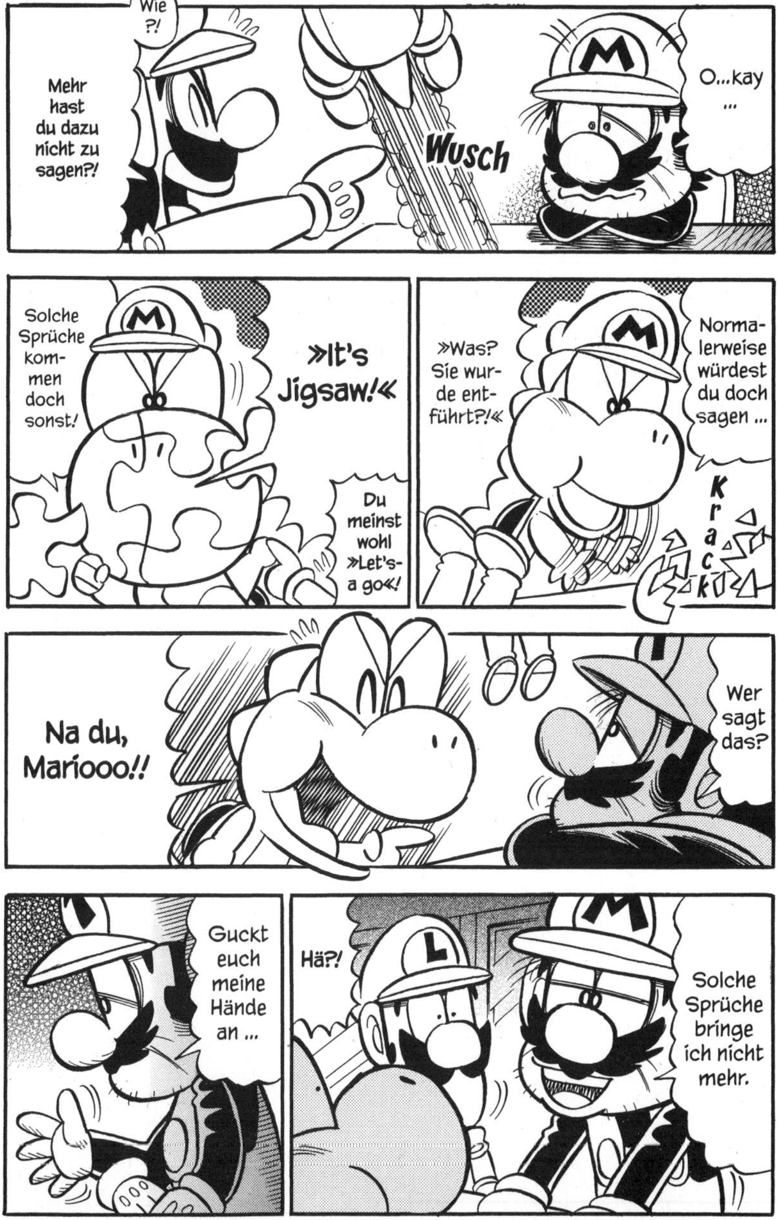
Wie ?!
Mehr hast du dazu nicht zu sagen?!
Wusch
O...kay ...
Solche Sprüche kommen doch sonst!
»It's Jigsaw!«
Du meinst wohl »Let's-a go«!
Normalerweise würdest du doch sagen ...
»Was? Sie wurde entführt?!«
Krack
Na du, Mariooo!!
Wer sagt das?
Guckt euch meine Hände an ...
Hä?!
Solche Sprüche bringe ich nicht mehr.

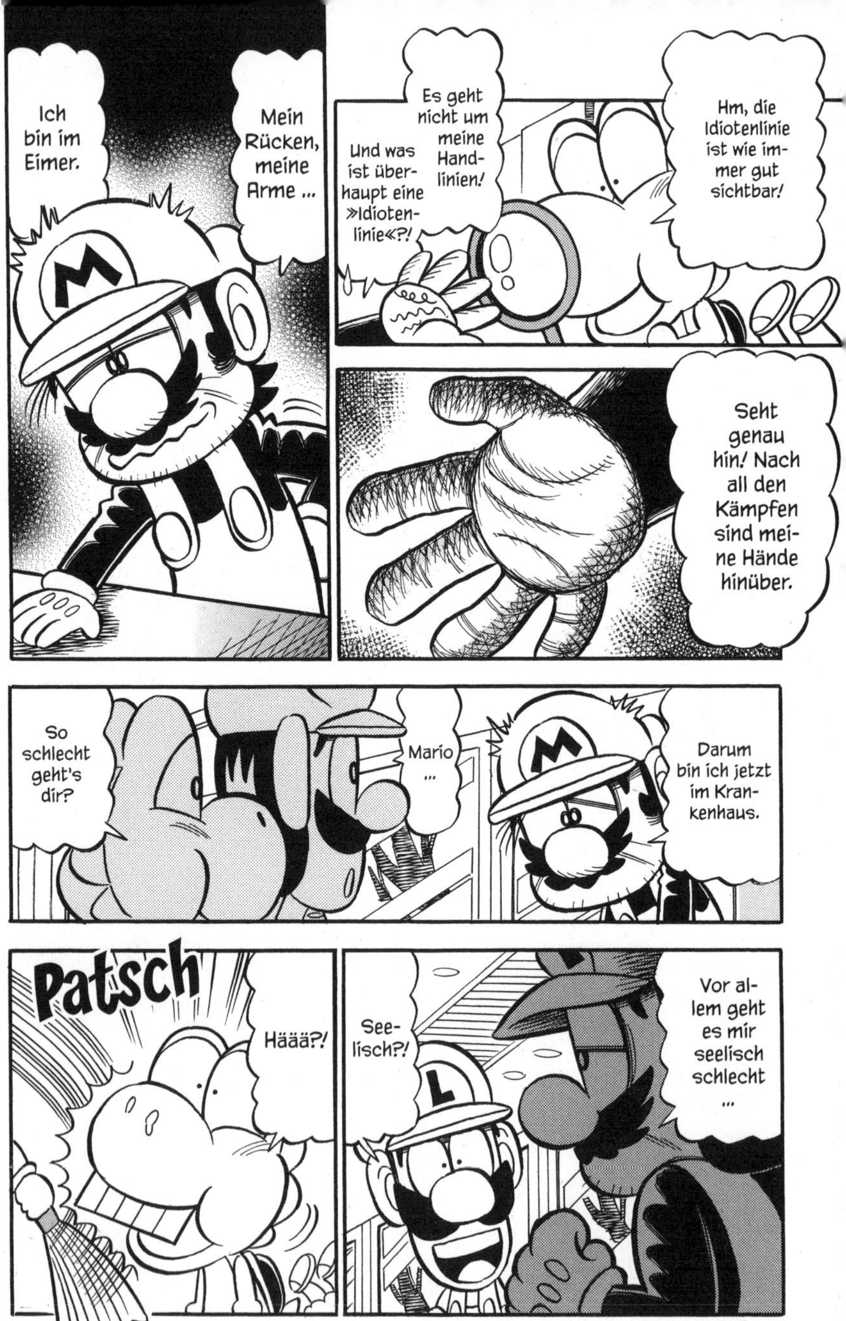

Hm, die Idiotenlinie ist wie immer gut sichtbar!
Es geht nicht um meine Handlinien!
Und was ist überhaupt eine »Idiotenlinie«?!
Seht genau hin! Nach all den Kämpfen sind meine Hände hinüber.
Ich bin im Eimer.
Mein Rücken, meine Arme ...
Darum bin ich jetzt im Krankenhaus.
Mario ...
So schlecht geht's dir?
Vor allem geht es mir seelisch schlecht ...
Seelisch?!
Häää?!
Patsch

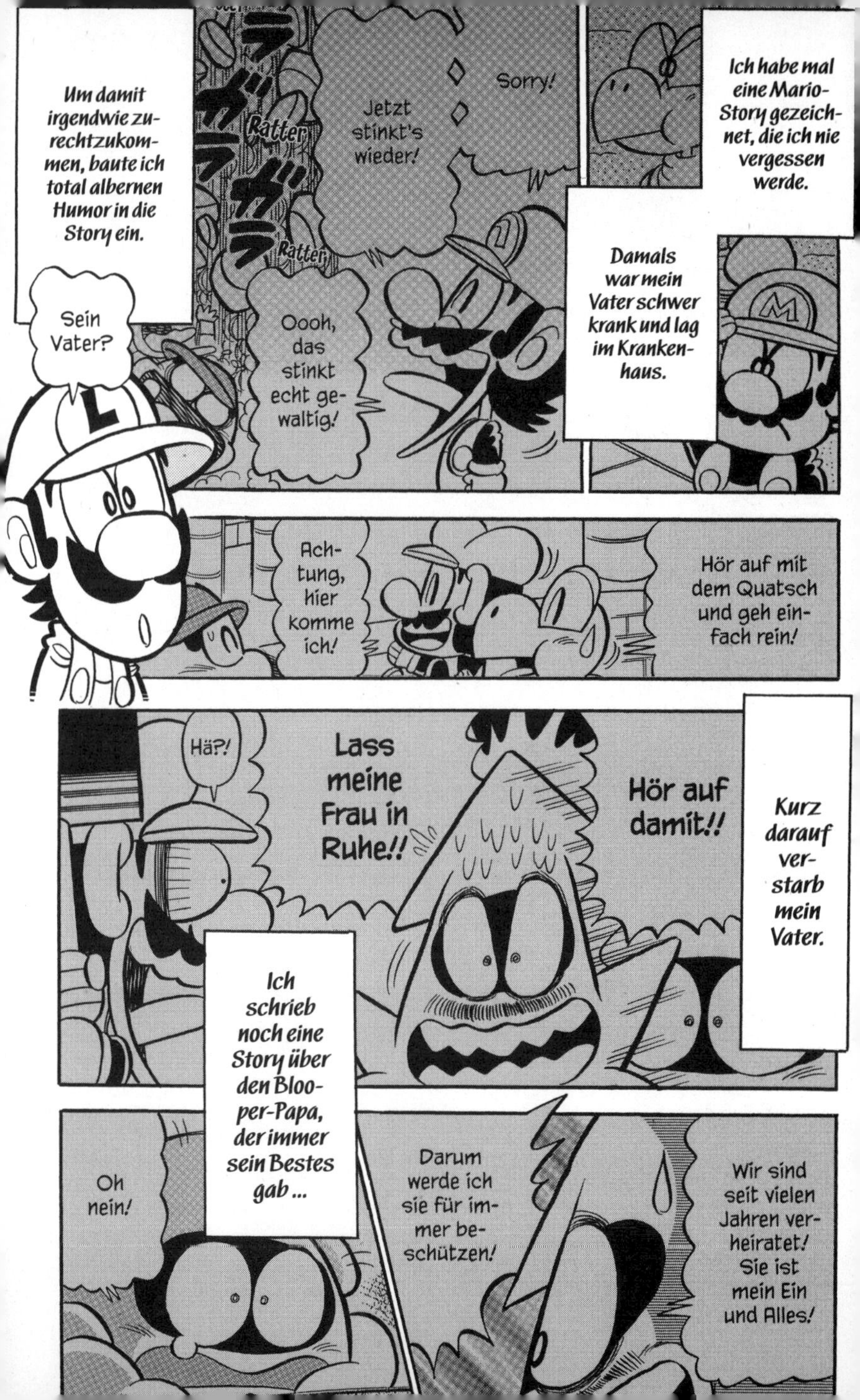

Ich habe mal eine Mario-Story gezeichnet, die ich nie vergessen werde.
Damals war mein Vater schwer krank und lag im Krankenhaus.
Sorry!
Jetzt stinkt's wieder!
Ratter
Ratter
Oooh, das stinkt echt gewaltig!
Um damit irgendwie zurechtzukommen, baute ich total albernen Humor in die Story ein.
Sein Vater?
Hör auf mit dem Quatsch und geh einfach rein!
Achtung, hier komme ich!
Kurz darauf verstarb mein Vater.
Hör auf damit!!
Lass meine Frau in Ruhe!!
Hä?!
Ich schrieb noch eine Story über den Blooper-Papa, der immer sein Bestes gab ...
Wir sind seit vielen Jahren verheiratet! Sie ist mein Ein und Alles!
Darum werde ich sie für immer beschützen!
Oh nein!

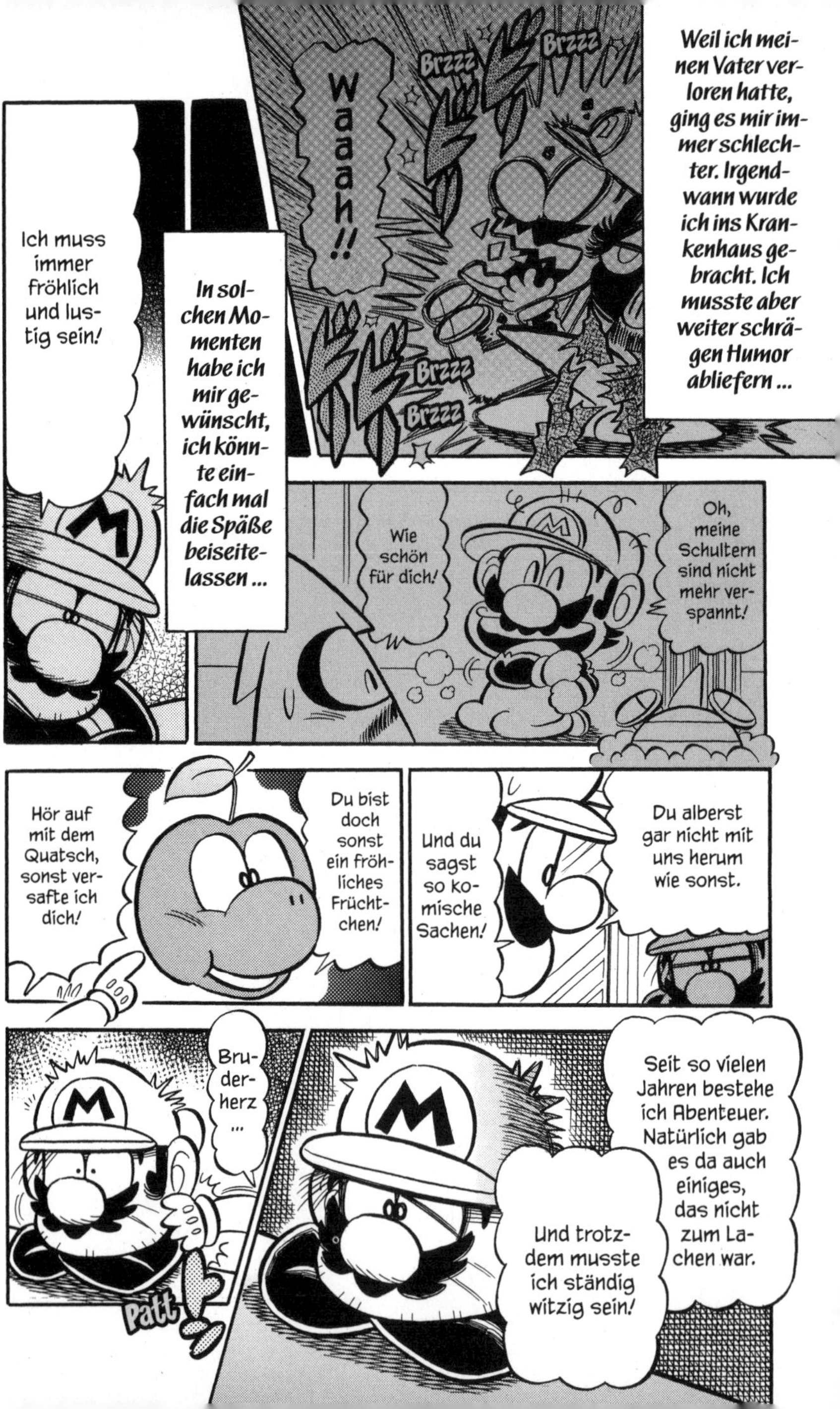
Weil ich meinen Vater verloren hatte, ging es mir immer schlechter. Irgendwann wurde ich ins Krankenhaus gebracht. Ich musste aber weiter schrägen Humor abliefern ...
Brzzz
Brzzz
Waaah!!
Brzzz
Brzzz
Ich muss immer fröhlich und lustig sein!
In solchen Momenten habe ich mir gewünscht, ich könnte einfach mal die Späße beiseitelassen ...
Oh, meine Schultern sind nicht mehr verspannt!
Wie schön für dich!
Du bist doch sonst ein fröhliches Früchtchen!
Hör auf mit dem Quatsch, sonst versafte ich dich!
Du alberst gar nicht mit uns herum wie sonst.
Und du sagst so komische Sachen!
Seit so vielen Jahren bestehe ich Abenteuer. Natürlich gab es da auch einiges, das nicht zum Lachen war.
Und trotzdem musste ich ständig witzig sein!
Bruderherz ...
Patt

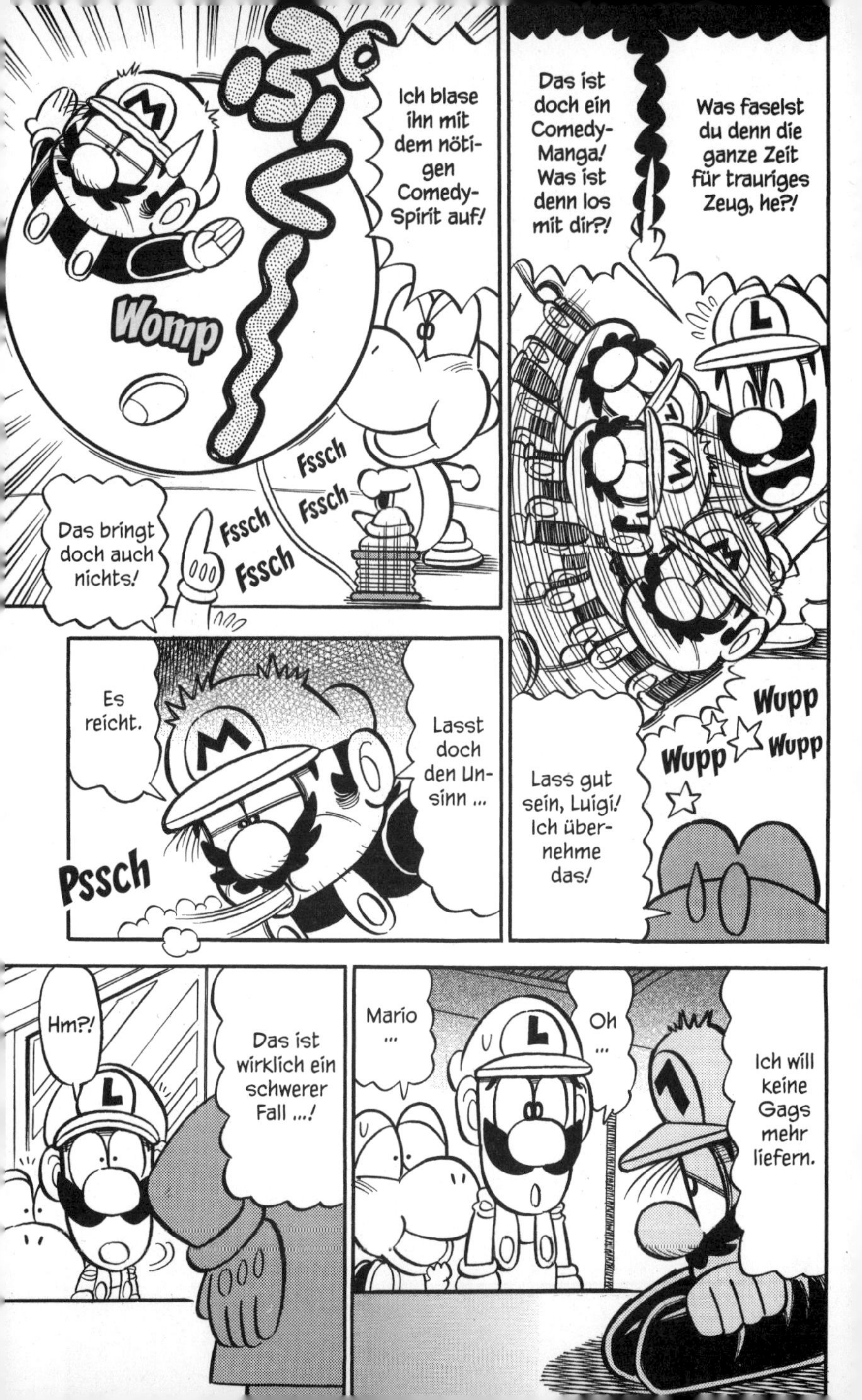

Ich blase ihn mit dem nöti-gen Comedy-Spirit auf!
Womp
Fssch
Fssch
Fssch
Fssch
Das bringt doch auch nichts!
Das ist doch ein Comedy-Manga! Was ist denn los mit dir?!
Was faselst du denn die ganze Zeit für trauriges Zeug, he?!
Es reicht.
Lasst doch den Un-sinn ...
Pssch
Wupp
Wupp
Wupp
Lass gut sein, Luigi! Ich über-nehme das!
Hm?!
Das ist wirklich ein schwerer Fall ...!
Mario ...
Oh ...
Ich will keine Gags mehr liefern.

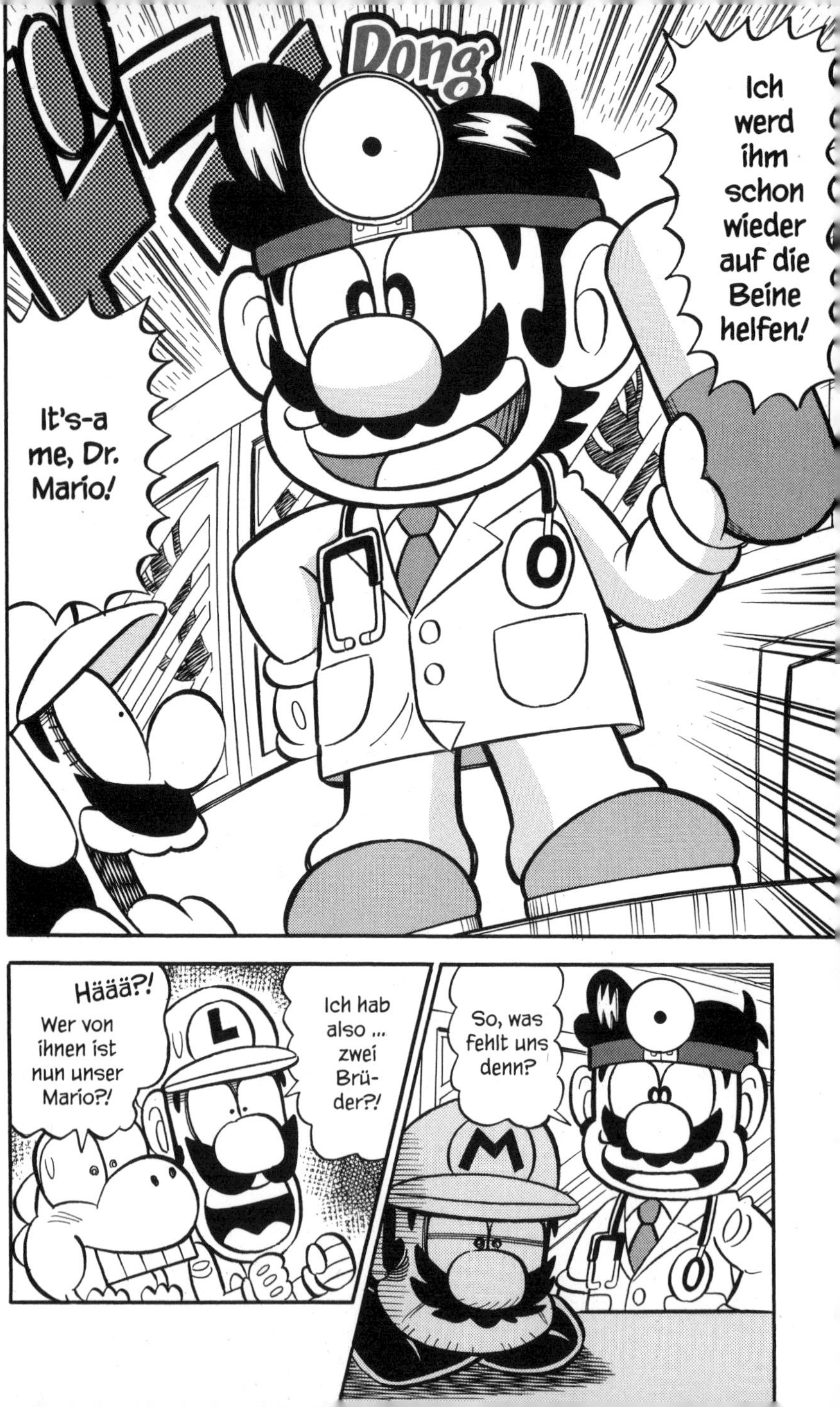
Dong
Ich werd ihm schon wieder auf die Beine helfen!
It's-a me, Dr. Mario!
Hääää?!
Wer von ihnen ist nun unser Mario?!
Ich hab also ... zwei Brü-der?!
So, was fehlt uns denn?

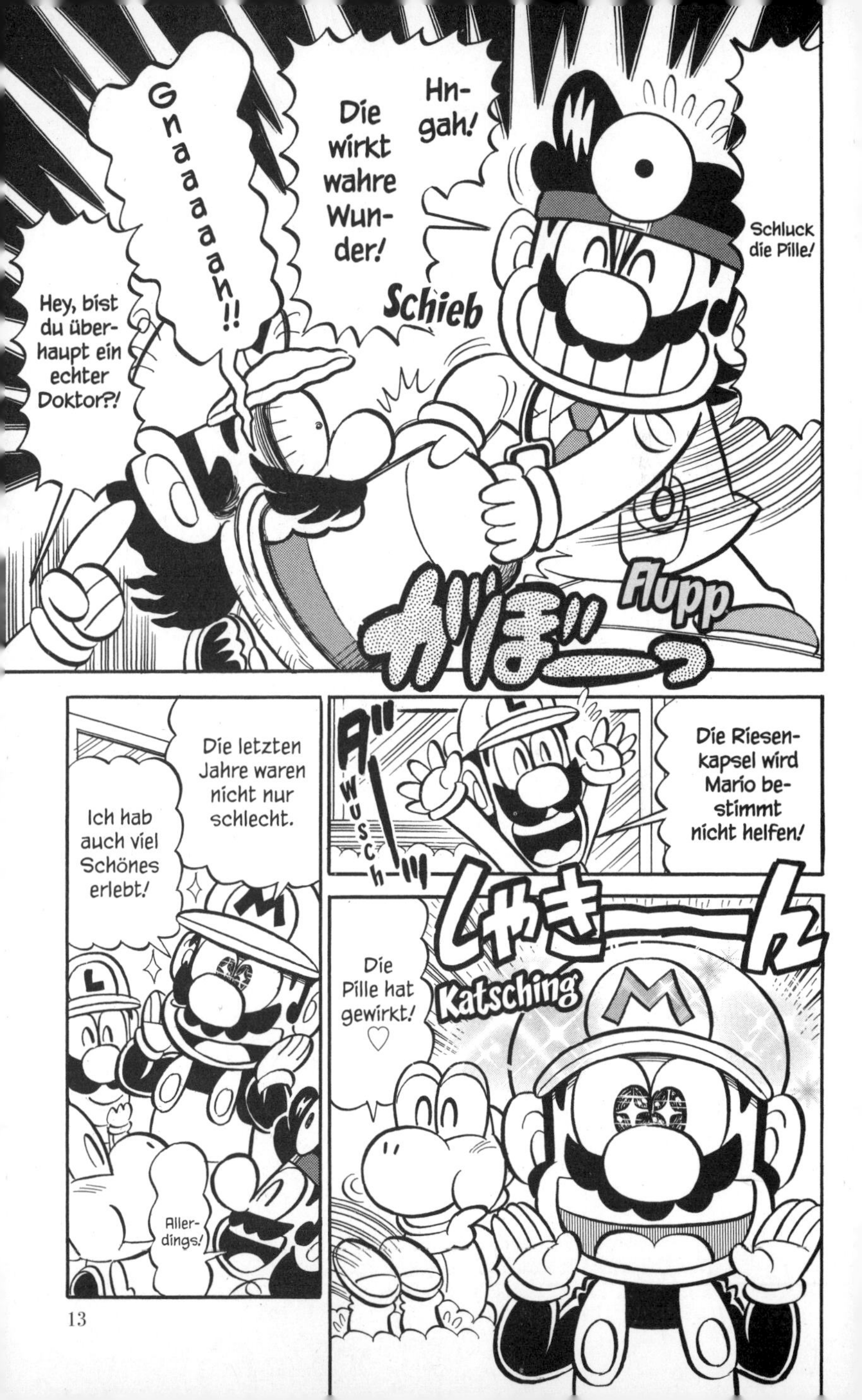
Schluck die Pille!
Hn-gah!
Die wirkt wahre Wunder!
Schieb
Gnaaaaaah!!
Hey, bist du überhaupt ein echter Doktor?!
Flupp
がぼーっ
Die Riesenkapsel wird Mario bestimmt nicht helfen!
ダッ
WUSCH
しゅきーーん
Katsching
Die Pille hat gewirkt! ♡
Die letzten Jahre waren nicht nur schlecht.
Ich hab auch viel Schönes erlebt!
Allerdings!

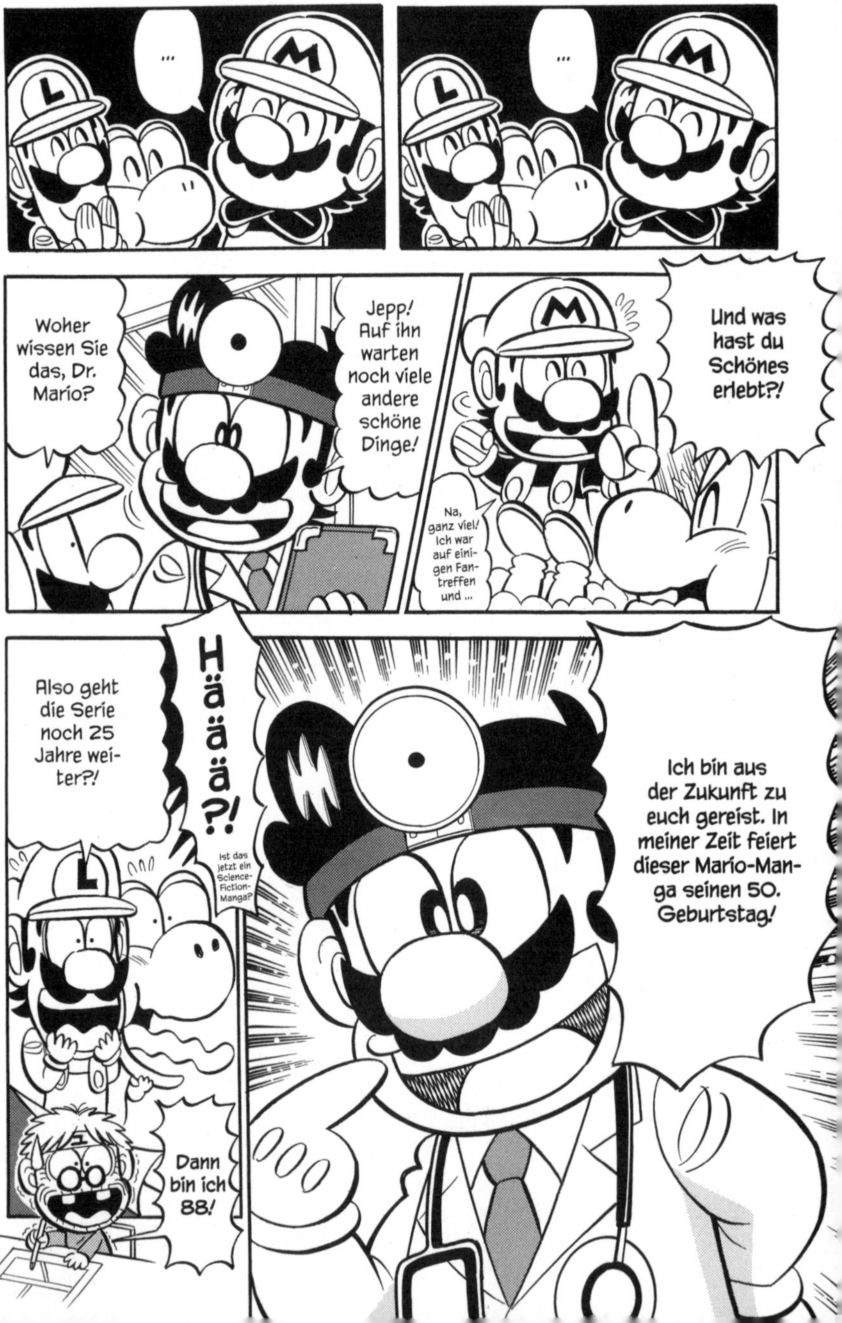
...
...
Und was hast du Schönes erlebt?!
Na, ganz viel! Ich war auf einigen Fantreffen und ...
Jepp! Auf ihn warten noch viele andere schöne Dinge!
Woher wissen Sie das, Dr. Mario?
Ich bin aus der Zukunft zu euch gereist. In meiner Zeit feiert dieser Mario-Manga seinen 50. Geburtstag!
Hääää?!
Ist das jetzt ein Science-Fiction-Manga?
Also geht die Serie noch 25 Jahre weiter?!
Dann bin ich 88!

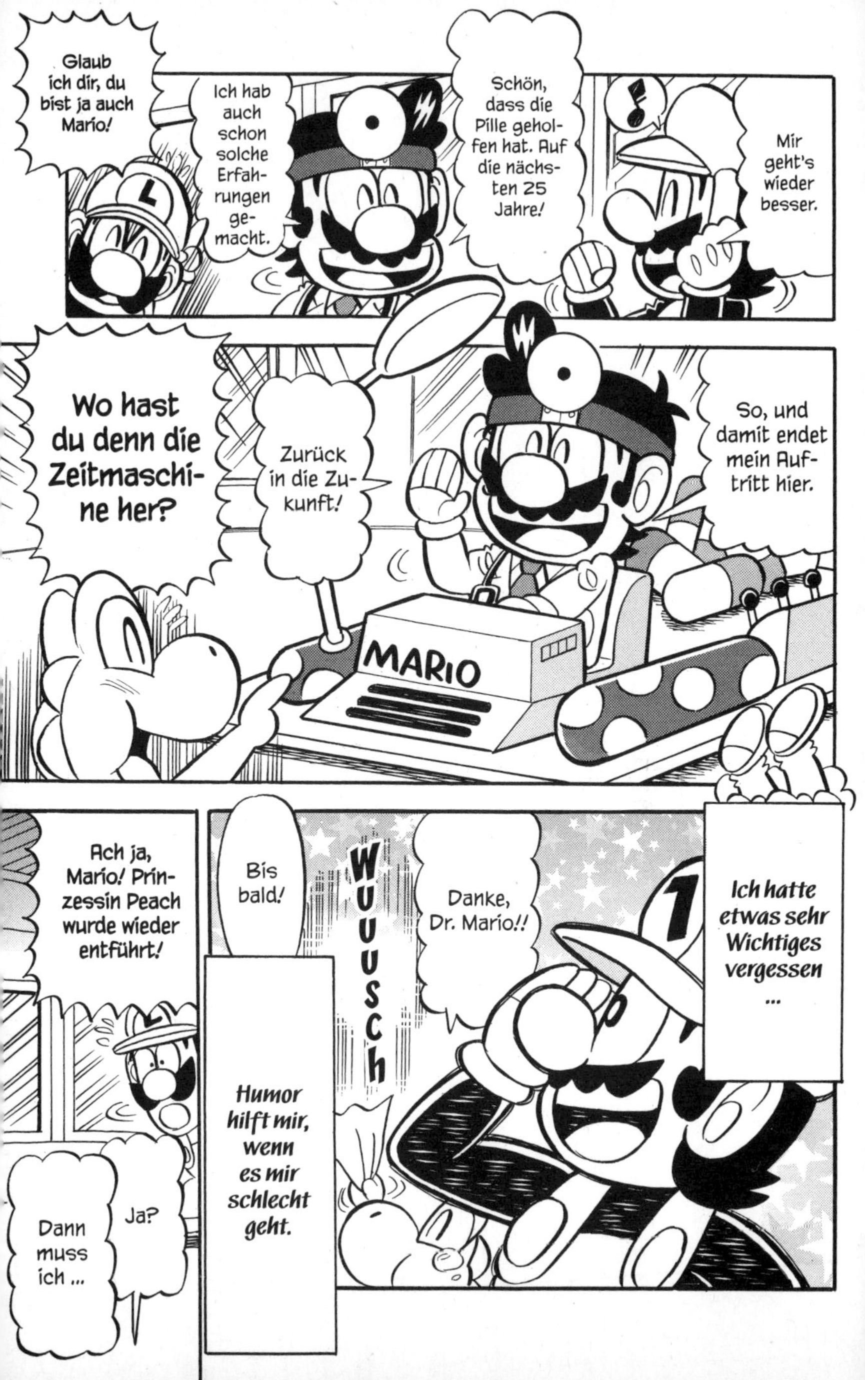
Mir geht's wieder besser.
Schön, dass die Pille geholfen hat. Auf die nächsten 25 Jahre!
Ich hab auch schon solche Erfahrungen gemacht.
Glaub ich dir, du bist ja auch Mario!
So, und damit endet mein Auftritt hier.
Zurück in die Zukunft!
Wo hast du denn die Zeitmaschine her?
MARIO
Ich hatte etwas sehr Wichtiges vergessen ...
Danke, Dr. Mario!!
WUUUSCH
Bis bald!
Humor hilft mir, wenn es mir schlecht geht.
Ach ja, Mario! Prinzessin Peach wurde wieder entführt!
Ja?
Dann muss ich ...

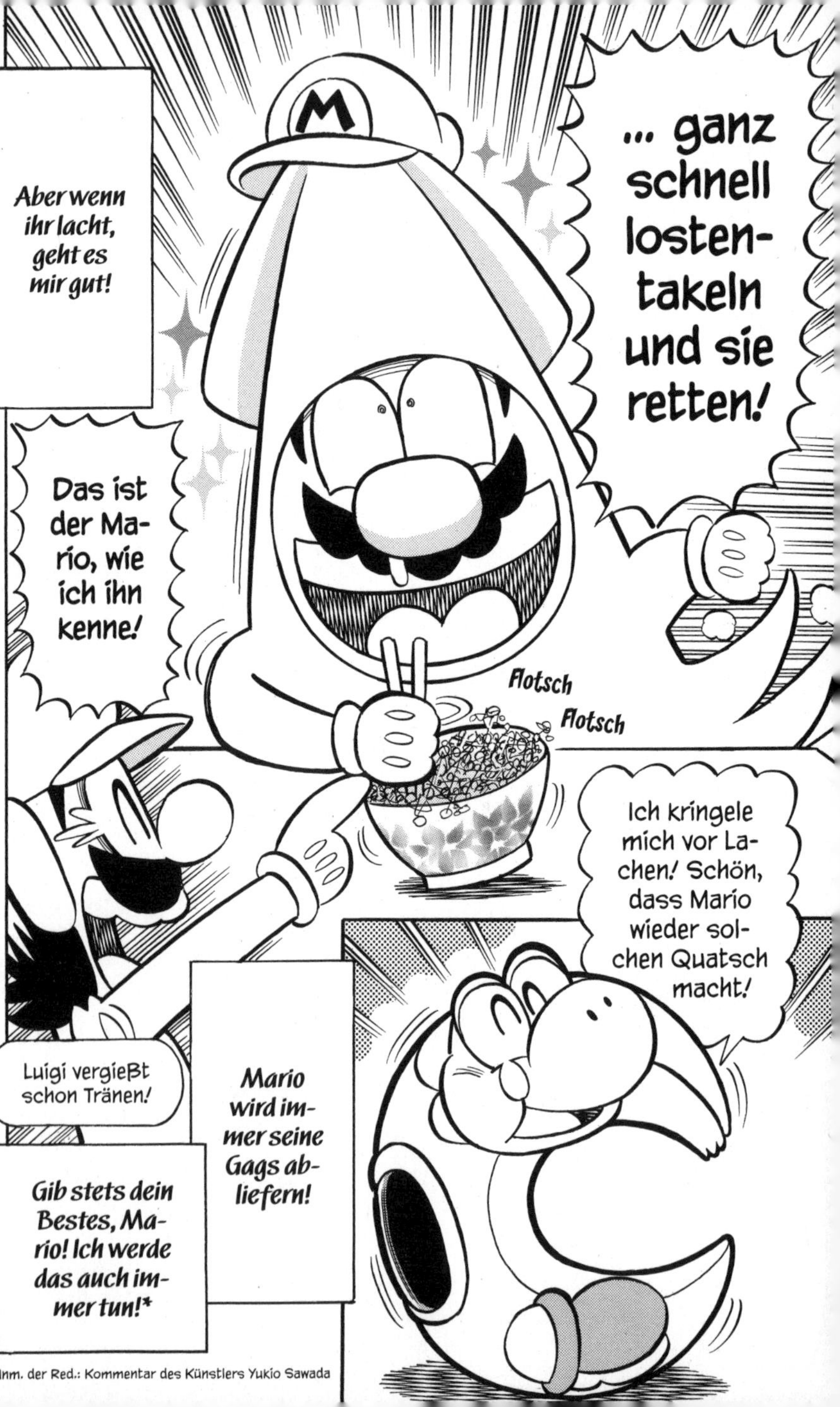

*Anm. der Red.: Kommentar des Künstlers Yukio Sawada

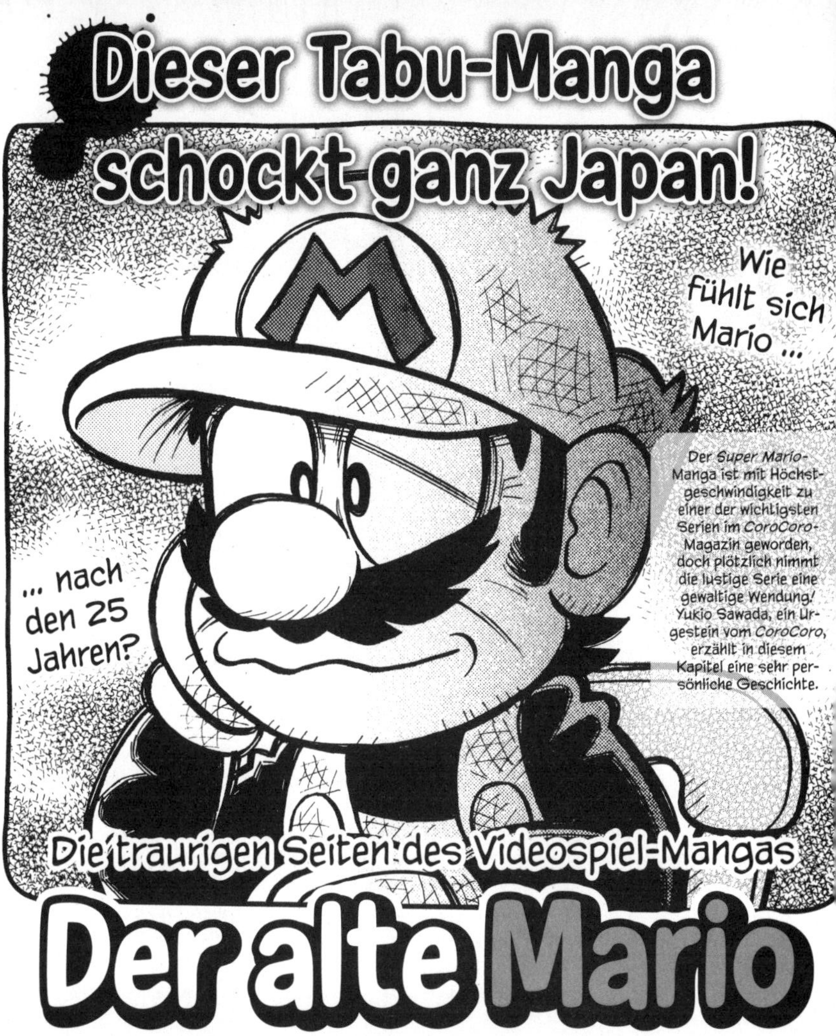

Was man hier sieht, erschien in der dritten Ausgabe des CoroCoro Aniki-Magazins als Vorschau auf das nächste Mario-Kapitel. Alles fing mit dieser Zeichnung an. Ich hatte die Idee zu einem alten Mario schon länger im Kopf, aber als diese Vorschauseite erschien, hatte ich immer noch keine genaue Vorstellung davon, wie ich diese Geschichte erzählen will. Wie hätte ich Mario darstellen müssen? Ich hatte absolut keine Ahnung. Einzig und allein dieser Slogan flackerte vor meinem geistigen Auge auf: »Dieser Tabu-Manga schockt ganz Japan!« Am meisten geschockt war allerdings ich selbst!

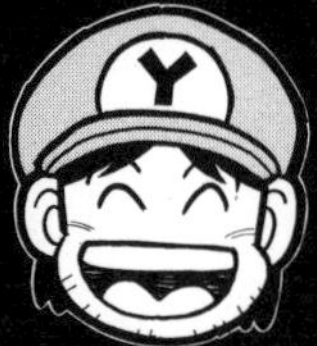

Große Bonus-Info von Yukio Sawada (Teil 1)

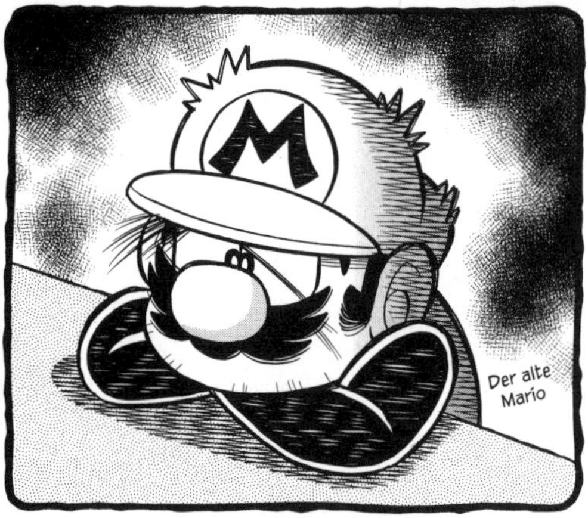

über das Kapitel *Der alte Mario*

*Bei meinem Vater wurde Bauchspeicheldrüsenkrebs festgestellt. Man gab ihm noch drei Monate. Ich habe damals in Chiba – das ist in der Nähe von Tokyo – gewohnt, aber das Krankenhaus befand sich in Osaka. Ich musste also immer wieder zwischen Chiba und Osaka hin- und herfahren. Durch den ganzen Stress zog ich mir dann auch noch eine Gesichtslähmung zu, wodurch es mir nicht mehr möglich war, meine rechte Gesichtshälfte zu bewegen. Das ist nun mehr als 15 Jahre her. Zum 25. Jubiläum dieses Mangas wollte ich einen Mario zeigen, der ganz anders ist als in den üblichen Geschichten, und ich wollte auch dieses Ereignis mit meinem Vater einbetten. In meinem ersten Entwurf habe ich die Krankheit meines Vaters sehr detailliert geschildert, und deshalb meinte die Redaktion zu mir, dass das wirklich zu heftig für die Leser*innen wäre. Die finale Version dieser Geschichte ist daher deutlich leichter zu verdauen.*

Ich liebe es, Mario und seine Freunde zu zeichnen, aber wenn ich jetzt an diese Zeit zurückdenke, fiel mir das damals echt schwer. Ich muss der CoroCoro-Redaktion und meiner Familie danken, dass ich das doch noch geschafft habe. Irgendwie habe ich das Gefühl, dass ich in dieser Geschichte nur jammere. Und manchmal frage ich mich, ob es wirklich nötig war, dieses Kapitel überhaupt zu veröffentlichen! Ich zweifle auch heute noch daran, aber fühle mich irgendwie auch erleichtert. Es fühlt sich an, als hätte ich einem Freund von meinen Sorgen erzählt und mich danach gleich besser gefühlt. Danke also an alle, die diese Story gelesen haben! Es hat trotz allem Spaß gemacht, diese düstere Version von Mario zu erschaffen. Vielen Dank an Nintendo und an das Magazin CoroCoro Aniki, dass sie mich diesen Mario zeichnen ließen!

Level 1

Ich zähle auf dich, Sushie!

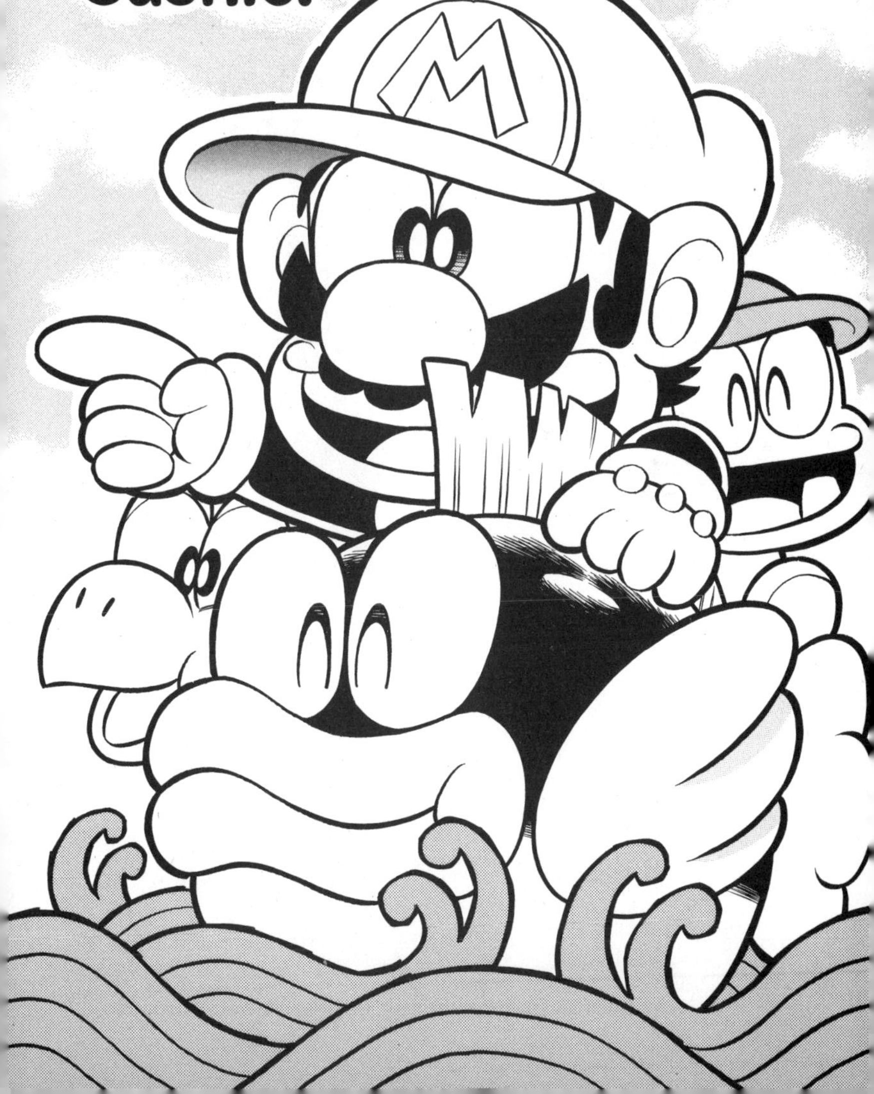

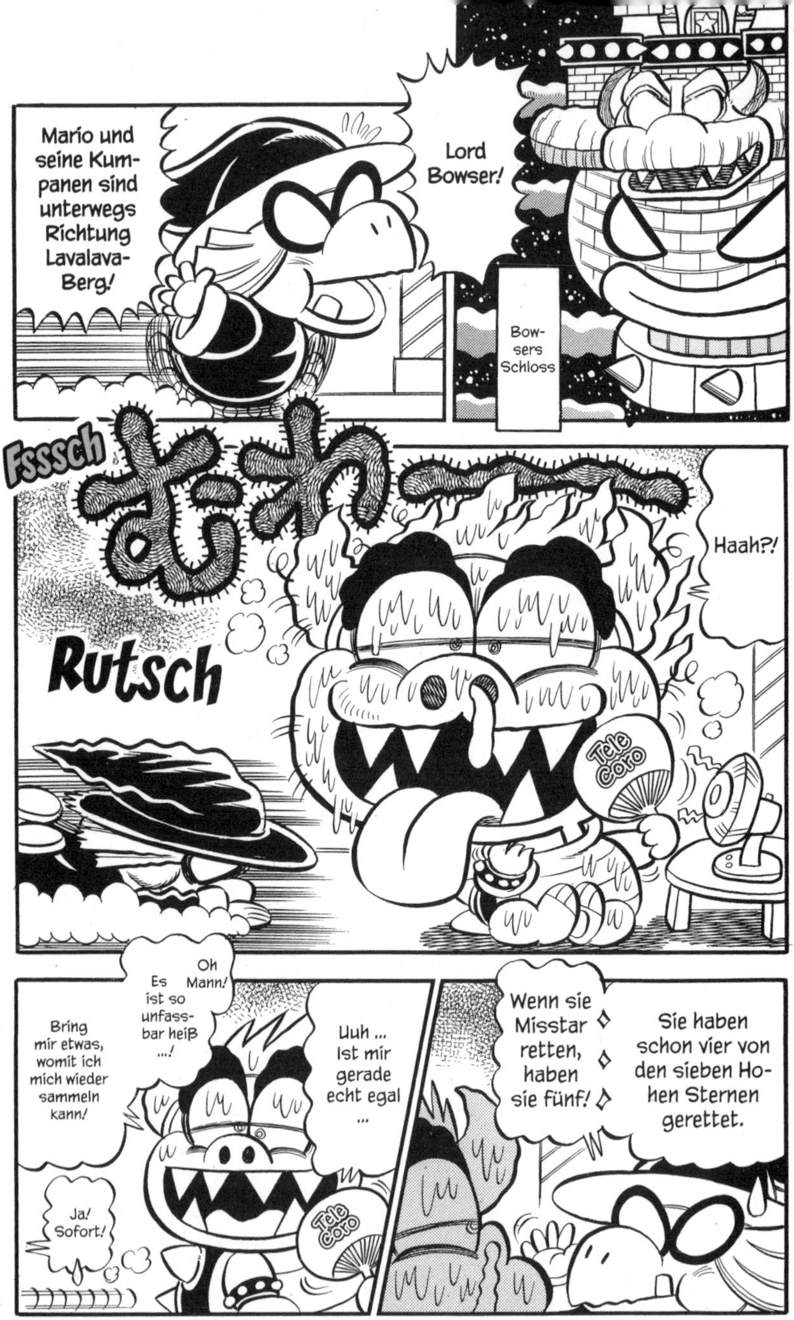

Diese Geschichte basiert auf dem Game *Paper Mario*. Darin muss Mario mit einigen seiner Freunde wie Gumbario und Kooper die sieben Hohen Sterne retten und den Sternenstab zurückholen, den Bowser gestohlen hat.

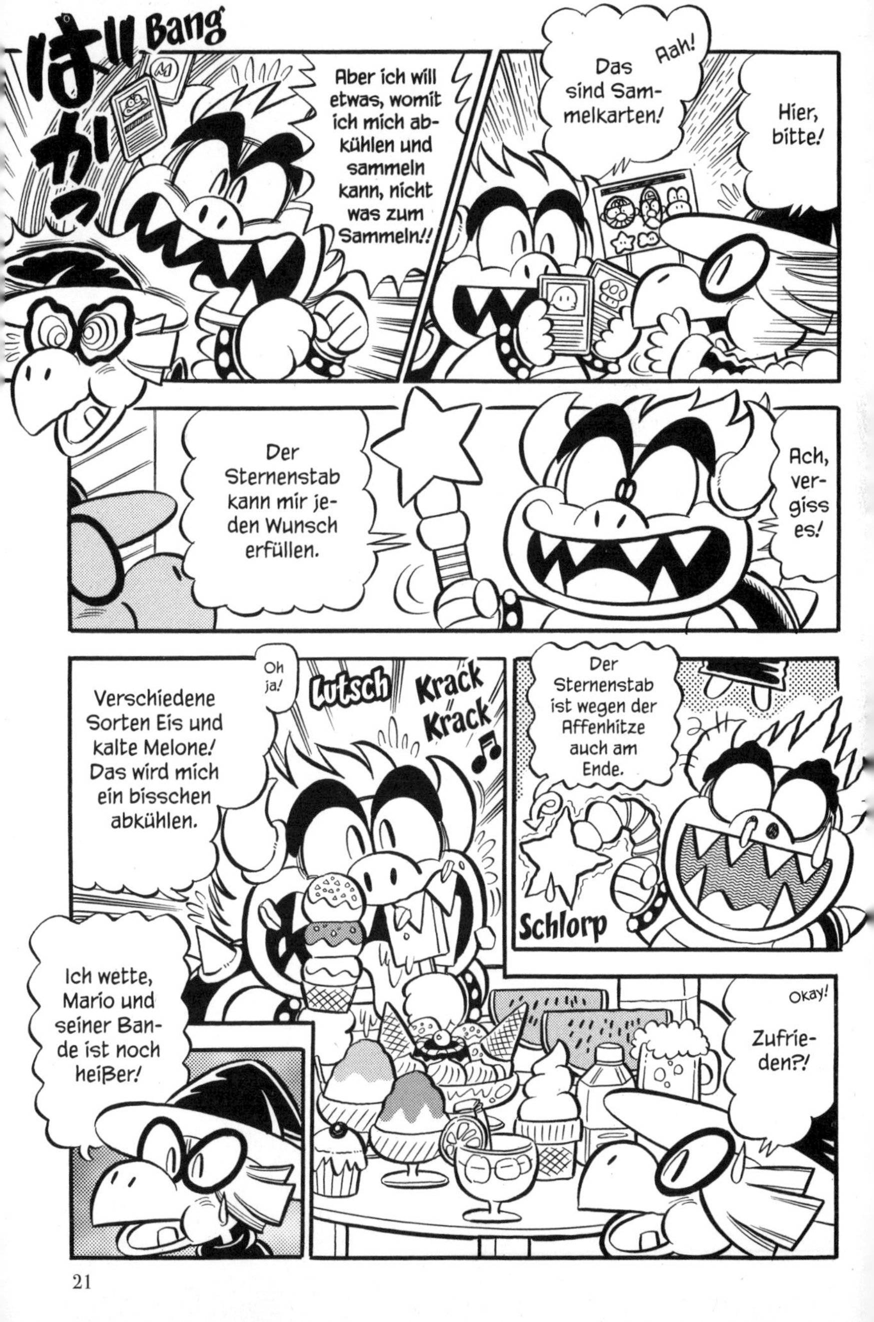
はりかっ
Bang
Aber ich will etwas, womit ich mich abkühlen und sammeln kann, nicht was zum Sammeln!!
Das sind Sammelkarten!
Aah!
Hier, bitte!
Der Sternenstab kann mir jeden Wunsch erfüllen.
Ach, vergiss es!
Verschiedene Sorten Eis und kalte Melone! Das wird mich ein bisschen abkühlen.
Oh ja!
Lutsch
Krack Krack
Der Sternenstab ist wegen der Affenhitze auch am Ende.
Schlorp
Ich wette, Mario und seiner Bande ist noch heißer!
Okay!
Zufrieden?!

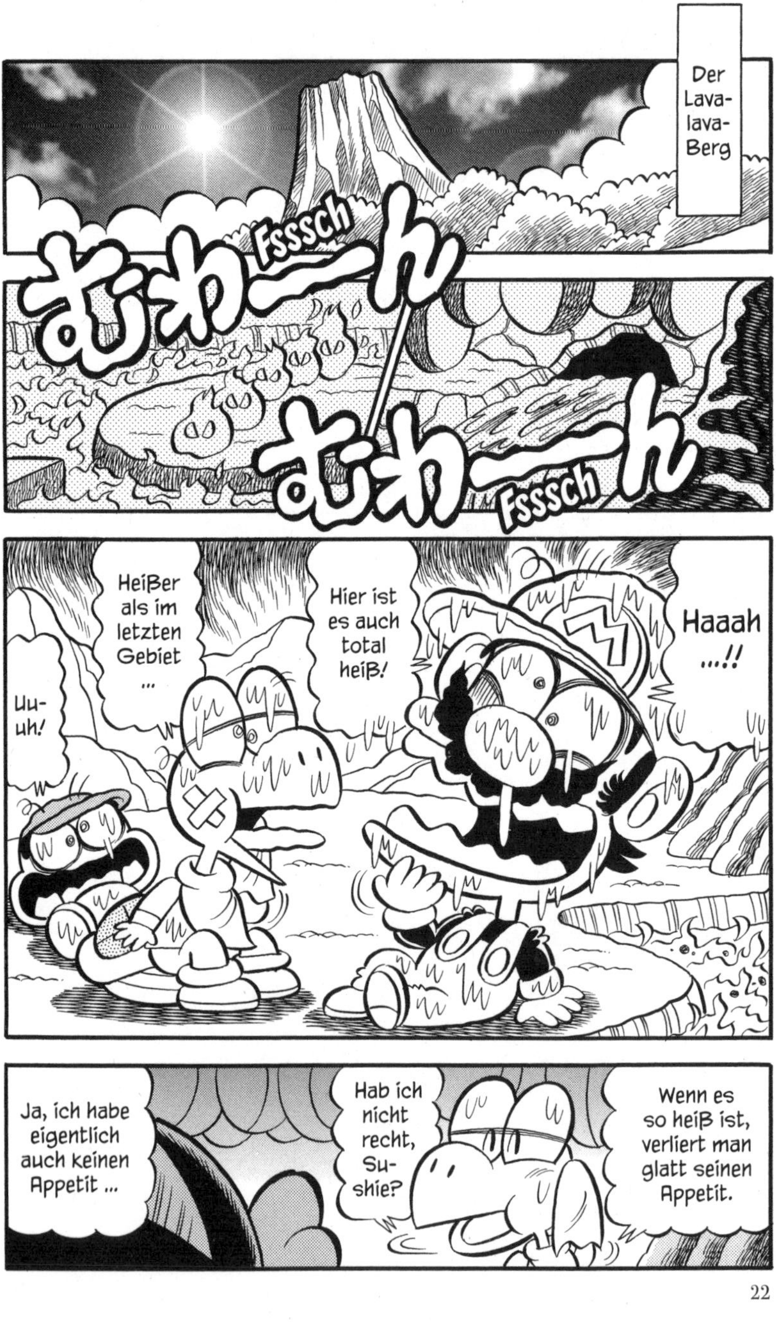
Der Lava-lava-Berg
Fsssch
Fsssch
むわーん
むわーん
Uu-uh!
Heißer als im letzten Gebiet ...
Hier ist es auch total heiß!
Haaah ...!!
Ja, ich habe eigentlich auch keinen Appetit ...
Hab ich nicht recht, Su-shie?
Wenn es so heiß ist, verliert man glatt seinen Appetit.

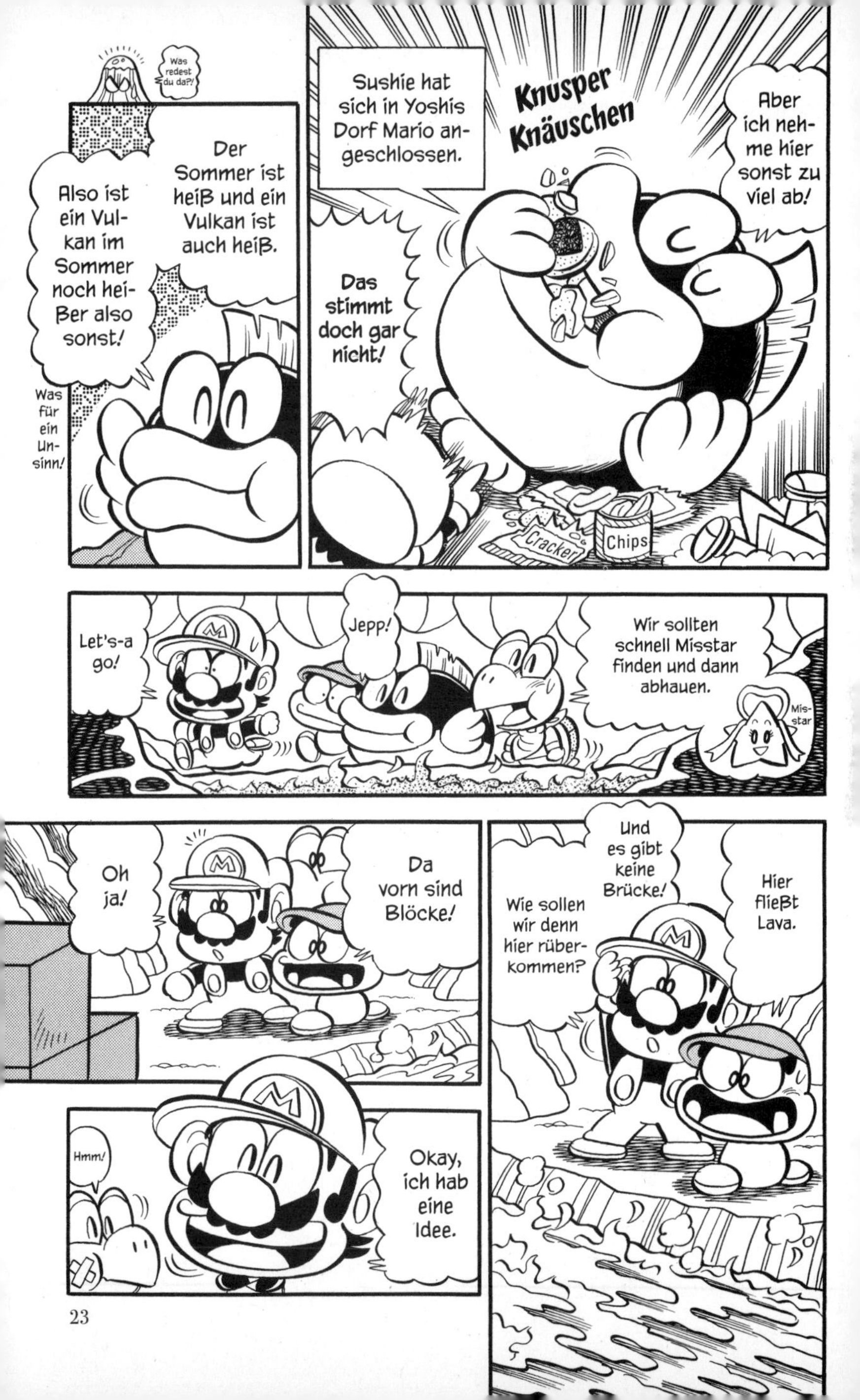

Was redest du da?!
Der Sommer ist heiß und ein Vulkan ist auch heiß.
Also ist ein Vulkan im Sommer noch heißer also sonst!
Was für ein Unsinn!
Sushie hat sich in Yoshis Dorf Mario angeschlossen.
Knusper Knäuschen
Aber ich nehme hier sonst zu viel ab!
Das stimmt doch gar nicht!
Cracker
Chips
Let's-a go!
Jepp!
Wir sollten schnell Misstar finden und dann abhauen.
Misstar
Oh ja!
Da vorn sind Blöcke!
Hmm!
Okay, ich hab eine Idee.
Hier fließt Lava.
Und es gibt keine Brücke!
Wie sollen wir denn hier rüberkommen?

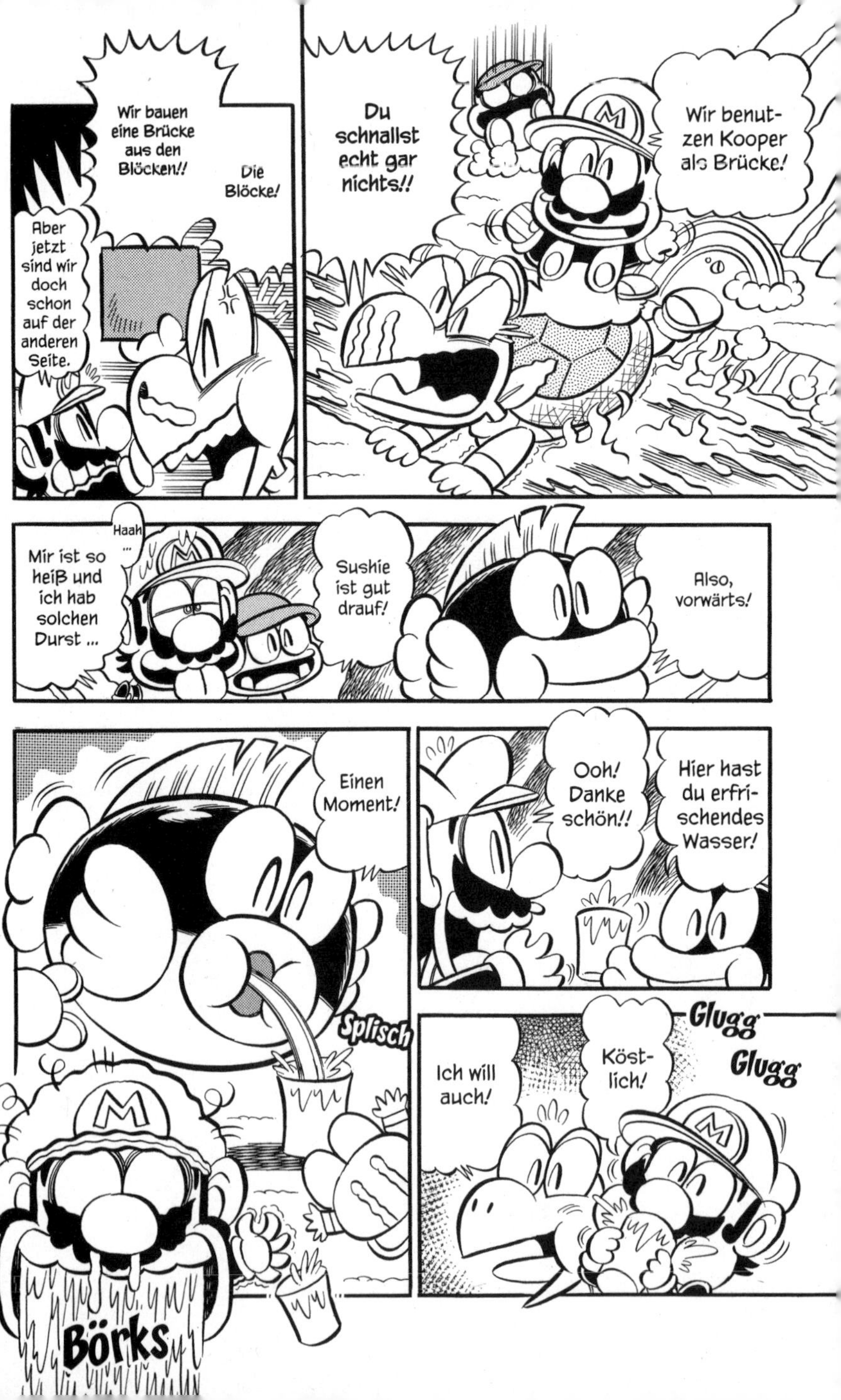
Wir bauen eine Brücke aus den Blöcken!!
Die Blöcke!
Aber jetzt sind wir doch schon auf der anderen Seite.
Du schnallst echt gar nichts!!
Wir benutzen Kooper als Brücke!
Mir ist so heiß und ich hab solchen Durst ...
Haah ...
Sushie ist gut drauf!
Also, vorwärts!
Einen Moment!
Splisch
Börks
Hier hast du erfrischendes Wasser!
Ooh! Danke schön!!
Glugg
Glugg
Köstlich!
Ich will auch!

Mini-Bonus-Info von Yukio Sawada

Luigi und Yoshi sind Marios ständige Begleiter. In einigen Games helfen ihm stattdessen aber andere Figuren, zum Beispiel die Rosa Bob-ombs oder die Baby Yoshis. In Paper Mario sind es Gumbario und Kooper, in Super Mario Sunshine hingegen ist es der Dreckweg 08/17, der Mario begleitet. In Paper Mario: Die Legende vom Äonentor stehen Mario Gumbrina und Koopio zur Seite. Dann gibt es noch Baby Mario und Baby Luigi, Luma und Glitzerstern und noch so viele andere. Mit jeder Geschichte, in der sie auftauchen, wachsen mir diese Figuren immer mehr ans Herz. Daher bin ich immer ziemlich traurig, wenn eine Story mit ihnen endgültig endet, und ich Marios Sidekicks nicht mehr zeichnen kann. Na ja, Abschiede sind immer traurig ...

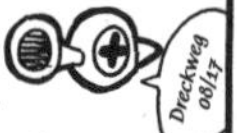

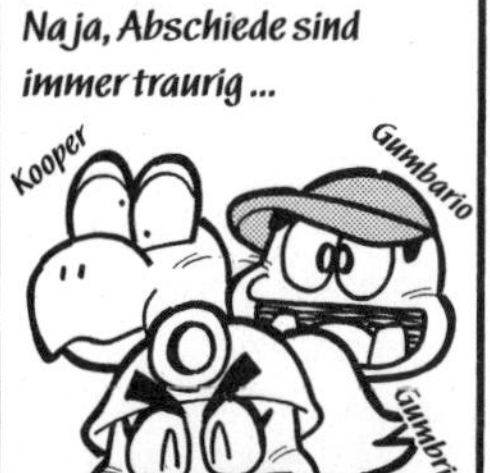

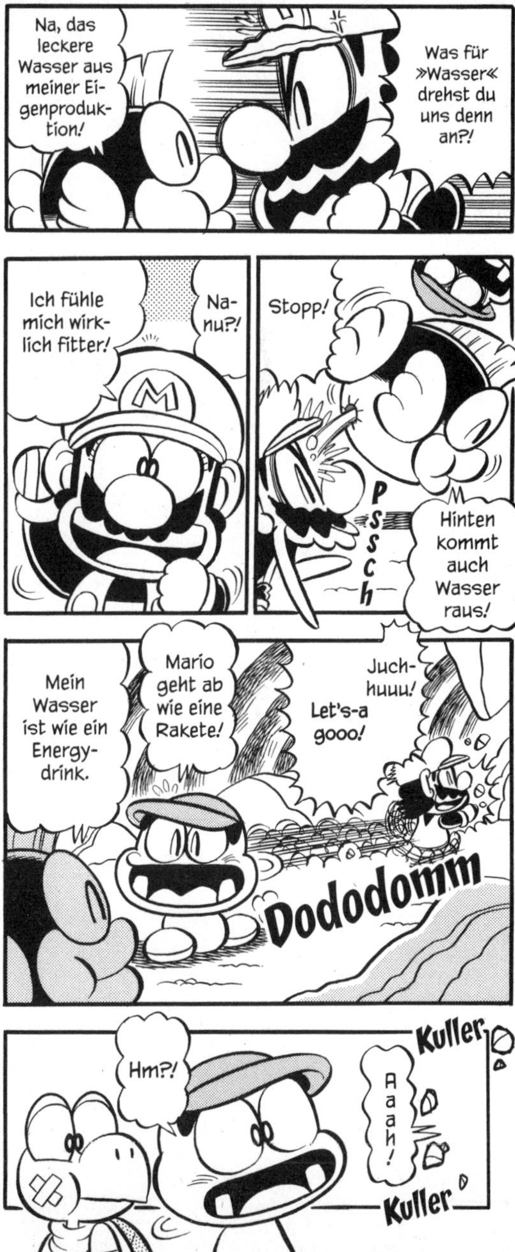

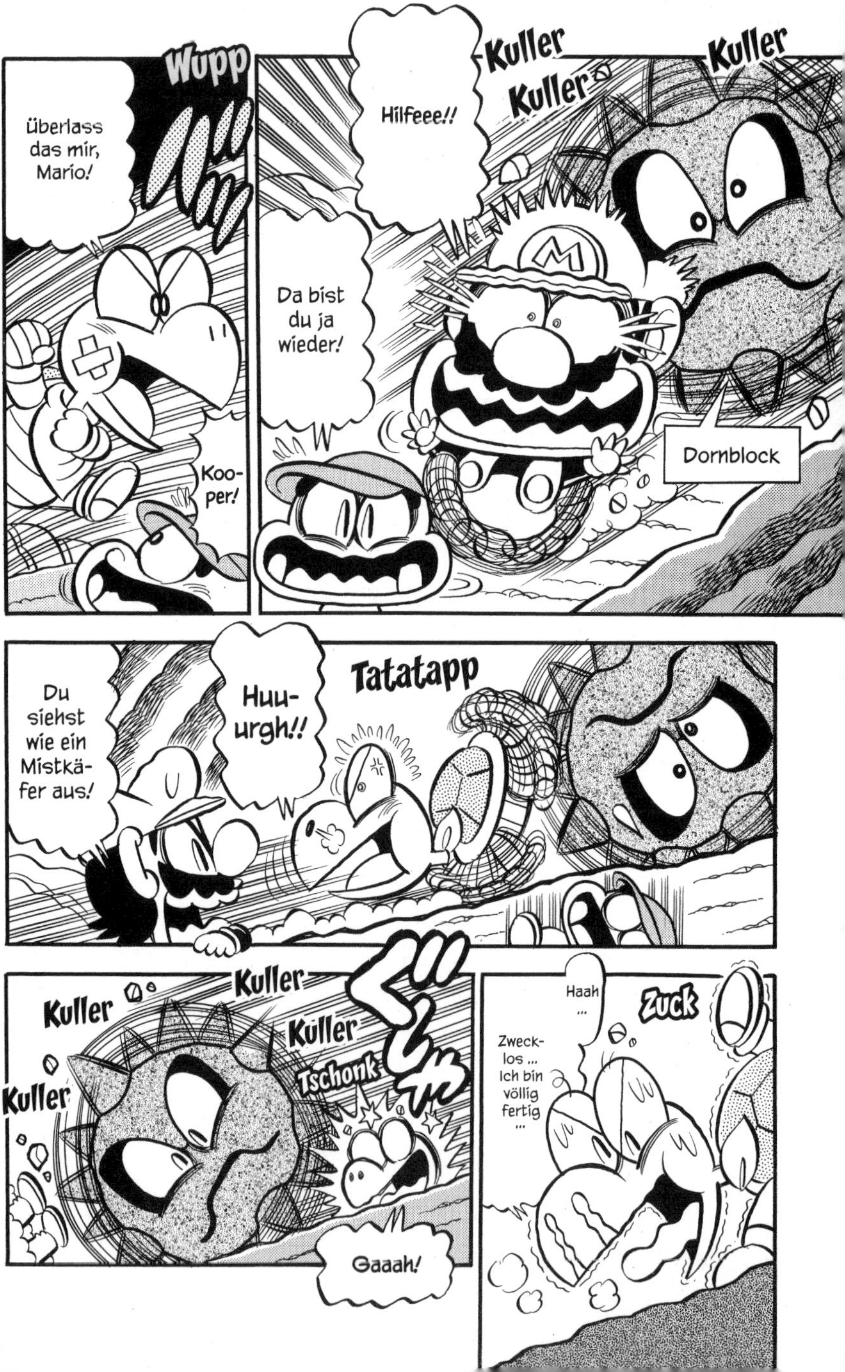
Wupp
überlass das mir, Mario!
Koo-per!
Hilfeee!!
Kuller
Kuller
Kuller
Da bist du ja wieder!
Dornblock
Du siehst wie ein Mistkäfer aus!
Huu-urgh!!
Tatatapp
Kuller
Kuller
Kuller
Kuller
Tschonk
Gaaah!
Haah ...
Zuck
Zweck-los ... Ich bin völlig fertig ...

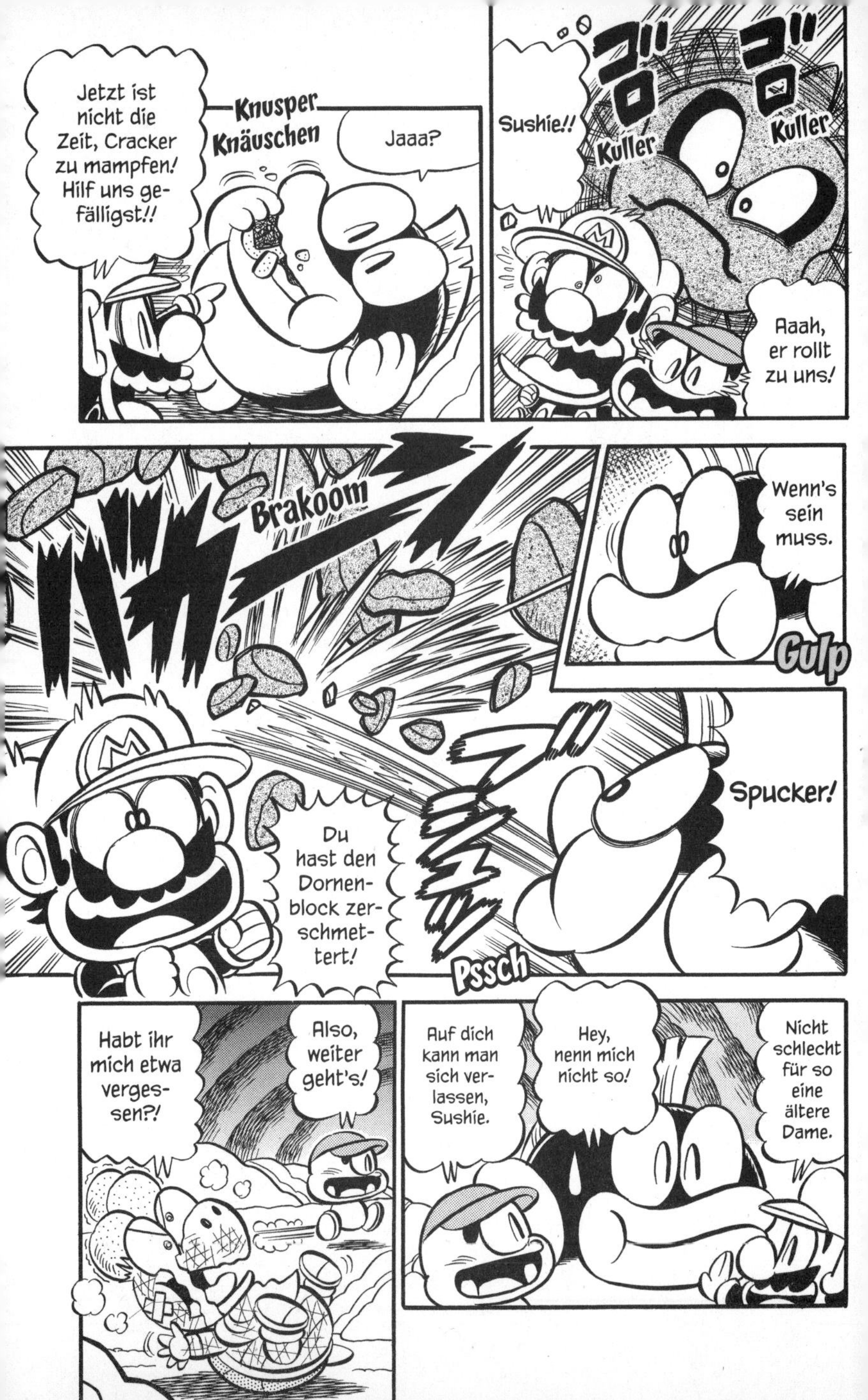

Jetzt ist nicht die Zeit, Cracker zu mampfen! Hilf uns gefälligst!!
Knusper Knäuschen
Jaaa?
Sushie!!
Kuller
Kuller
Aaah, er rollt zu uns!
Brakoom
Wenn's sein muss.
Gulp
Spucker!
Du hast den Dornenblock zerschmettert!
Pssch
Habt ihr mich etwa vergessen?!
Also, weiter geht's!
Auf dich kann man sich verlassen, Sushie.
Hey, nenn mich nicht so!
Nicht schlecht für so eine ältere Dame.

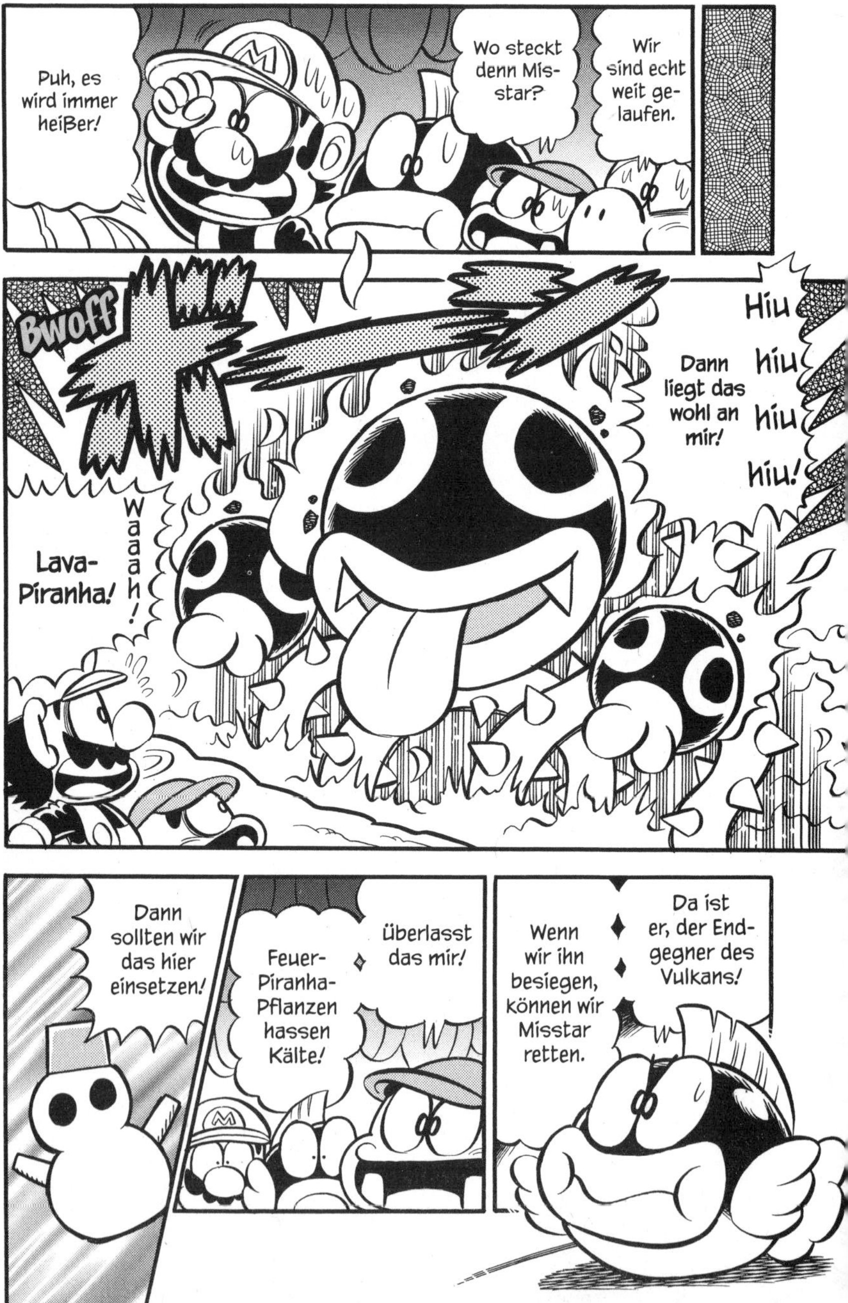

Puh, es wird immer heißer!
Wo steckt denn Mis-star?
Wir sind echt weit ge-laufen.
Bwoff
Hiu hiu hiu hiu!
Dann liegt das wohl an mir!
Lava-Piranha!
Waaaah!
Da ist er, der End-gegner des Vulkans!
Wenn wir ihn besiegen, können wir Misstar retten.
Überlasst das mir!
Feuer-Piranha-Pflanzen hassen Kälte!
Dann sollten wir das hier einsetzen!

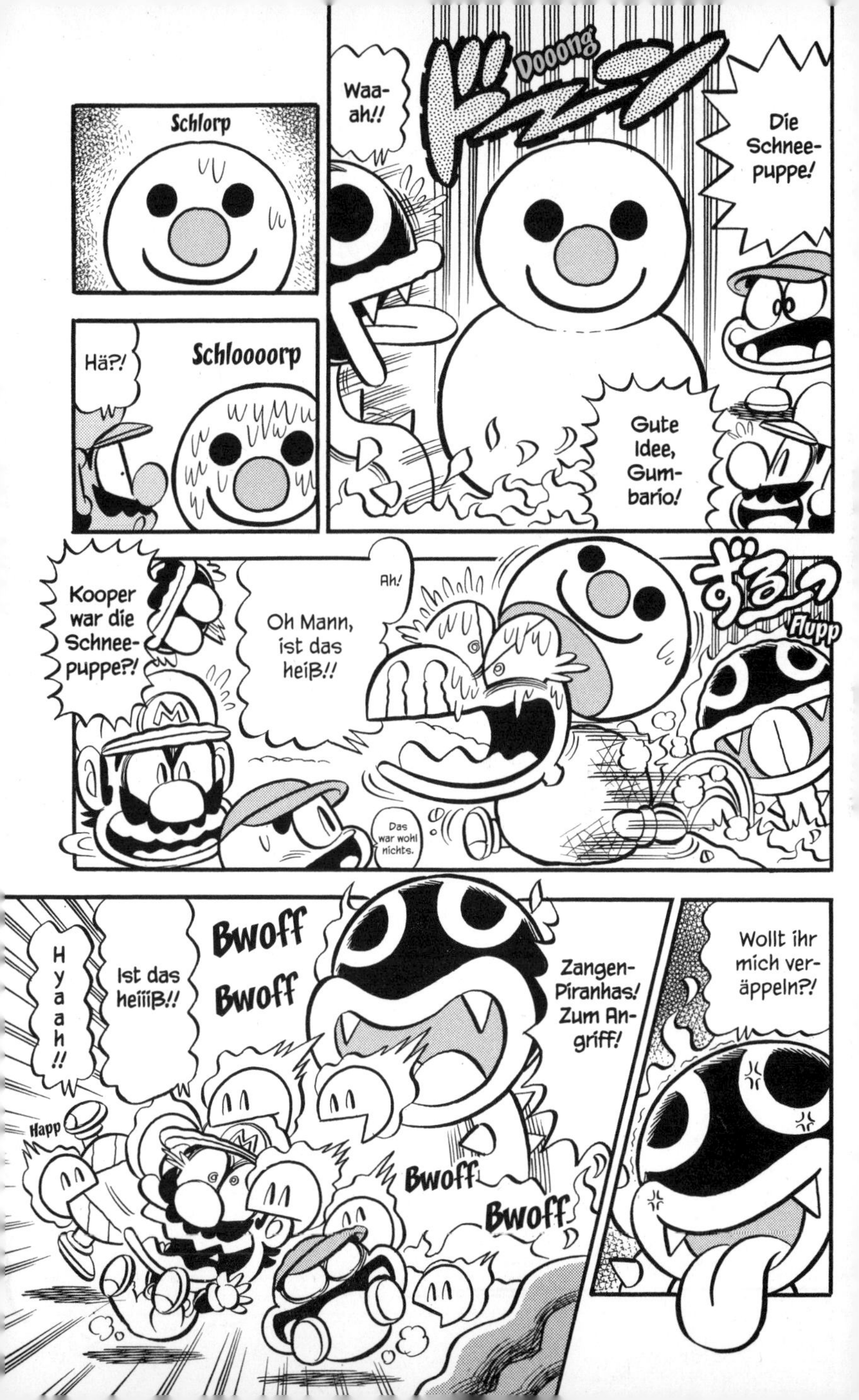
Schlorp
Waa-
ah!!
Dooong
Die Schnee-puppe!
Hä?!
Schloooorp
Gute Idee, Gum-bario!
Kooper war die Schnee-puppe?!
Oh Mann, ist das heiß!!
Ah!
Flupp
Das war wohl nichts.
Hyaaah!!
Ist das heiiiß!!
Bwoff
Bwoff
Zangen-Piranhas! Zum An-griff!
Happ
Bwoff
Bwoff
Wollt ihr mich ver-äppeln?!

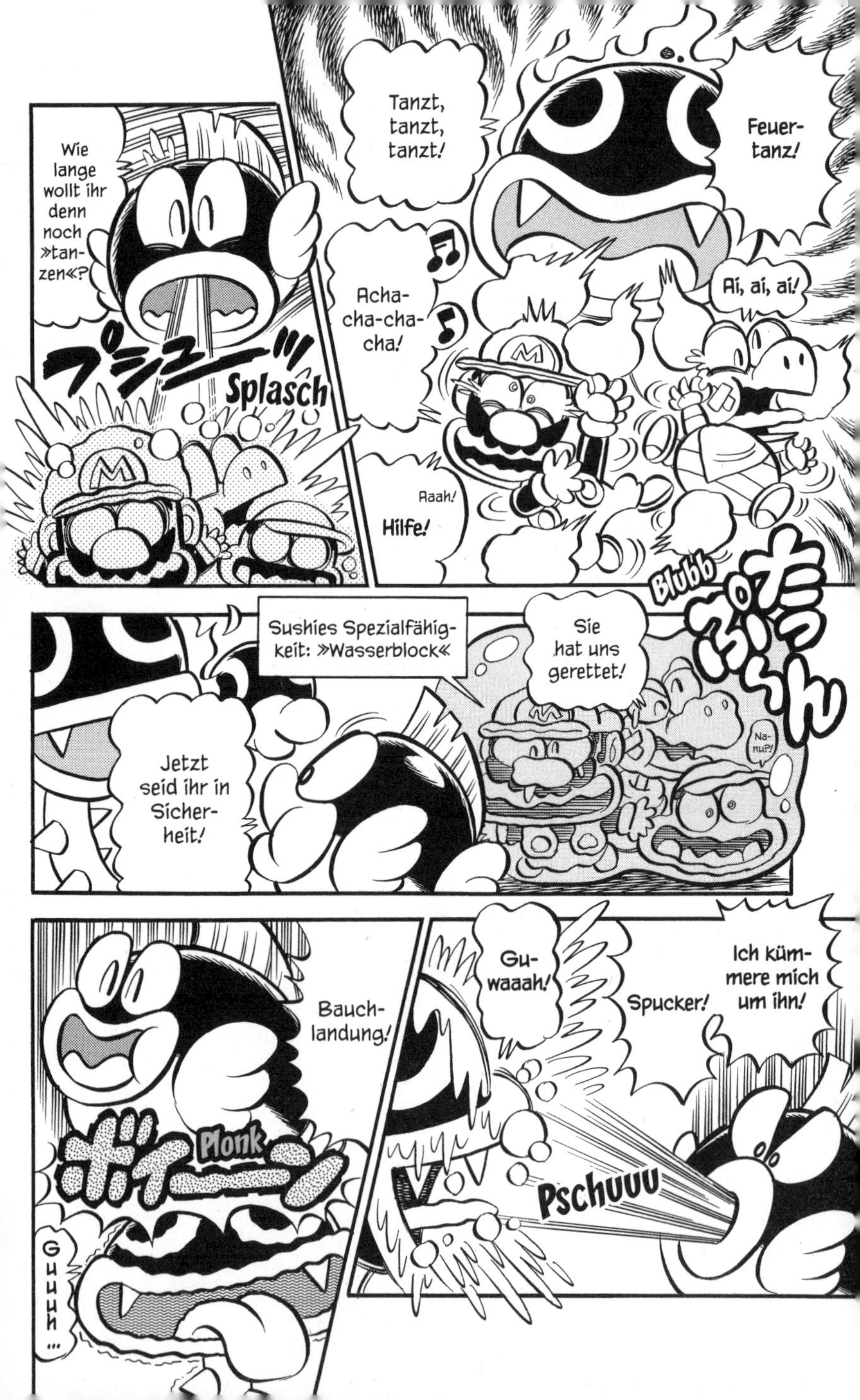
Feuer-
tanz!
Tanzt,
tanzt,
tanzt!
Ai, ai, ai!
Acha-
cha-cha-
cha!
Aaah!
Hilfe!
Wie
lange
wollt ihr
denn
noch
»tan-
zen«?
Splasch
Blubb
Sie
hat uns
gerettet!
Sushies Spezialfähig-
keit: »Wasserblock«
Na-
nu?!
Jetzt
seid ihr in
Sicher-
heit!
Ich küm-
mere mich
um ihn!
Spucker!
Gu-
waaah!
Pschuuu
Bauch-
landung!
Plonk
Guuuh ...

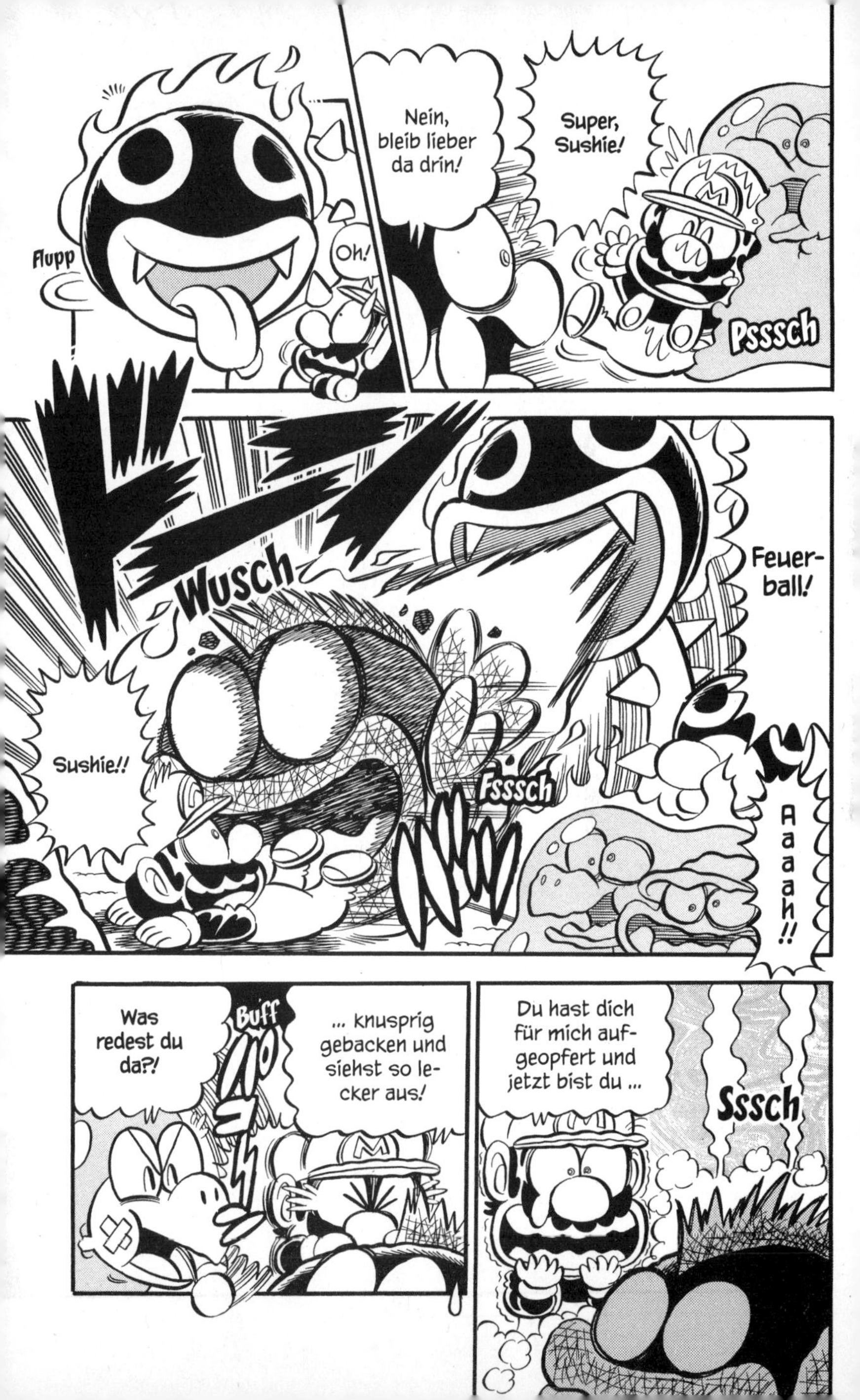

Flupp
Oh!
Nein, bleib lieber da drin!
Super, Sushie!
Psssch
Wusch
Feuer-ball!
Sushie!!
Fsssch
Aaaaah!!
Was redest du da?!
Buff
... knusprig gebacken und siehst so le-cker aus!
Du hast dich für mich auf-geopfert und jetzt bist du ...
Ssssch

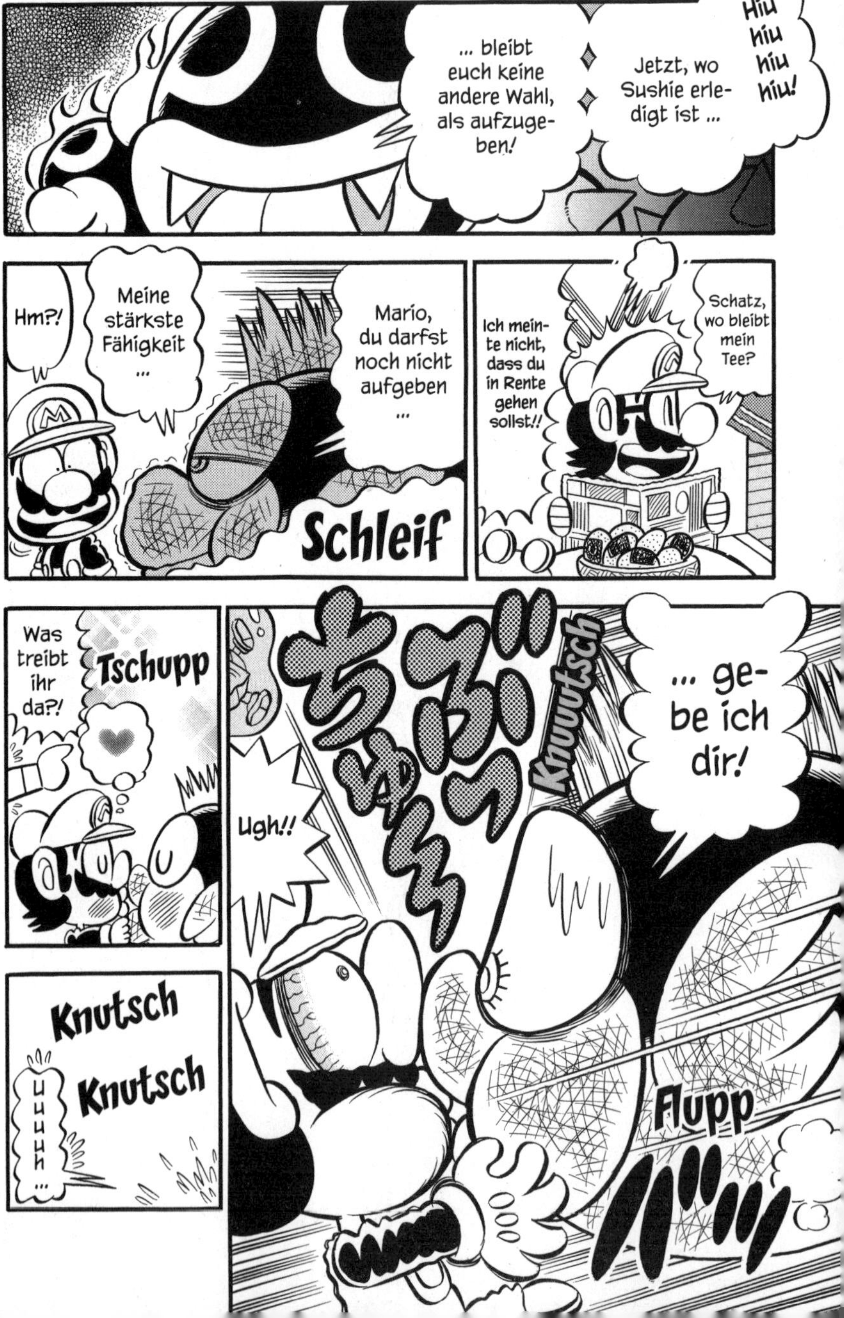
Hiu hiu hiu hiu!
Jetzt, wo Sushie erledigt ist ...
... bleibt euch keine andere Wahl, als aufzugeben!
Schatz, wo bleibt mein Tee?
Ich meinte nicht, dass du in Rente gehen sollst!!
Mario, du darfst noch nicht aufgeben ...
Schleif
Meine stärkste Fähigkeit ...
Hm?!
... gebe ich dir!
Knuuutsch
Ugh!!
Flupp
Tschupp
Was treibt ihr da?!
Knutsch
Knutsch
Uuuuh ...

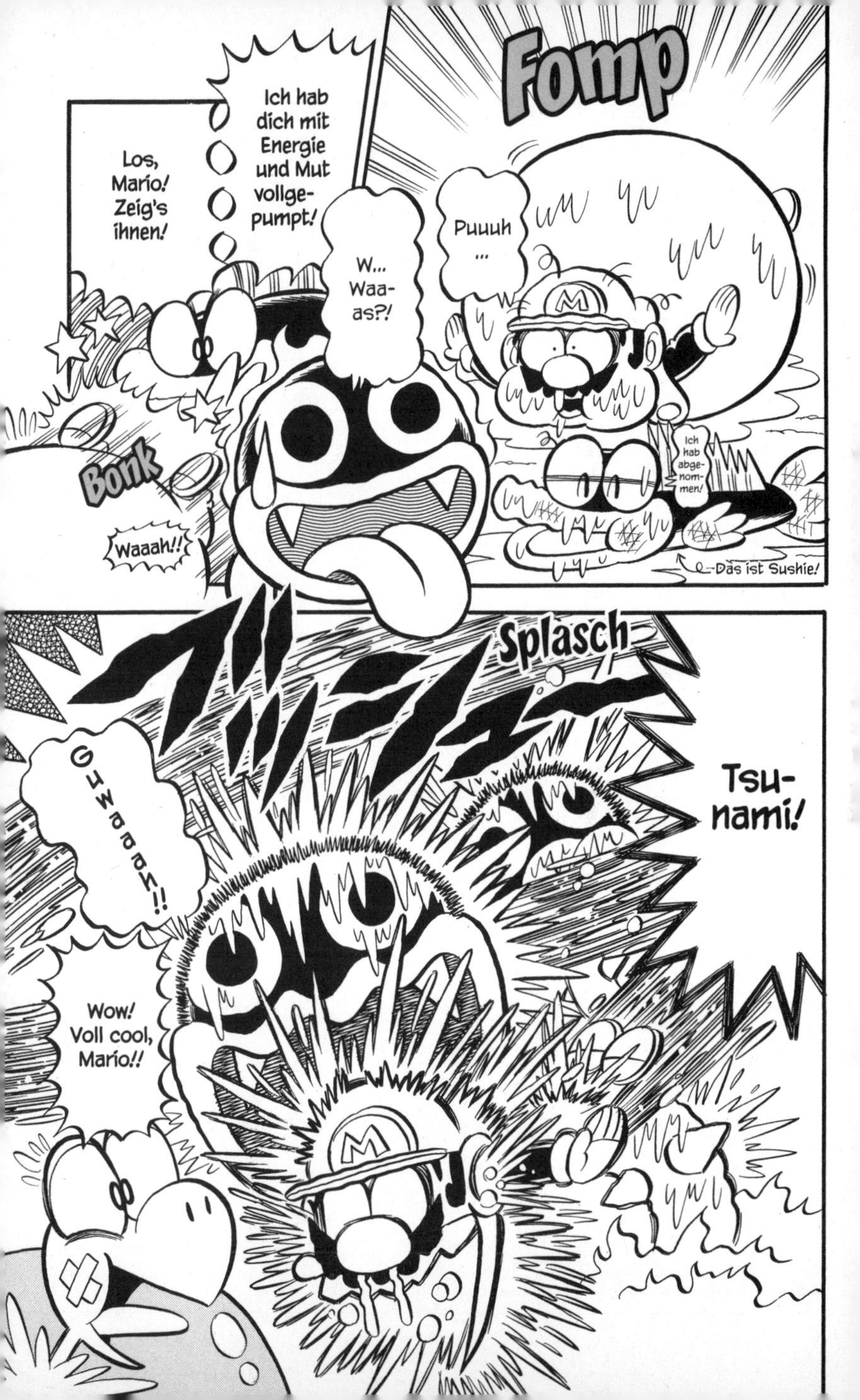
Fomp
Los, Mario! Zeig's ihnen!
Ich hab dich mit Energie und Mut vollgepumpt!
Puuuh ...
W... Waa-as?!
Bonk
Waaah!!
Ich hab abgenommen!
Das ist Sushie!
Splasch
Tsu-nami!
Guwaaaah!!
Wow! Voll cool, Mario!!

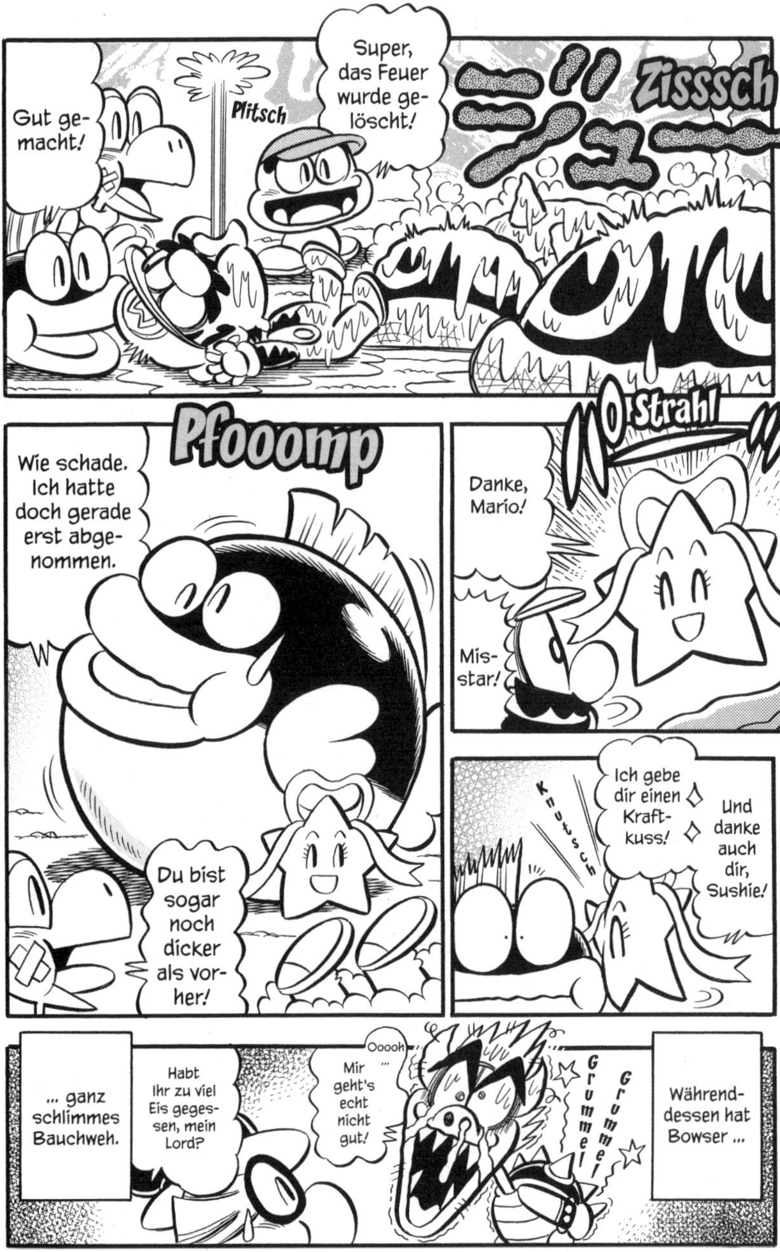
Zissch
Super, das Feuer wurde gelöscht!
Plitsch
Gut gemacht!
Strahl
Danke, Mario!
Mistar!
Ich gebe dir einen Kraftkuss!
Und danke auch dir, Sushie!
Knutsch
Pfooomp
Wie schade. Ich hatte doch gerade erst abgenommen.
Du bist sogar noch dicker als vorher!
Währenddessen hat Bowser ...
Grummel
Grummel
Ooooh ...
Mir geht's echt nicht gut!
Habt Ihr zu viel Eis gegessen, mein Lord?
... ganz schlimmes Bauchweh.

Level 2

Eine tragische Geschichte von roten Münzen

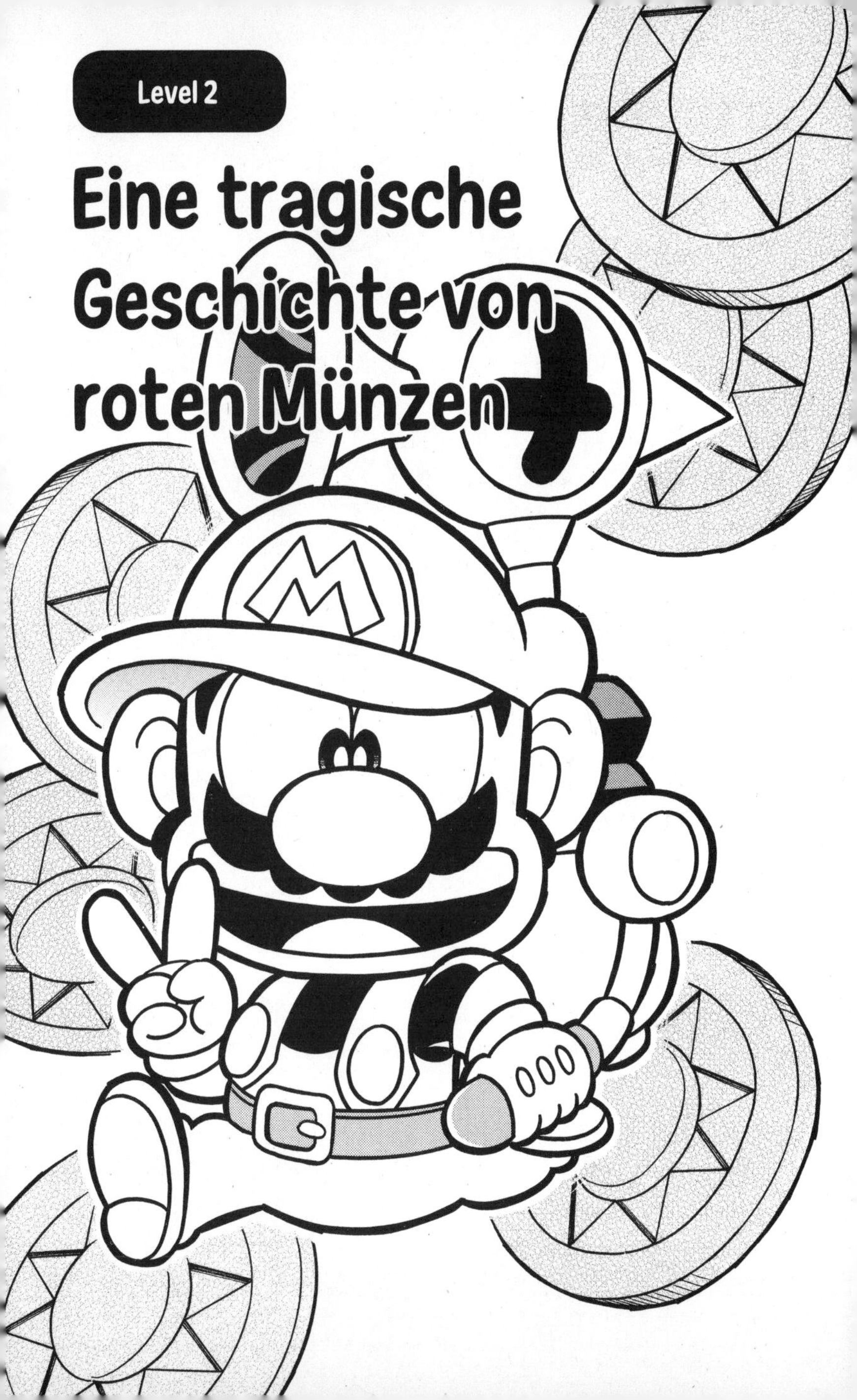

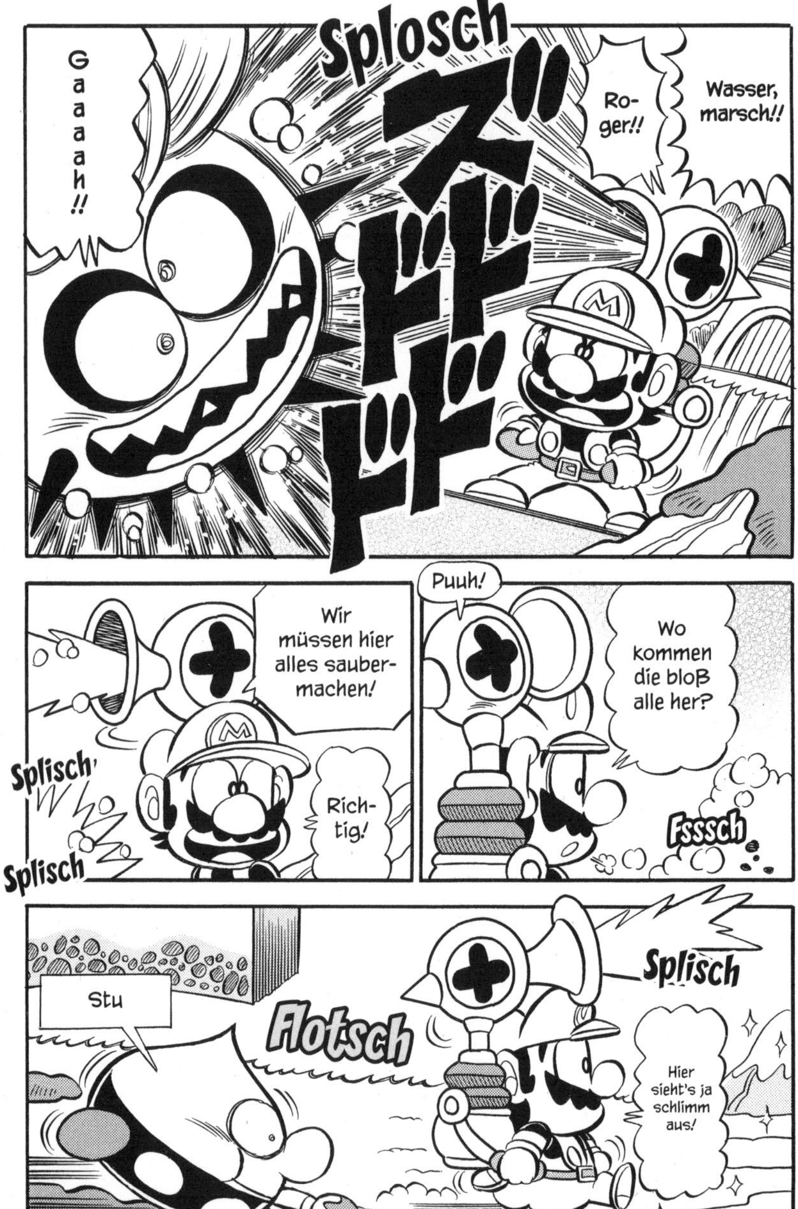

Diese Geschichte basiert auf dem Game *Super Mario Sunshine*. Auf der Insel Isla Delfino erscheinen mysteriöse Farbkleckse und die Insignien der Sonne sind verschwunden. Ein böser Doppelgänger von Mario namens Mario Morgana scheint hier sein Unwesen zu treiben. Daher macht sich Mario mit seiner treuen Wasserspritze Dreckweg 08/17 auf, um ein neues Abenteuer zu erleben!

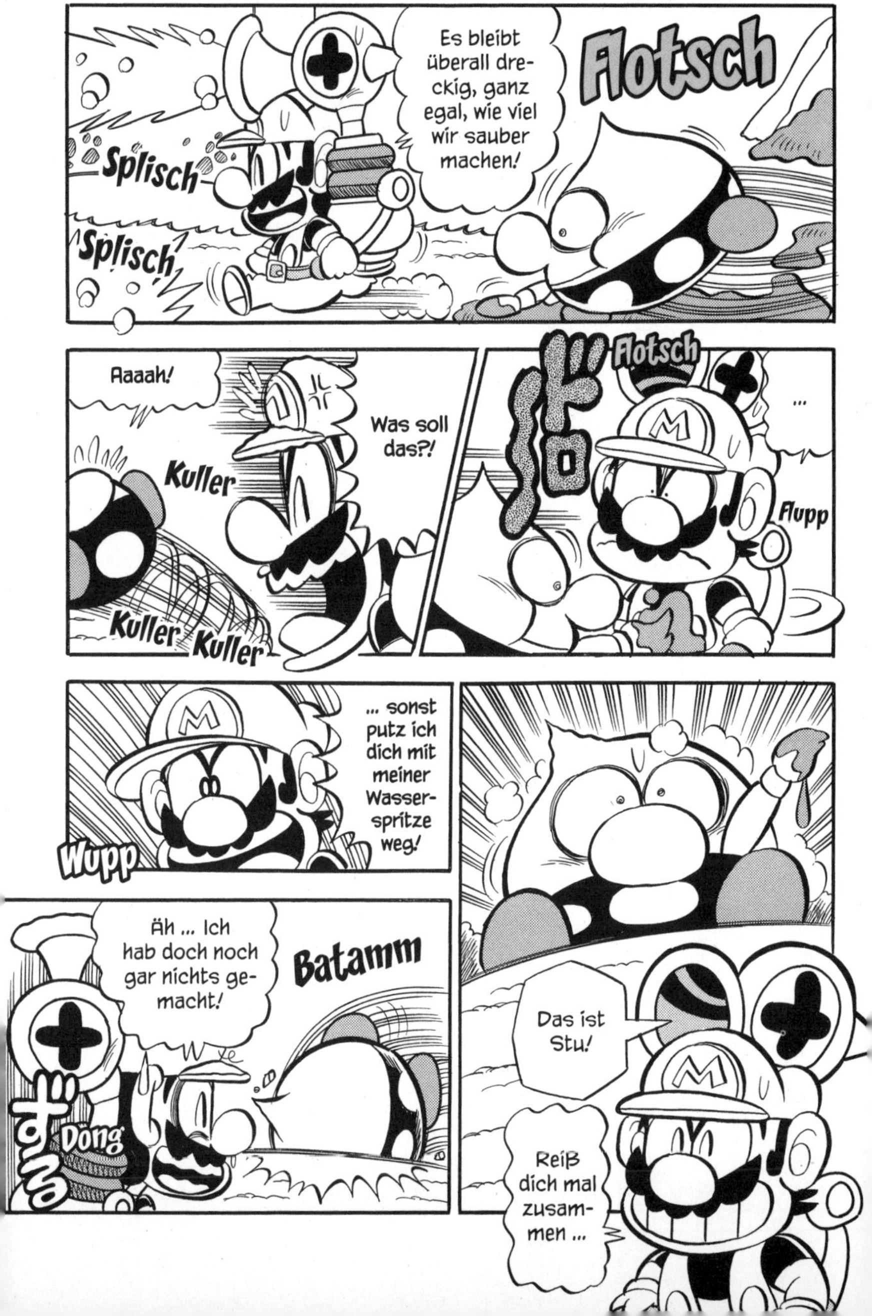
Es bleibt überall dreckig, ganz egal, wie viel wir sauber machen!
Flotsch
Splisch
Splisch
Aaaah!
Was soll das?!
Kuller
Kuller Kuller
Flotsch
...
Flupp
... sonst putz ich dich mit meiner Wasserspritze weg!
Wupp
Äh ... Ich hab doch noch gar nichts gemacht!
Batamm
Döng
Das ist Stu!
Reiß dich mal zusammen ...

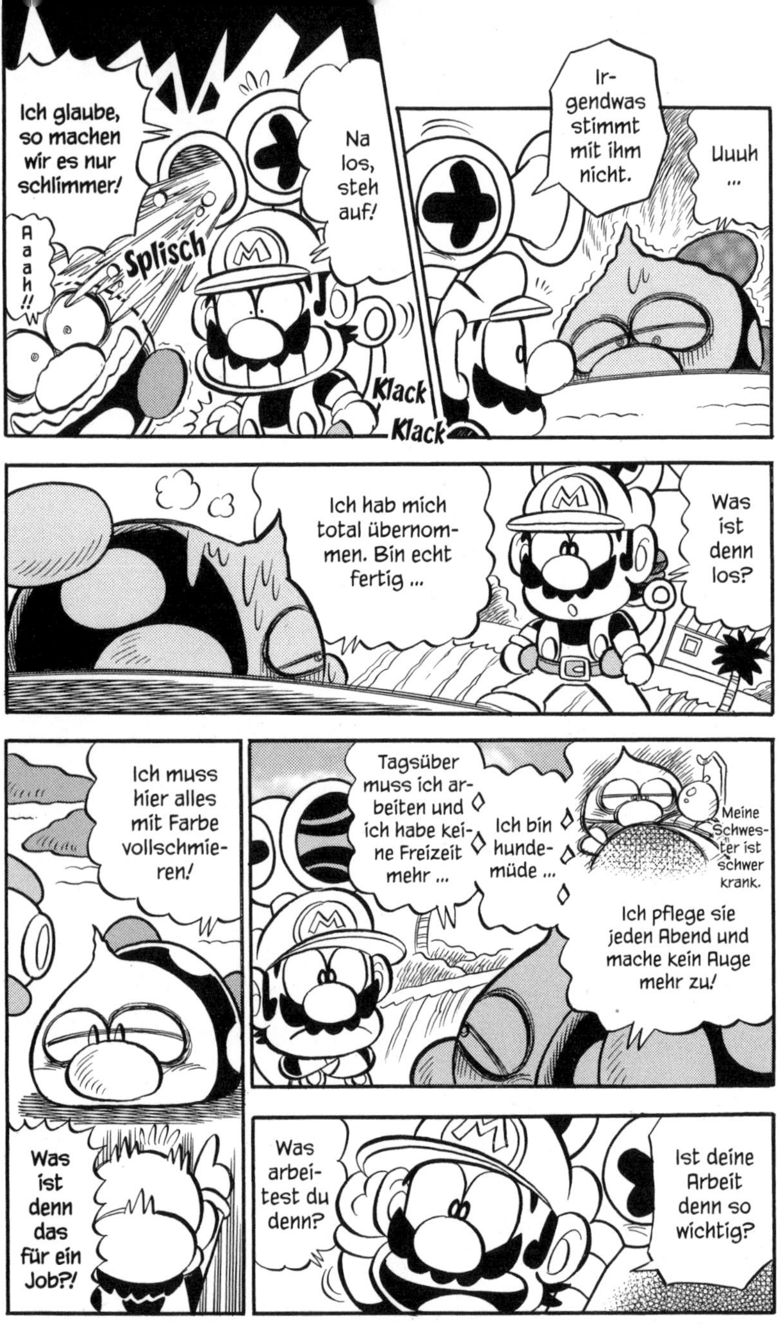
Ir-gendwas stimmt mit ihm nicht.
Uuuh ...
Ich glaube, so machen wir es nur schlimmer!
Na los, steh auf!
Aaaah!!
Splisch
Klack
Klack
Was ist denn los?
Ich hab mich total übernommen. Bin echt fertig ...
Ich muss hier alles mit Farbe vollschmieren!
Tagsüber muss ich arbeiten und ich habe keine Freizeit mehr ...
Ich bin hundemüde ...
Meine Schwester ist schwer krank.
Ich pflege sie jeden Abend und mache kein Auge mehr zu!
Was ist denn das für ein Job?!
Ist deine Arbeit denn so wichtig?
Was arbeitest du denn?

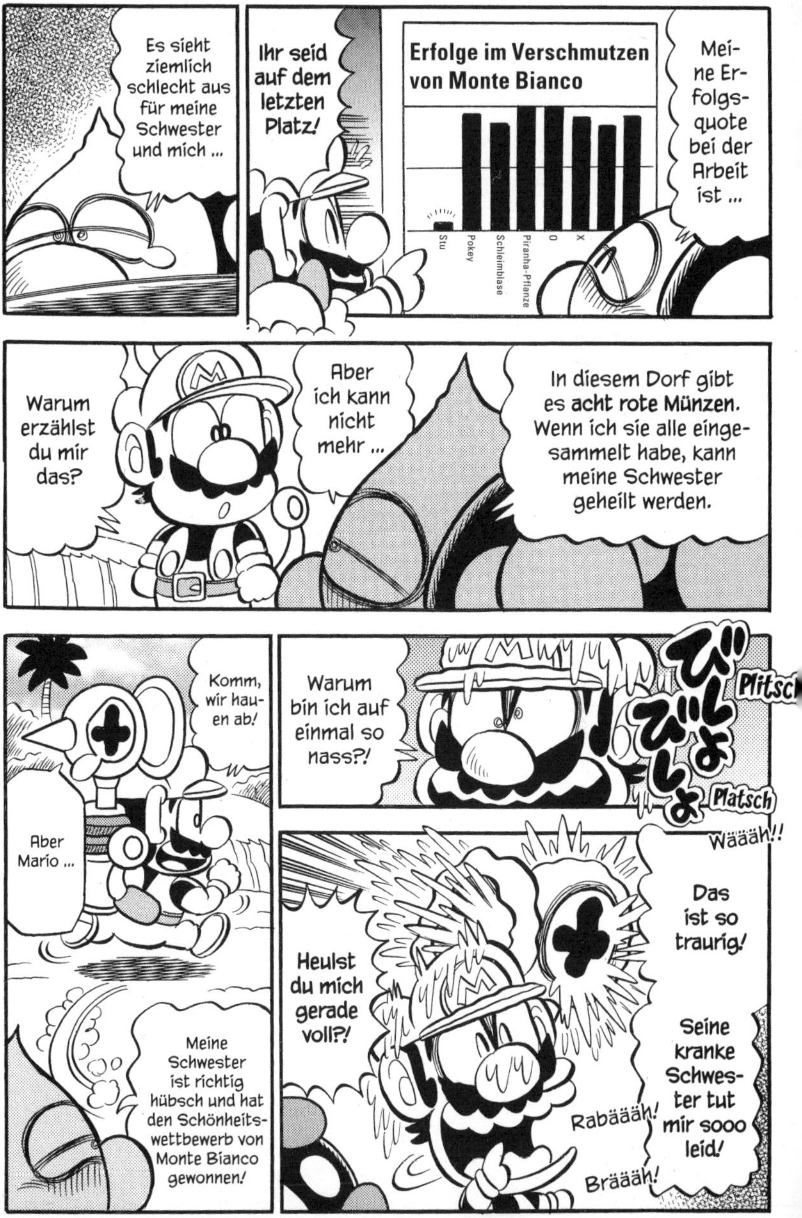
Es sieht ziemlich schlecht aus für meine Schwester und mich ...
Ihr seid auf dem letzten Platz!
Erfolge im Verschmutzen von Monte Bianco
Stu
Pokey
Schleimblase
Piranha-Pflanze
Meine Erfolgsquote bei der Arbeit ist ...
Warum erzählst du mir das?
Aber ich kann nicht mehr ...
In diesem Dorf gibt es acht rote Münzen. Wenn ich sie alle eingesammelt habe, kann meine Schwester geheilt werden.
Komm, wir hauen ab!
Aber Mario ...
Meine Schwester ist richtig hübsch und hat den Schönheitswettbewerb von Monte Bianco gewonnen!
Warum bin ich auf einmal so nass?!
Platsch
Wäääh!!
Das ist so traurig!
Heulst du mich gerade voll?!
Seine kranke Schwester tut mir sooo leid!
Rabäääh!
Bräääh!

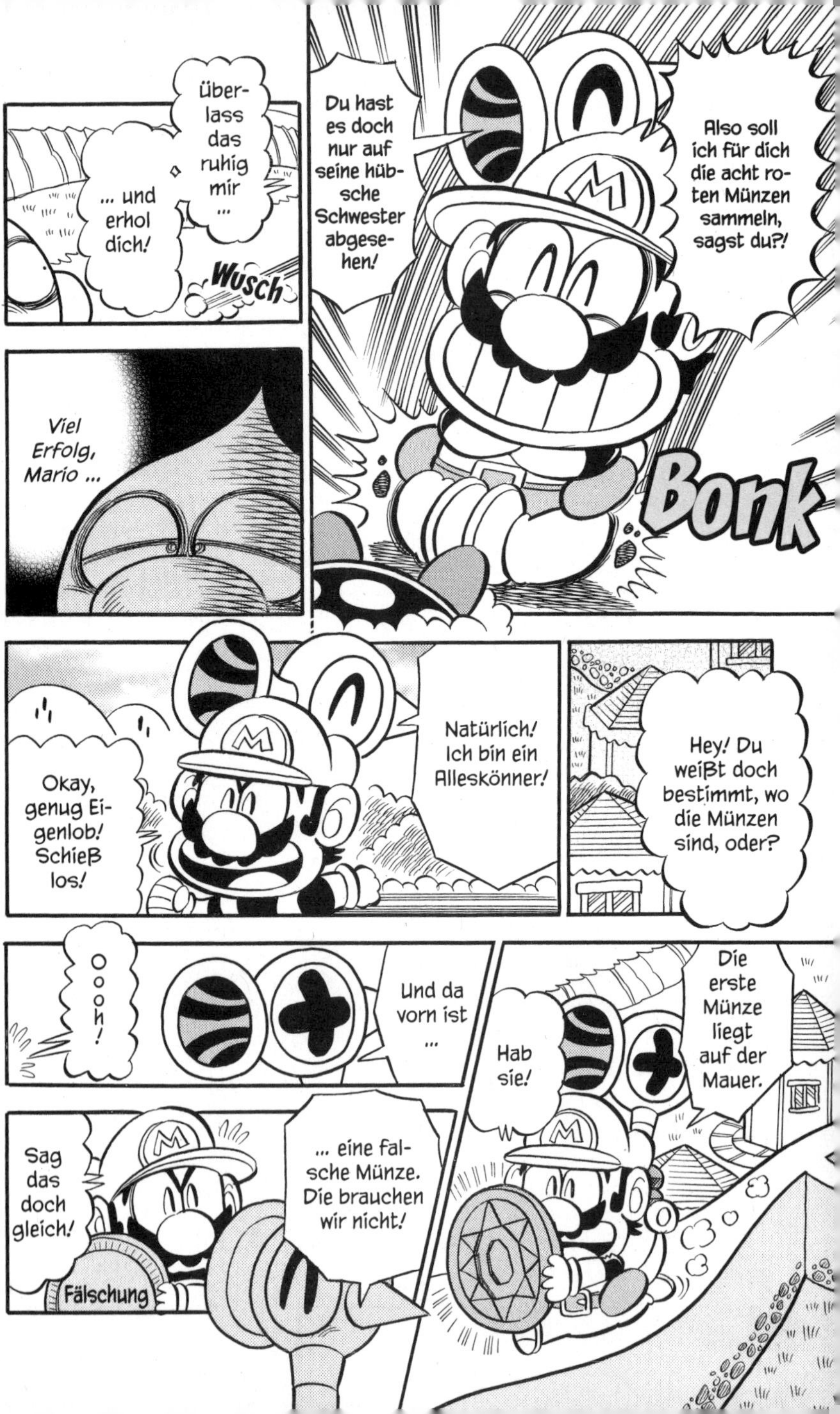
Also soll ich für dich die acht roten Münzen sammeln, sagst du?!
Du hast es doch nur auf seine hübsche Schwester abgesehen!
Bonk
überlass das ruhig mir ...
... und erhol dich!
Wusch
Viel Erfolg, Mario ...
Hey! Du weißt doch bestimmt, wo die Münzen sind, oder?
Natürlich! Ich bin ein Alleskönner!
Okay, genug Eigenlob! Schieß los!
Die erste Münze liegt auf der Mauer.
Hab sie!
Und da vorn ist ...
Ooooh!
... eine falsche Münze. Die brauchen wir nicht!
Sag das doch gleich!
Fälschung

Mini-Bonus-Info von Yukio Sawada

Es war echt schwierig, aus den bislang erschienenen 700 Kapiteln in 52 Bänden die neun besten Episoden auszuwählen. Ich liebe die Geschichte mit Baby Yoshi und hätte sie gern mit in diese Sammlung genommen, aber es hätte für sie nicht genug Platz gegeben. Ich mag auch die Storys, in denen Mario gar nicht vorkommt. Er taucht, zum Beispiel, weder im 7. Kapitel von Band 27 noch im ersten Bonus-Kapitel von Band 29 auf. Trotzdem steht Mario im Mittelpunkt dieser Geschichten! Dann gibt es noch Kapitel wie das zehnte in Band 40, in denen Bowser und die Gumbas die Hauptrollen übernehmen. Wenn ich noch mal die Gelegenheit bekomme, möchte ich gern noch mehr solche Geschichten erzählen!

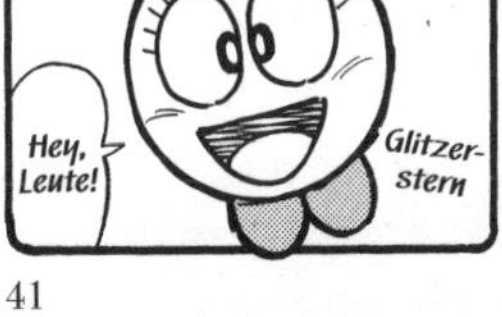

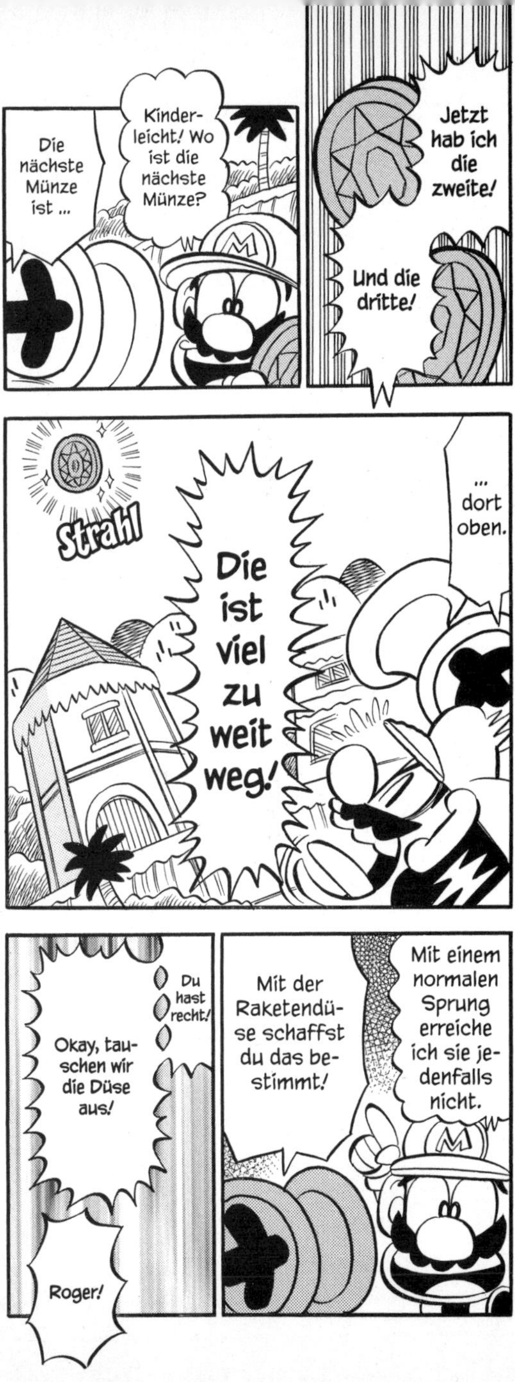

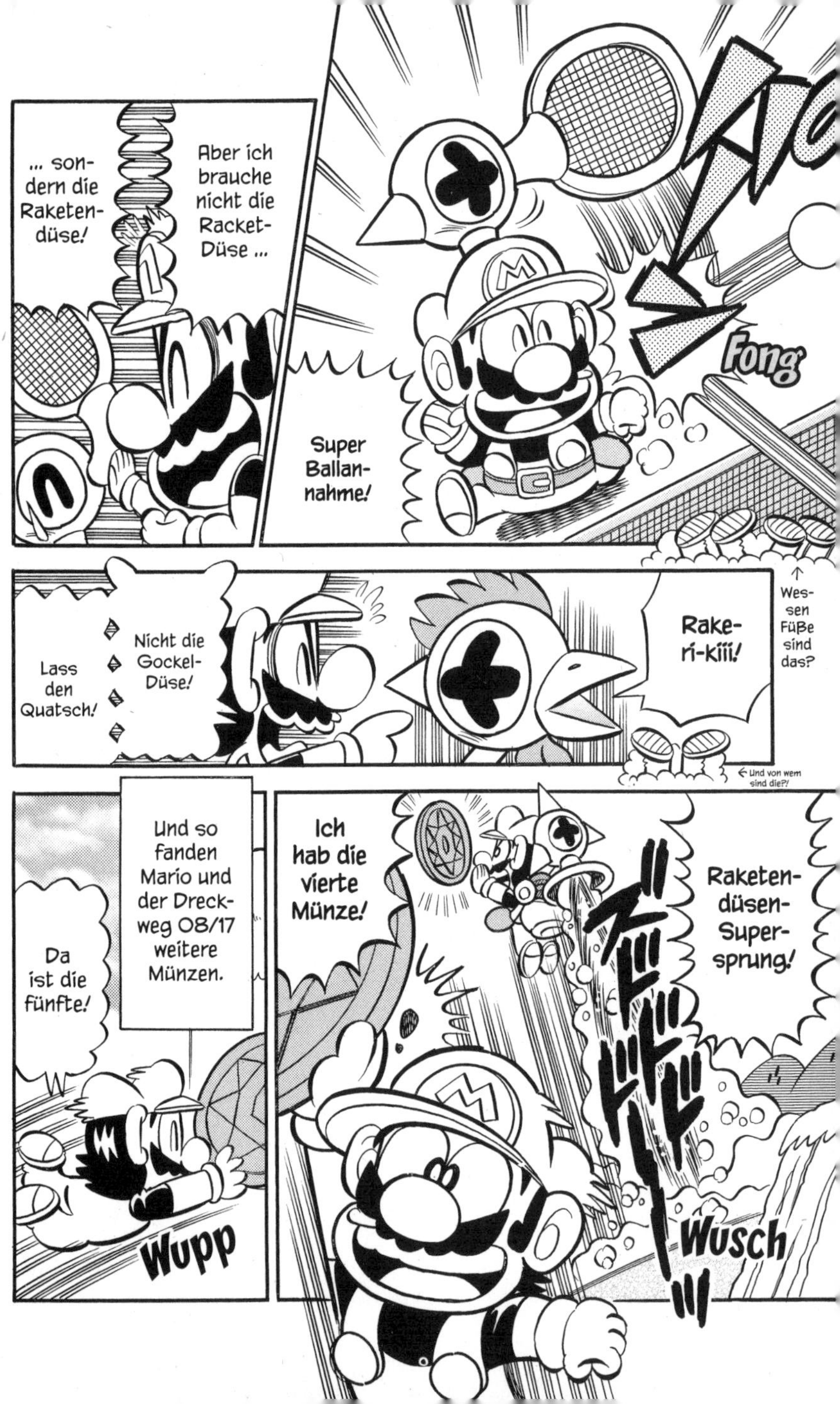
Fong
Super Ballannahme!
Aber ich brauche nicht die Racket-Düse ...
... sondern die Raketendüse!
Wessen Füße sind das?
Rakeri-kiii!
Nicht die Gockel-Düse!
Lass den Quatsch!
Und von wem sind die?!
Raketendüsen-Supersprung!
Wusch
Ich hab die vierte Münze!
Und so fanden Mario und der Dreckweg 08/17 weitere Münzen.
Da ist die fünfte!
Wupp

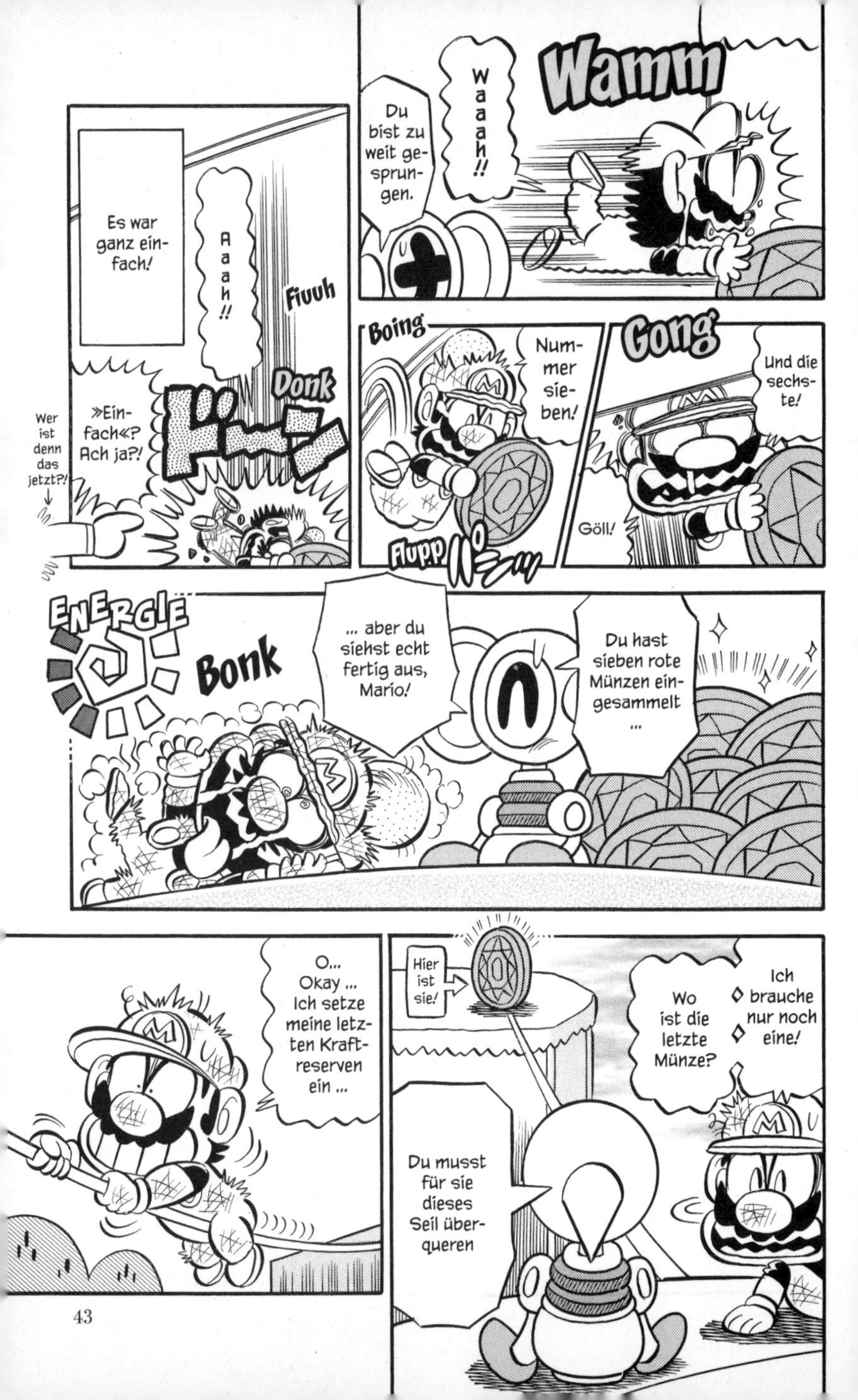
Wamm
Waaah!!
Du bist zu weit gesprungen.
Aaah!!
Fiuuh
Es war ganz einfach!
Donk
»Einfach«? Ach ja?!
Wer ist denn das jetzt?!
Gong
Und die sechste!
Göll!
Boing
Nummer sieben!
Flupp
Du hast sieben rote Münzen eingesammelt ...
... aber du siehst echt fertig aus, Mario!
Bonk
ENERGIE
Ich brauche nur noch eine!
Wo ist die letzte Münze?
Hier ist sie!
Du musst für sie dieses Seil überqueren
O... Okay ... Ich setze meine letzten Kraftreserven ein ...

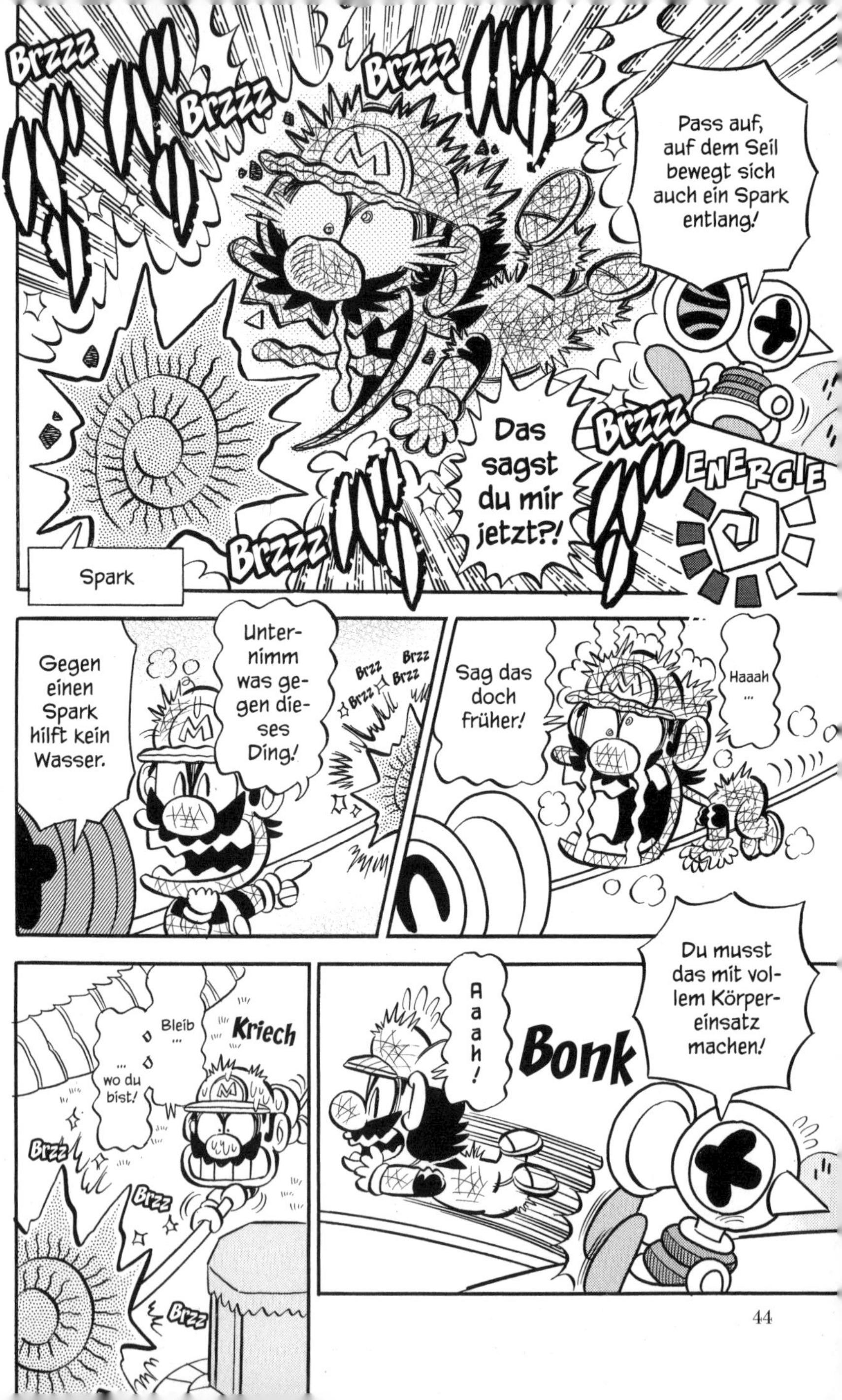
Brzzz
Brzzz
Brzzz
Pass auf, auf dem Seil bewegt sich auch ein Spark entlang!
Das sagst du mir jetzt?!
Brzzz
ENERGIE
Brzzz
Spark
Gegen einen Spark hilft kein Wasser.
Unter-nimm was ge-gen die-ses Ding!
Brzz
Brzz
Brzz
Brzz
Sag das doch früher!
Haaah ...
Bleib ...
Kriech
... wo du bist!
Brzz
Brzz
Brzz
Du musst das mit vol-lem Körper-einsatz machen!
Bonk
Aaah!

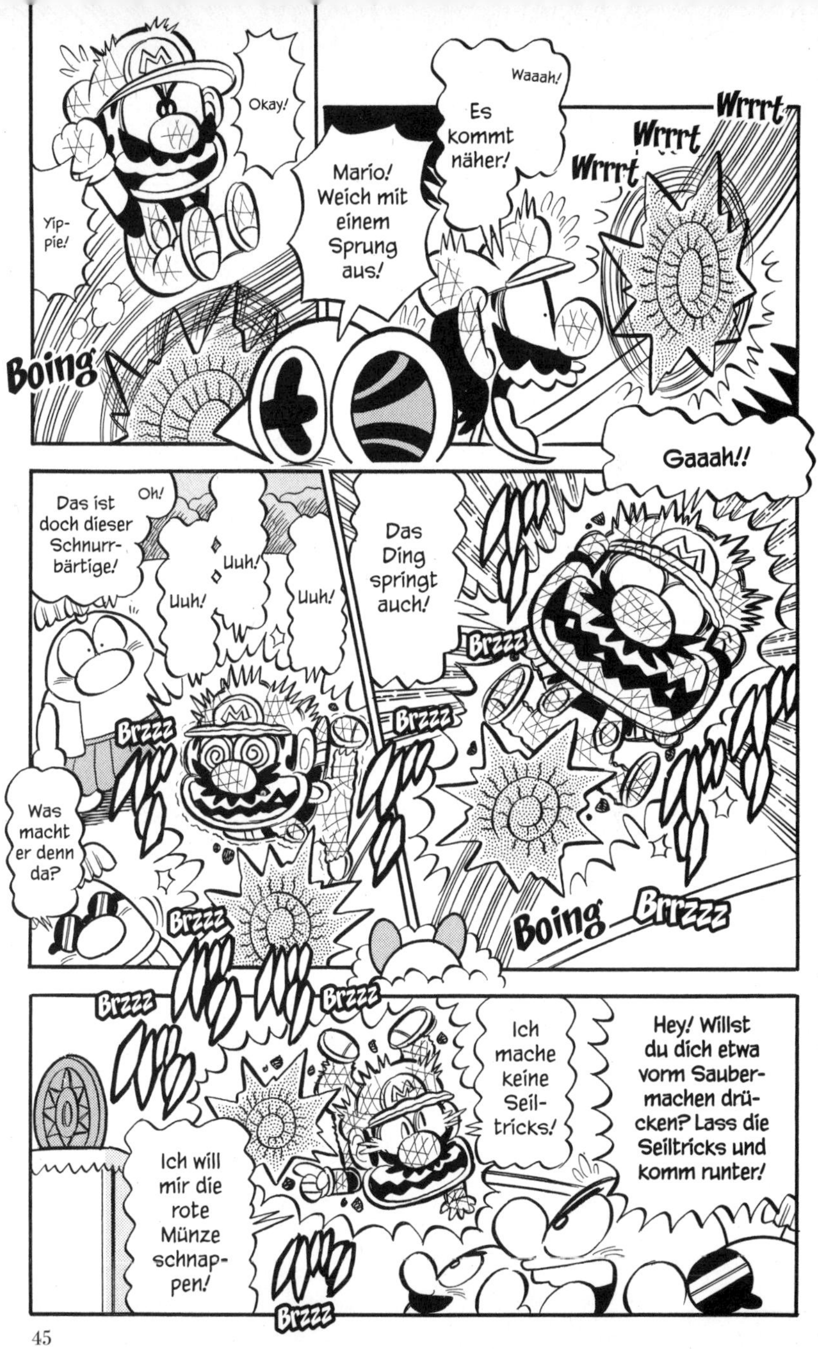

Okay!
Yip-pie!
Boing
Mario! Weich mit einem Sprung aus!
Waaah!
Es kommt näher!
Wrrrt
Wrrrt
Wrrrt
Gaaah!!
Das ist doch dieser Schnurr-bärtige!
Oh!
Uuh!
Uuh!
Uuh!
Was macht er denn da?
Brzzz
Brzzz
Das Ding springt auch!
Brzzz
Brzzz
Boing
Brrzzz
Brzzz
Brzzz
Hey! Willst du dich etwa vorm Sauber-machen drü-cken? Lass die Seiltricks und komm runter!
Ich mache keine Seil-tricks!
Ich will mir die rote Münze schnap-pen!
Brzzz

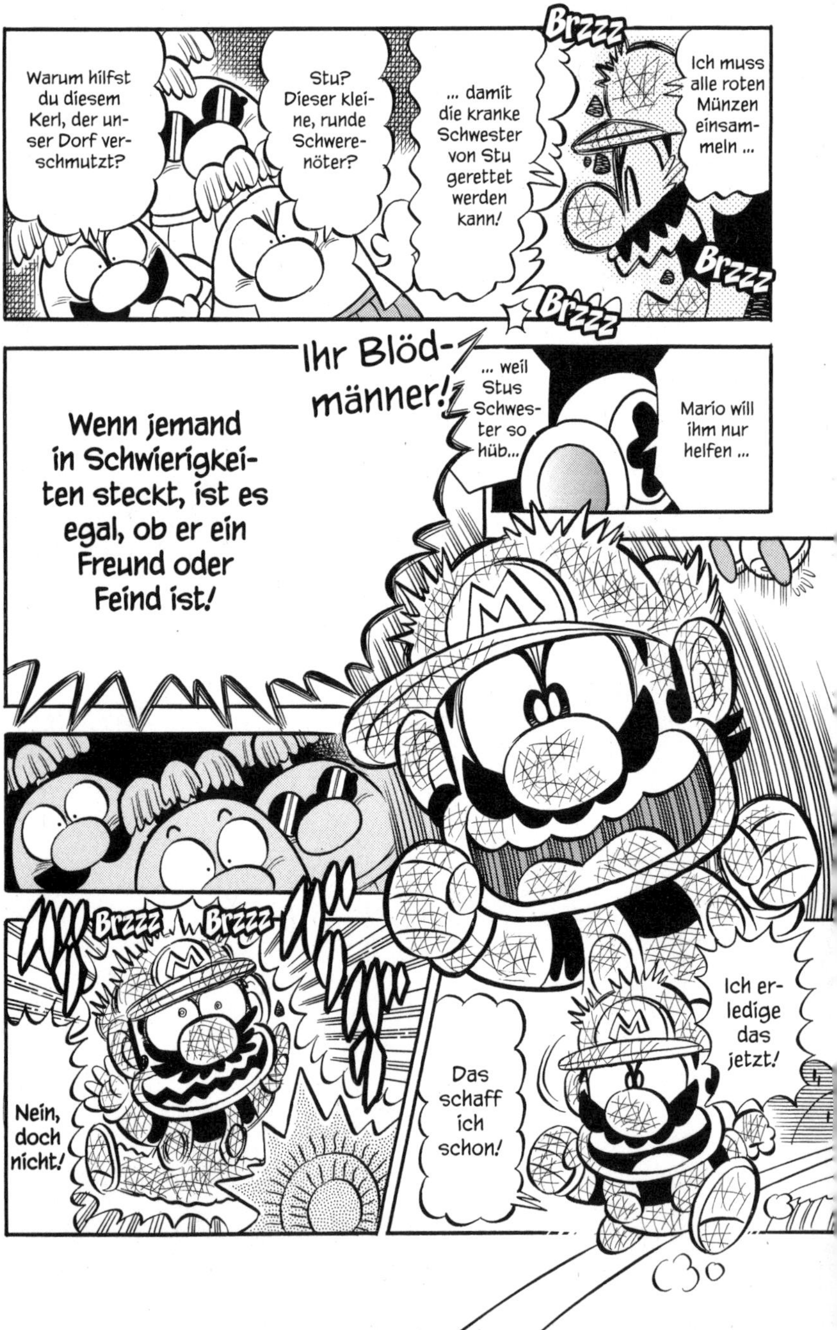
Warum hilfst du diesem Kerl, der unser Dorf verschmutzt?
Stu? Dieser kleine, runde Schwerenöter?
... damit die kranke Schwester von Stu gerettet werden kann!
Brzzz
Ich muss alle roten Münzen einsammeln ...
Brzzz
Brzzz
Ihr Blödmänner!
... weil Stus Schwester so hüb...
Mario will ihm nur helfen ...
Wenn jemand in Schwierigkeiten steckt, ist es egal, ob er ein Freund oder Feind ist!
Brzzz
Brzzz
Nein, doch nicht!
Ich erledige das jetzt!
Das schaff ich schon!

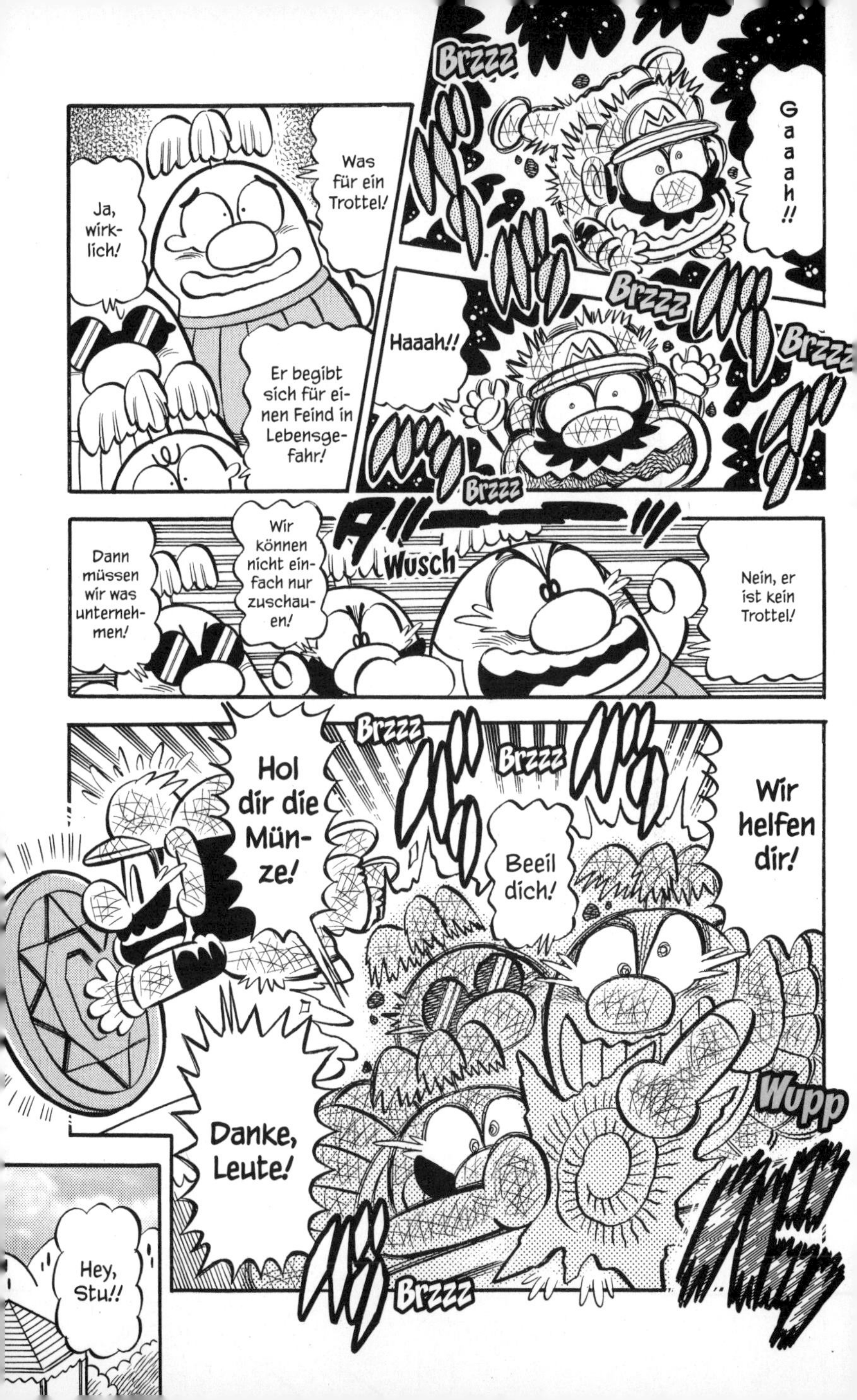
Was für ein Trottel!
Ja, wirk-lich!
Er begibt sich für ei-nen Feind in Lebensge-fahr!
Brzzz
Gaaaah!!
Brzzz
Haaah!!
Brzzz
Brzzz
Nein, er ist kein Trottel!
Wusch
Wir können nicht ein-fach nur zuschau-en!
Dann müssen wir was unterneh-men!
Brzzz
Brzzz
Wir helfen dir!
Beeil dich!
Hol dir die Mün-ze!
Wupp
Danke, Leute!
Brzzz
Hey, Stu!!

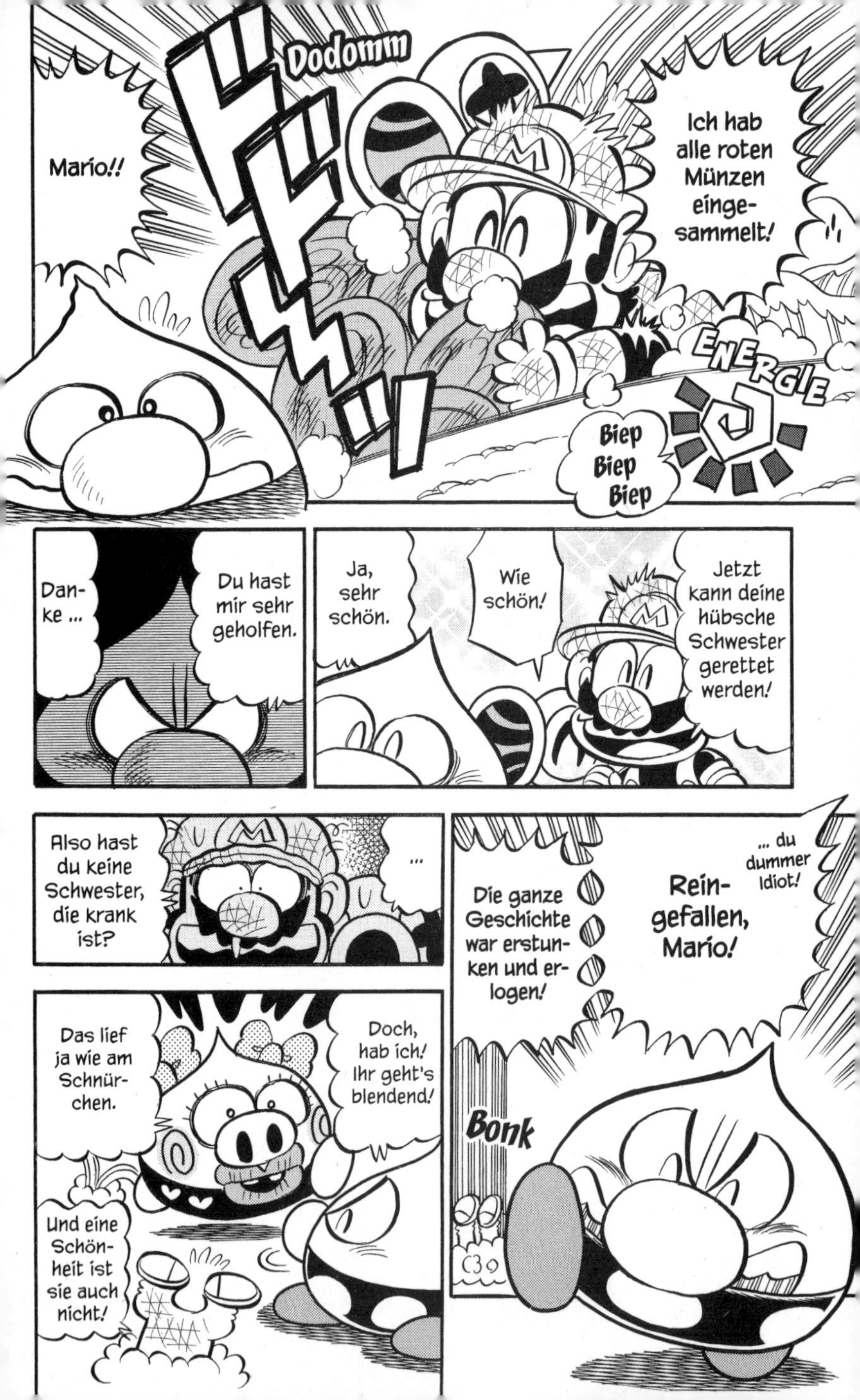

Dodomm
Mario!!
Ich hab alle roten Münzen eingesammelt!
ENERGIE
Biep Biep Biep
Danke ...
Du hast mir sehr geholfen.
Jetzt kann deine hübsche Schwester gerettet werden!
Wie schön!
Ja, sehr schön.
Also hast du keine Schwester, die krank ist?
...
Doch, hab ich! Ihr geht's blendend!
Das lief ja wie am Schnürchen.
Und eine Schönheit ist sie auch nicht!
Rein-gefallen, Mario!
... du dummer Idiot!
Die ganze Geschichte war erstunken und erlogen!
Bonk

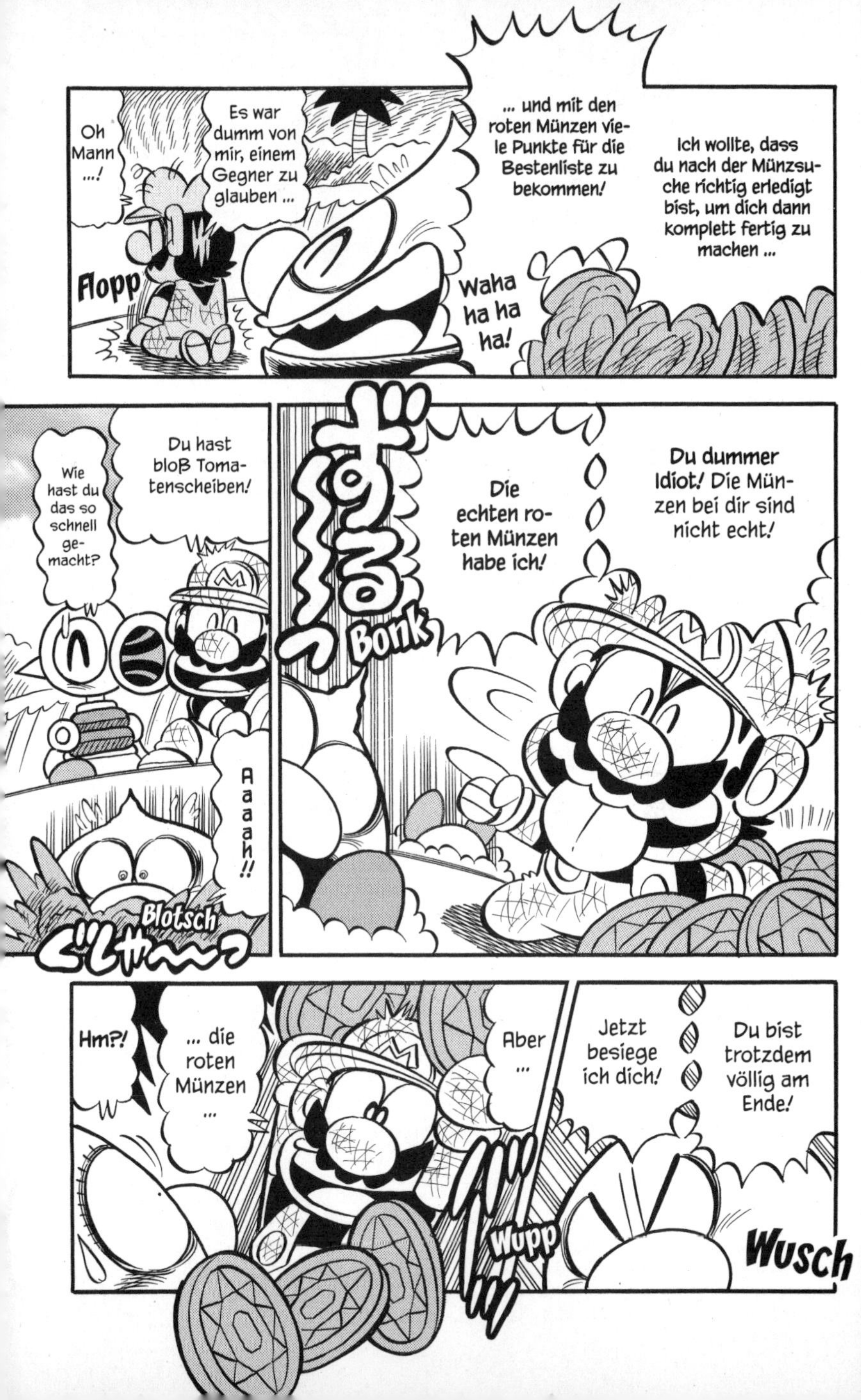
Ich wollte, dass du nach der Münzsuche richtig erledigt bist, um dich dann komplett fertig zu machen ...
... und mit den roten Münzen viele Punkte für die Bestenliste zu bekommen!
Waha ha ha ha!
Es war dumm von mir, einem Gegner zu glauben ...
Oh Mann ...!
Flopp
Du dummer Idiot! Die Münzen bei dir sind nicht echt!
Die echten roten Münzen habe ich!
Bonk
Du hast bloß Tomatenscheiben!
Wie hast du das so schnell gemacht?
Aaaaah!!
Blotsch
Du bist trotzdem völlig am Ende!
Jetzt besiege ich dich!
Wusch
Aber ...
Wupp
... die roten Münzen ...
Hm?!

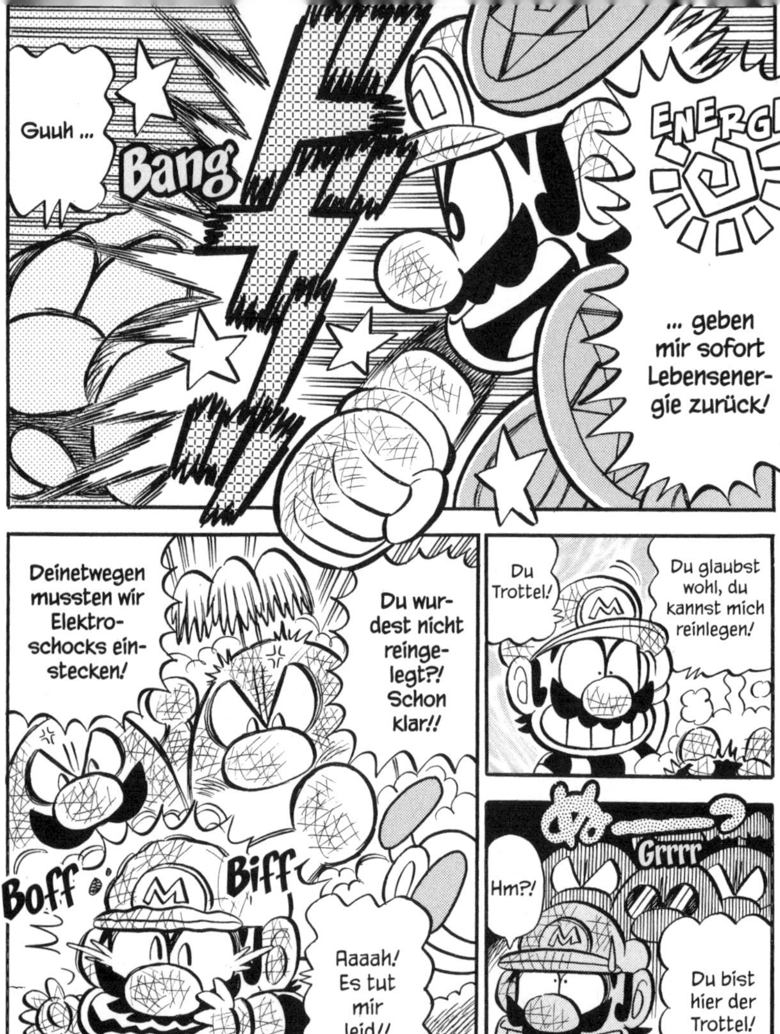

ENERGIE
... geben mir sofort Lebensenergie zurück!
Bang
Guuh ...
Du glaubst wohl, du kannst mich reinlegen!
Du Trottel!
Grrrr
Hm?!
Du bist hier der Trottel!
Du wurdest nicht reingelegt?! Schon klar!!
Deinetwegen mussten wir Elektroschocks einstecken!
Biff
Boff
Aaaah! Es tut mir leid!!
Meine hübsche Mutter ist krank!
Meine hübsche Schwester auch!
Als ob ich darauf noch mal reinfalle!

Level 3

Die Blooper-Familie braucht Hilfe!

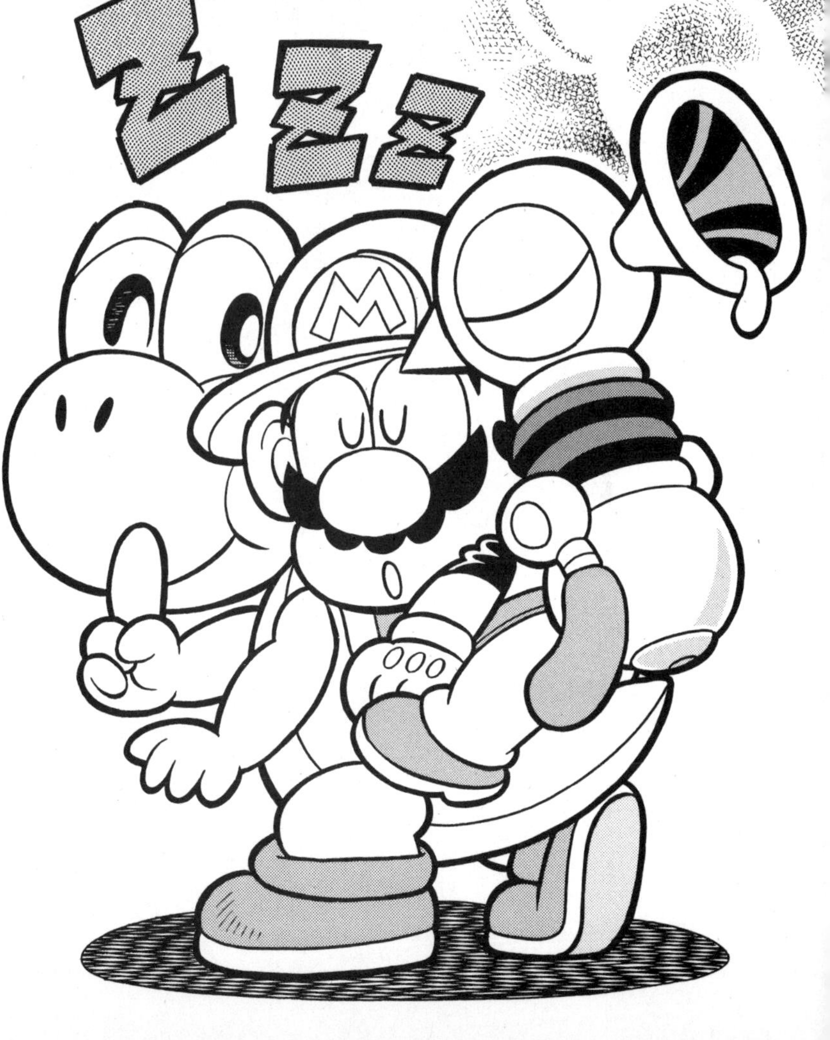

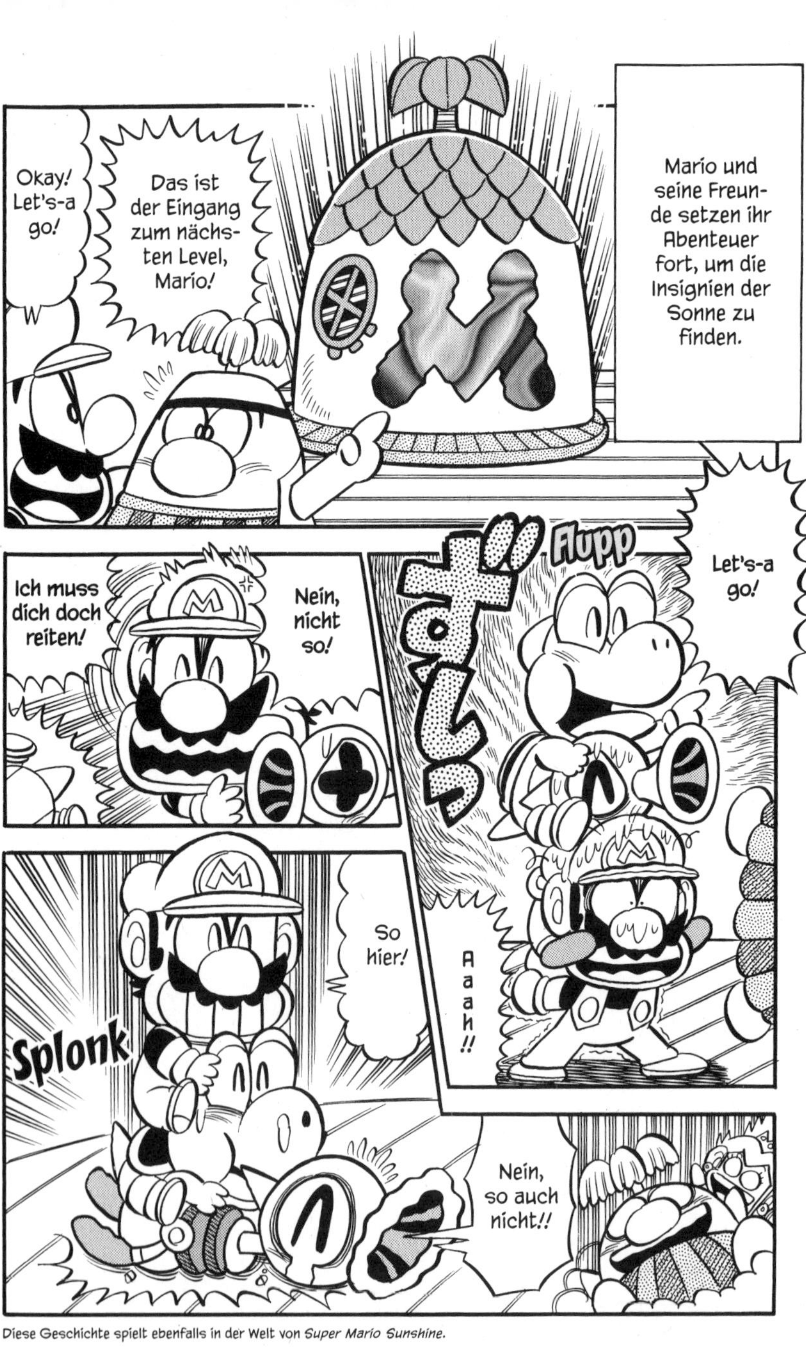

Diese Geschichte spielt ebenfalls in der Welt von *Super Mario Sunshine*.

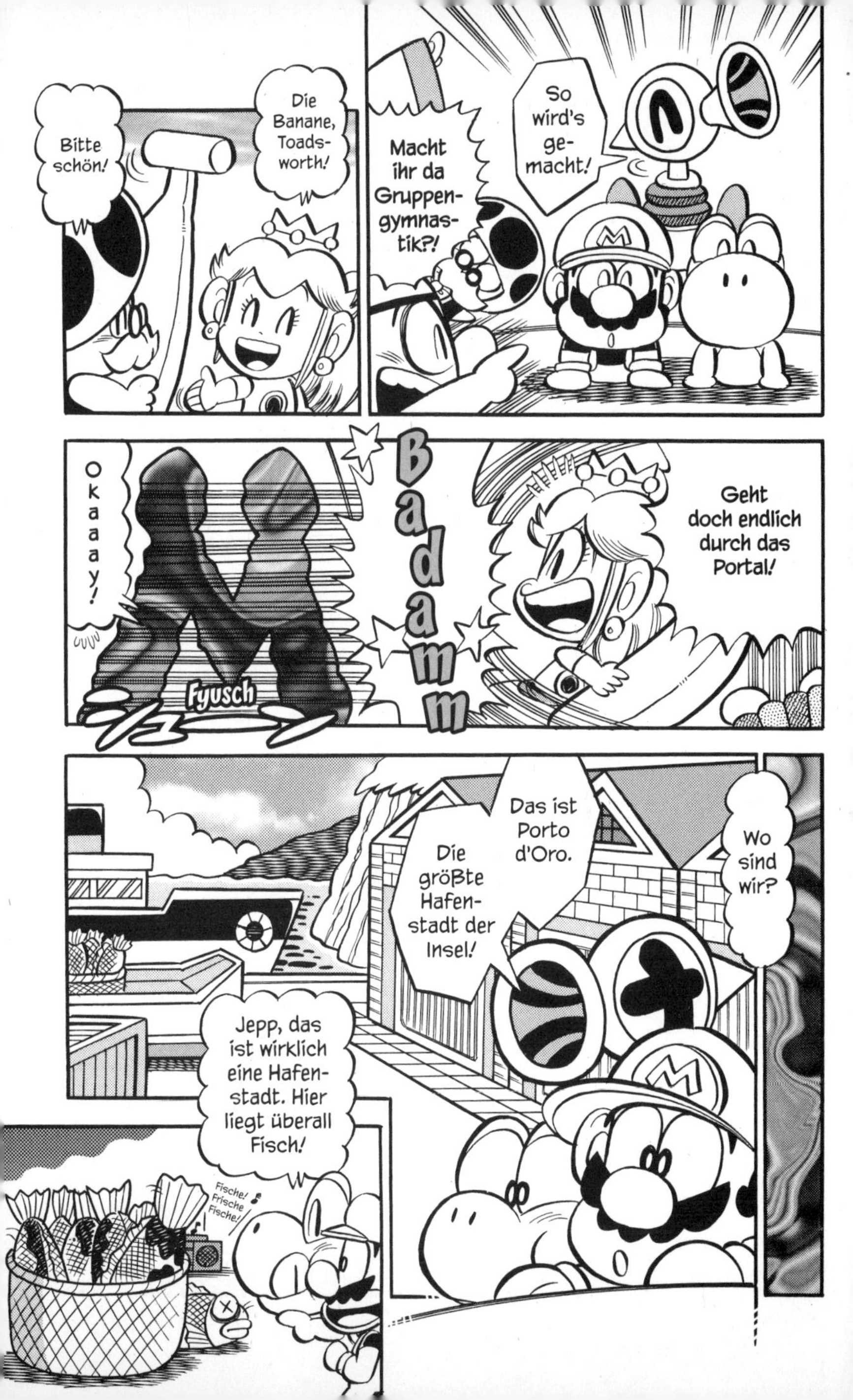

Die Banane, Toadsworth!
Bitte schön!
So wird's gemacht!
Macht ihr da Gruppengymnastik?!
Geht doch endlich durch das Portal!
Badamm
Okaaaay!
Fyusch
Wo sind wir?
Das ist Porto d'Oro.
Die größte Hafenstadt der Insel!
Jepp, das ist wirklich eine Hafenstadt. Hier liegt überall Fisch!
Fische! Frische Fische!

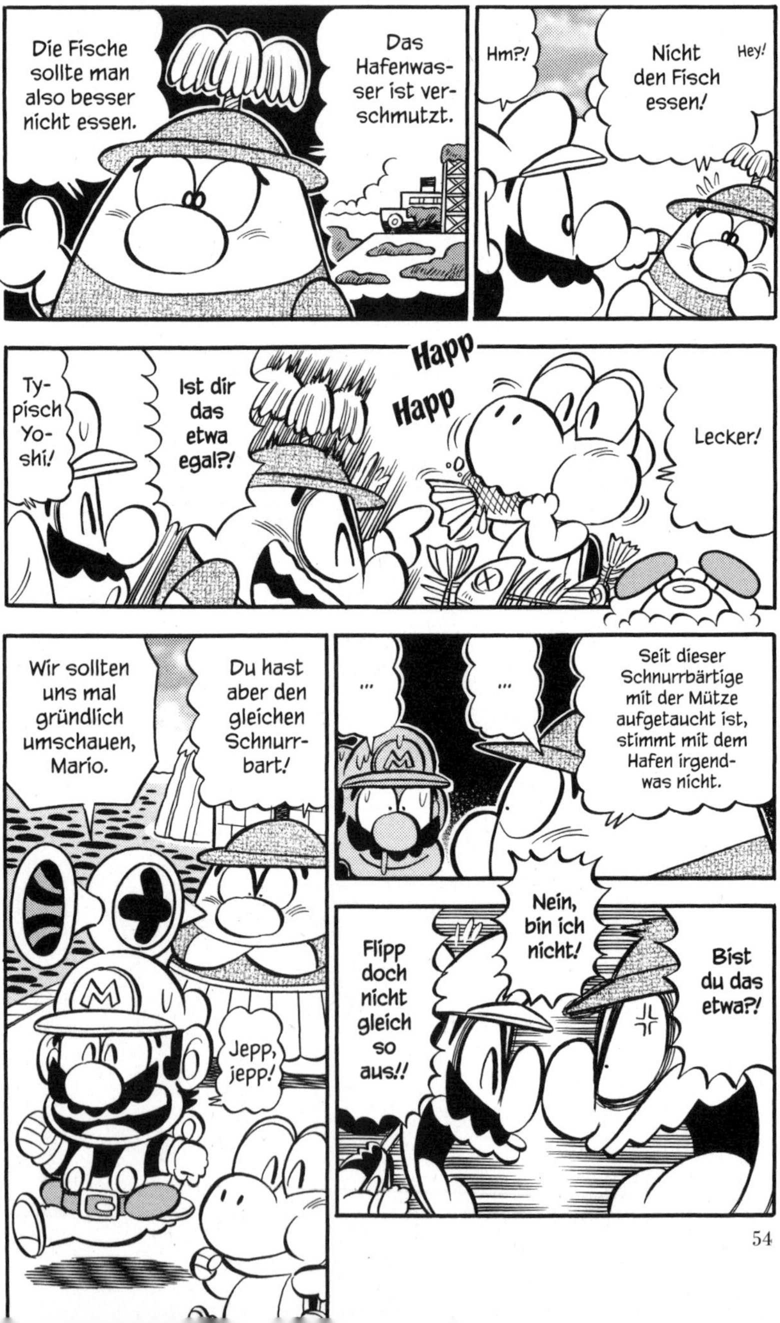

Die Fische sollte man also besser nicht essen.
Das Hafenwasser ist verschmutzt.
Hm?!
Nicht den Fisch essen!
Hey!
Typisch Yoshi!
Ist dir das etwa egal?!
Happ
Happ
Lecker!
Wir sollten uns mal gründlich umschauen, Mario.
Du hast aber den gleichen Schnurrbart!
Jepp, jepp!
...
...
Seit dieser Schnurrbärtige mit der Mütze aufgetaucht ist, stimmt mit dem Hafen irgendwas nicht.
Nein, bin ich nicht!
Flipp doch nicht gleich so aus!!
Bist du das etwa?!

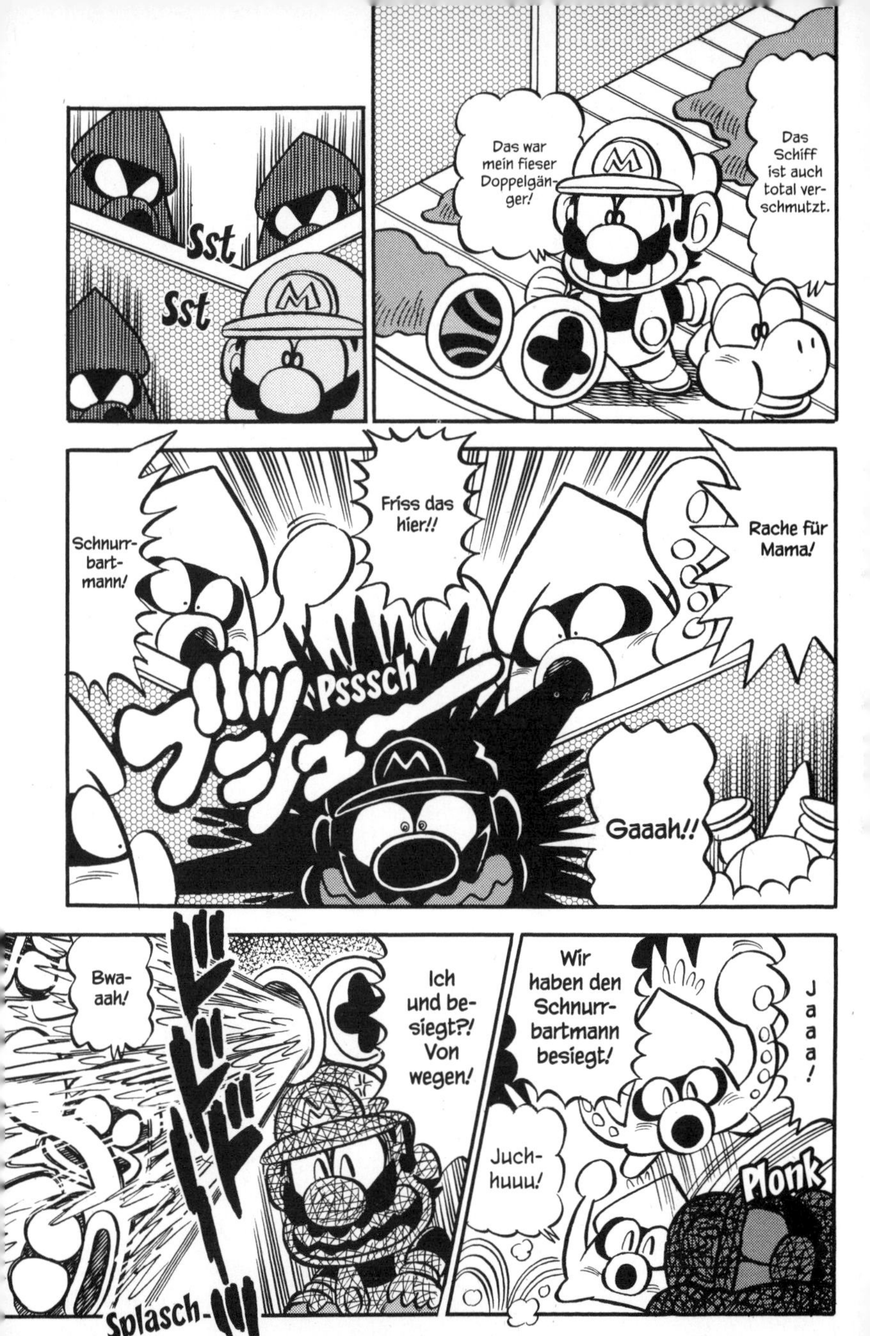
Sst
Sst
Das war mein fieser Doppelgän-ger!
Das Schiff ist auch total ver-schmutzt.
Schnurr-bart-mann!
Friss das hier!!
Rache für Mama!
Psssch
Gaaah!!
Bwa-aah!
Ich und be-siegt?! Von wegen!
Splasch-
Wir haben den Schnurr-bartmann besiegt!
Jaaa!
Juch-huuu!
Plonk

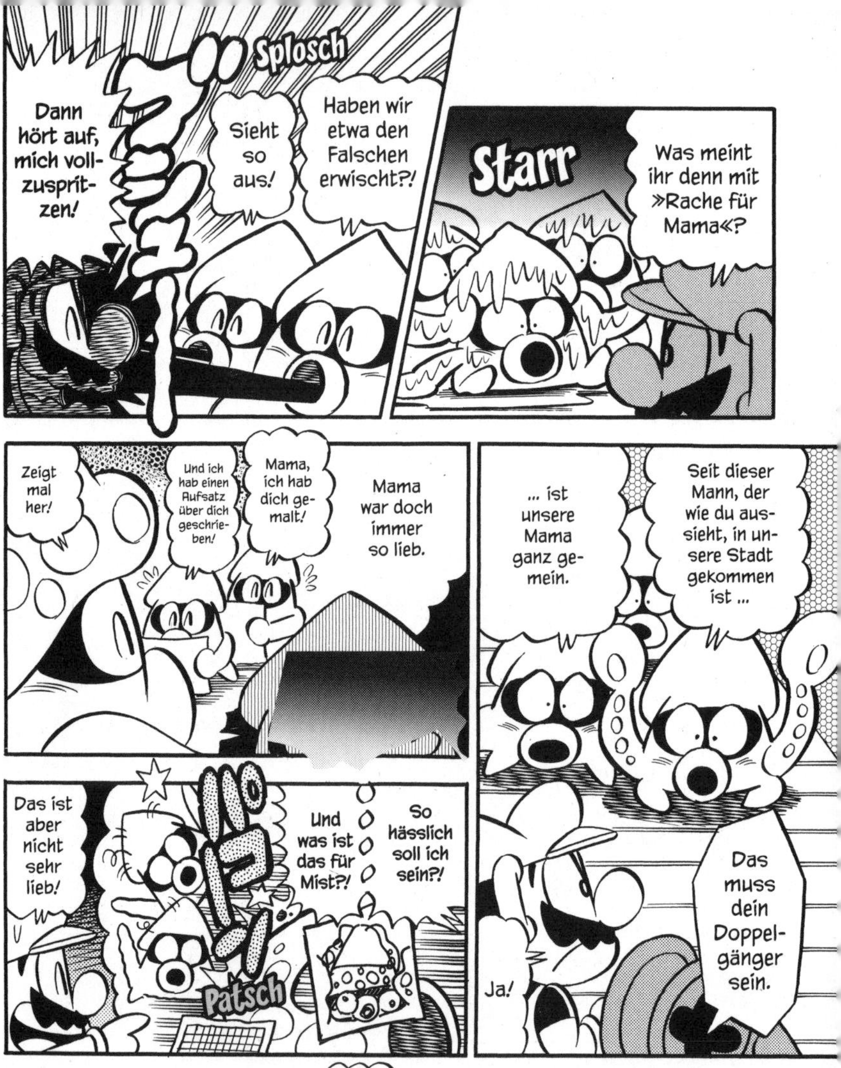

Splosch
Dann hört auf, mich vollzuspritzen!
Sieht so aus!
Haben wir etwa den Falschen erwischt?!
Starr
Was meint ihr denn mit »Rache für Mama«?
Zeigt mal her!
Und ich hab einen Aufsatz über dich geschrieben!
Mama, ich hab dich gemalt!
Mama war doch immer so lieb.
Seit dieser Mann, der wie du aussieht, in unsere Stadt gekommen ist …
… ist unsere Mama ganz gemein.
Das ist aber nicht sehr lieb!
Patsch
Und was ist das für Mist?!
So hässlich soll ich sein?!
Das muss dein Doppelgänger sein.
Ja!
Bringt mich zu ihr!
Hab schon verstanden.
Sie ist wirklich eine gute Mama!!
Sie setzt sich einfach durch!

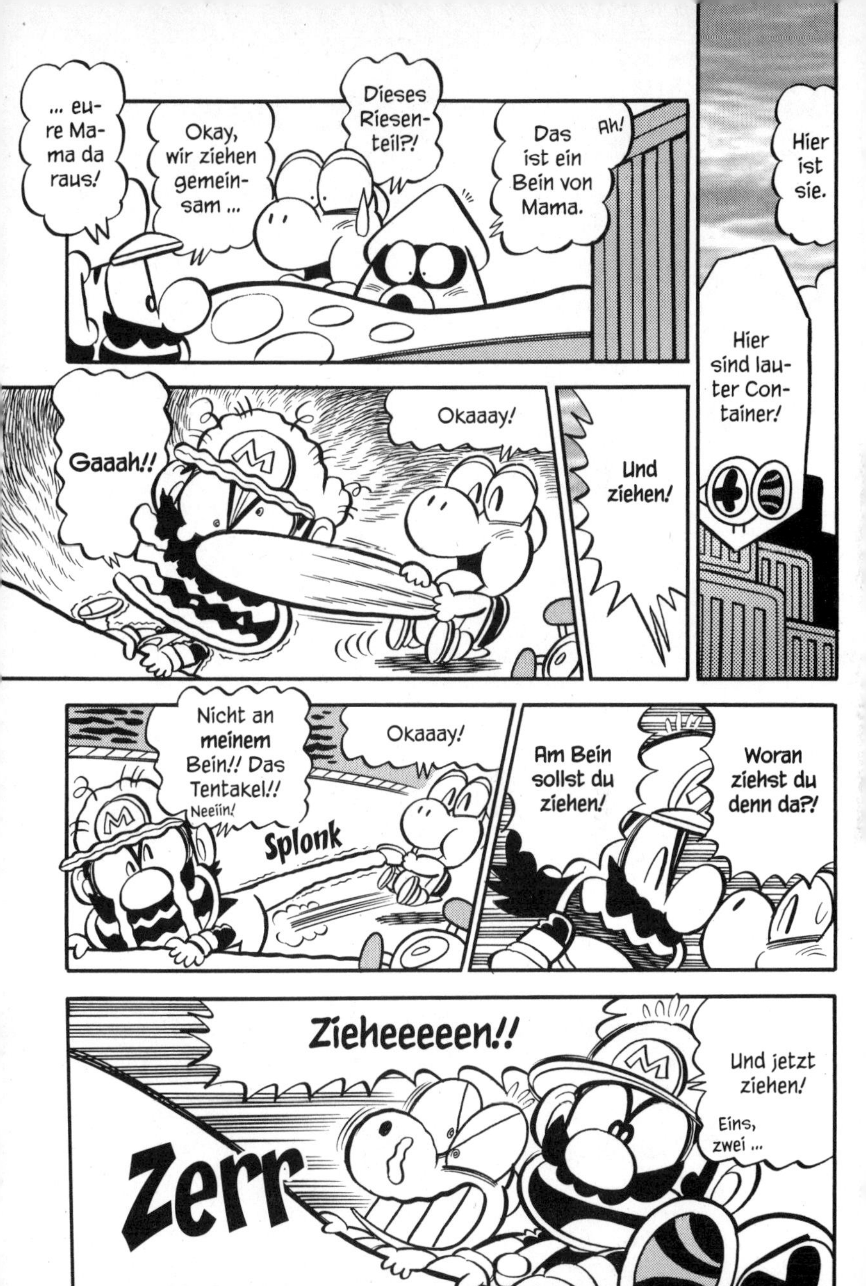

Hier ist sie.
Hier sind lauter Container!
Ah!
Das ist ein Bein von Mama.
Dieses Riesenteil?!
Okay, wir ziehen gemeinsam ...
... eure Mama da raus!
Und ziehen!
Okaaay!
Gaaah!!
Woran ziehst du denn da?!
Am Bein sollst du ziehen!
Okaaay!
Nicht an meinem Bein!! Das Tentakel!!
Neeiin!
Splonk
Und jetzt ziehen!
Eins, zwei ...
Zieheeeeen!!
Zerr

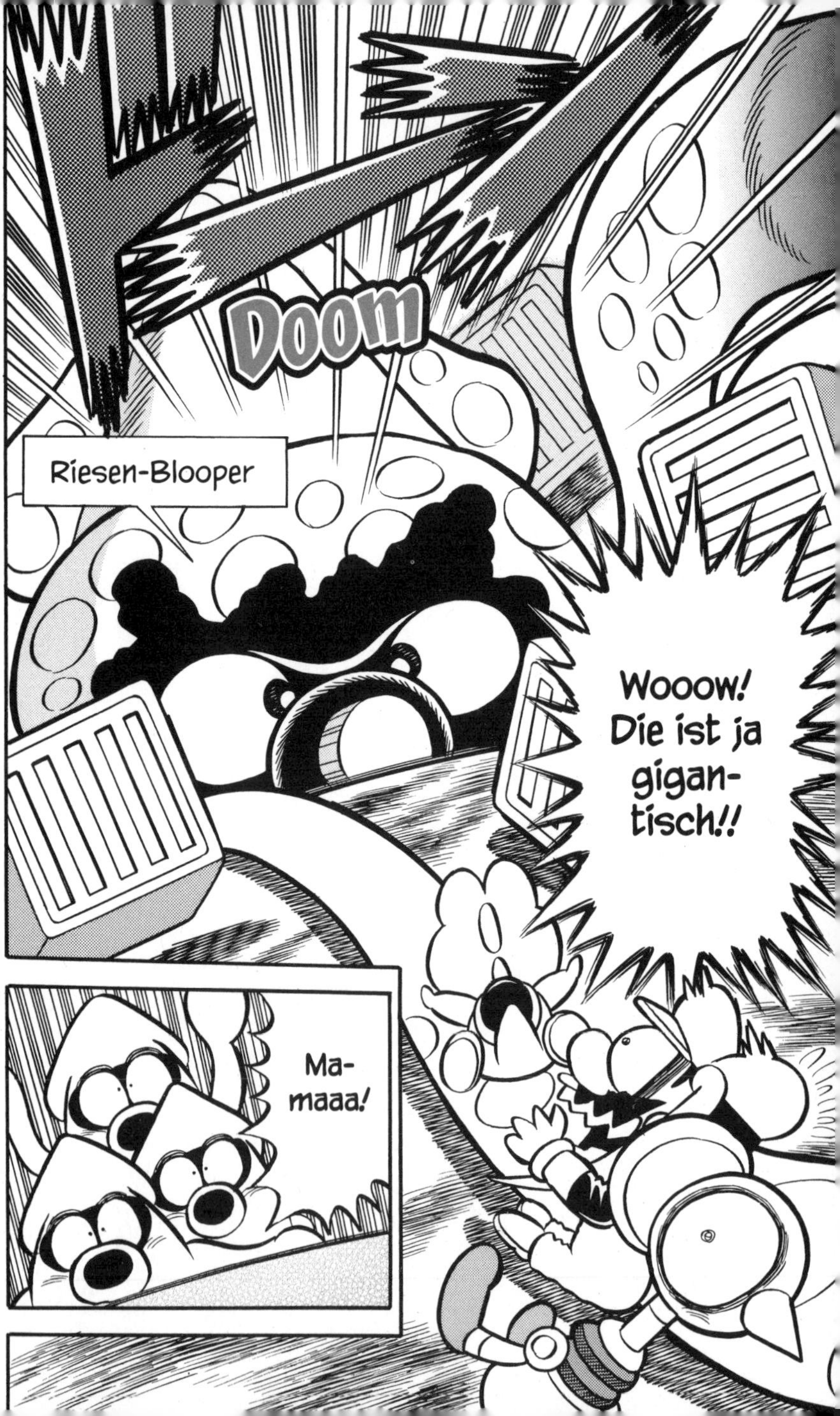
Doom
Riesen-Blooper
Wooow! Die ist ja gigan-tisch!!
Ma-maaa!

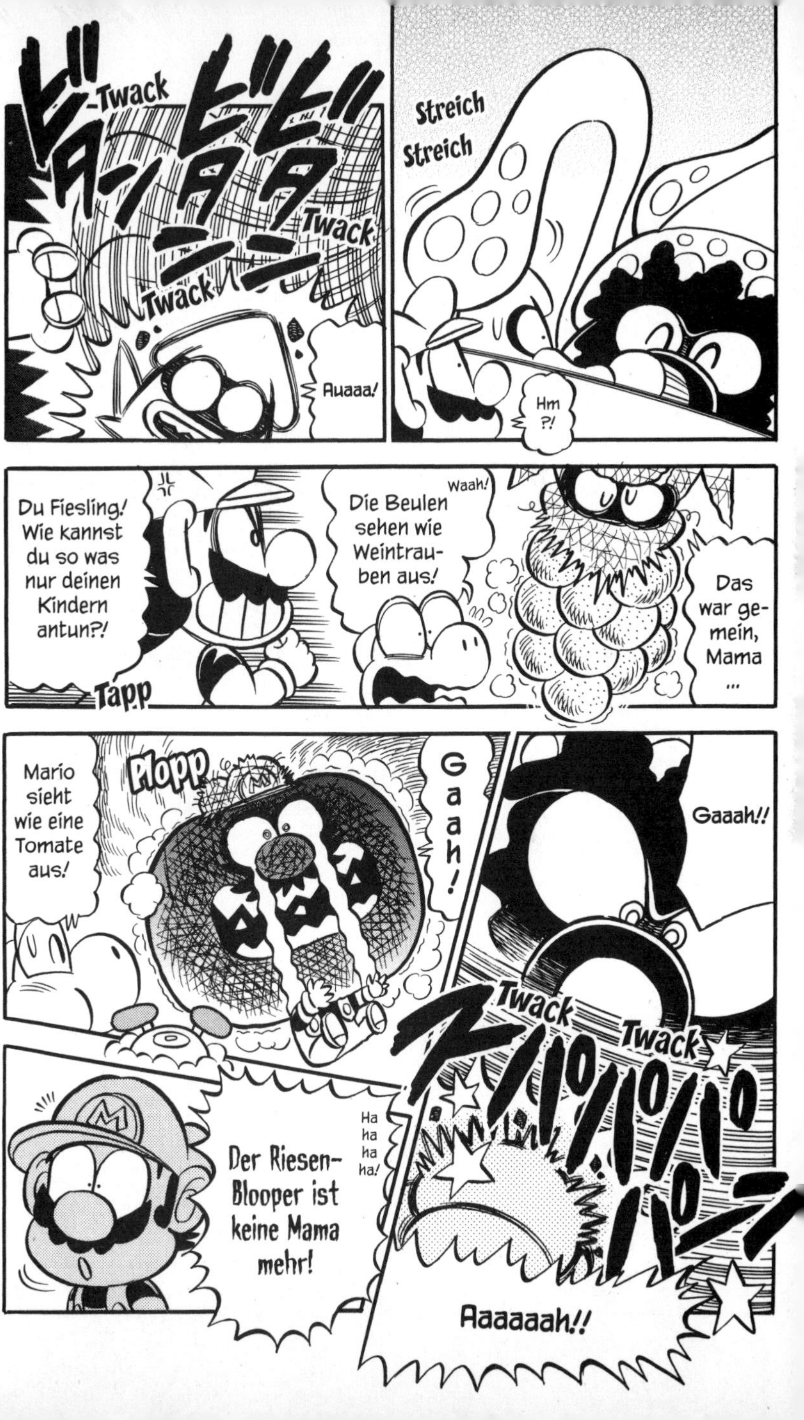
Streich
Streich
Hm ?!
-Twack
Twack
Twack
Auaaa!
Das war gemein, Mama ...
Waah!
Die Beulen sehen wie Weintrauben aus!
Du Fiesling! Wie kannst du so was nur deinen Kindern antun?!
Tapp
Gaaah!!
Twack
Twack
Gaah!
Plopp
Mario sieht wie eine Tomate aus!
Aaaaaah!!
Ha ha ha ha!
Der Riesen-Blooper ist keine Mama mehr!

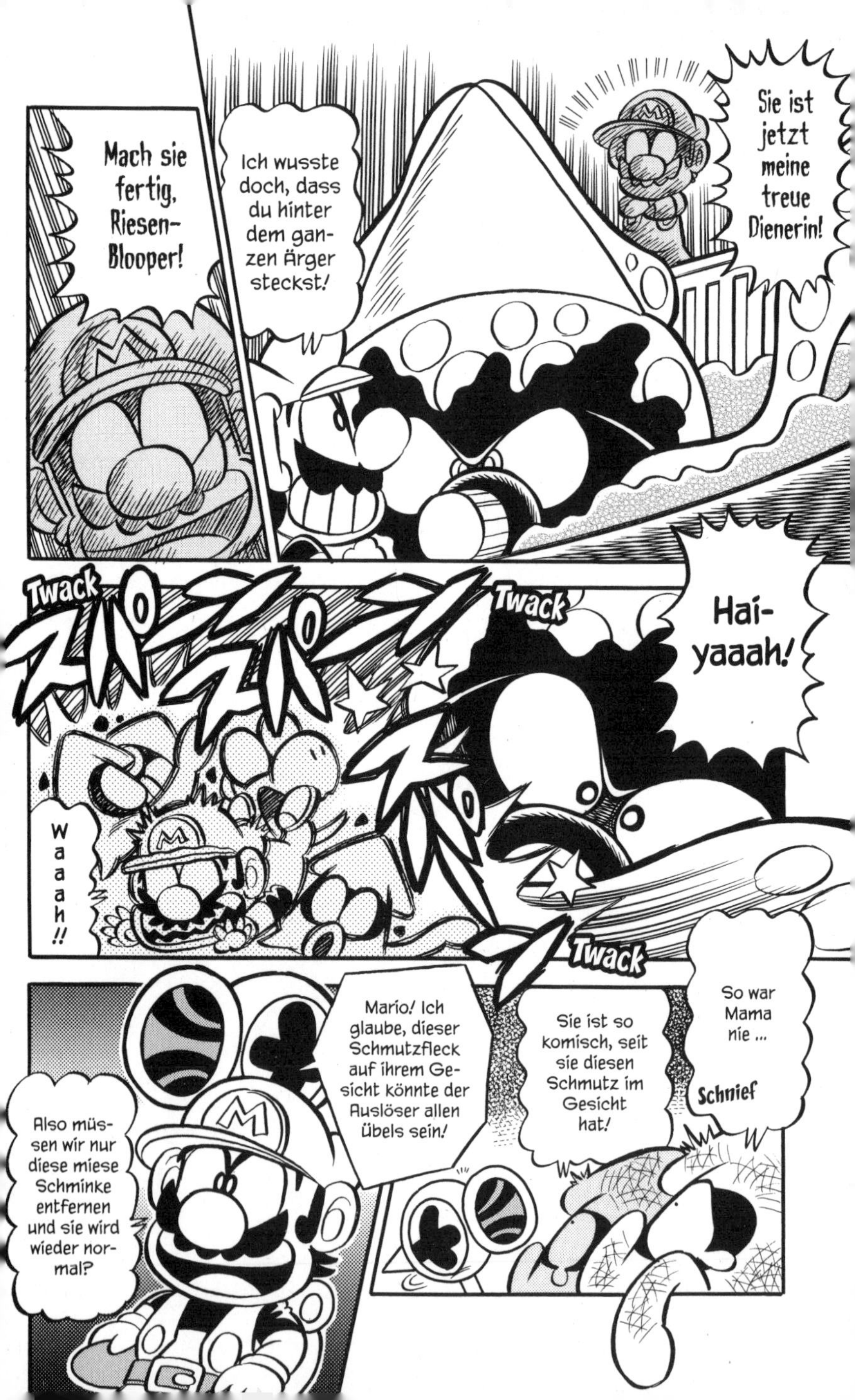
Mach sie fertig, Riesen-Blooper!
Ich wusste doch, dass du hinter dem ganzen Ärger steckst!
Sie ist jetzt meine treue Dienerin!
Twack
Twack
Hai-yaaah!
Waaaah!!
Twack
So war Mama nie ...
Schnief
Sie ist so komisch, seit sie diesen Schmutz im Gesicht hat!
Mario! Ich glaube, dieser Schmutzfleck auf ihrem Gesicht könnte der Auslöser allen Übels sein!
Also müssen wir nur diese miese Schminke entfernen und sie wird wieder normal?

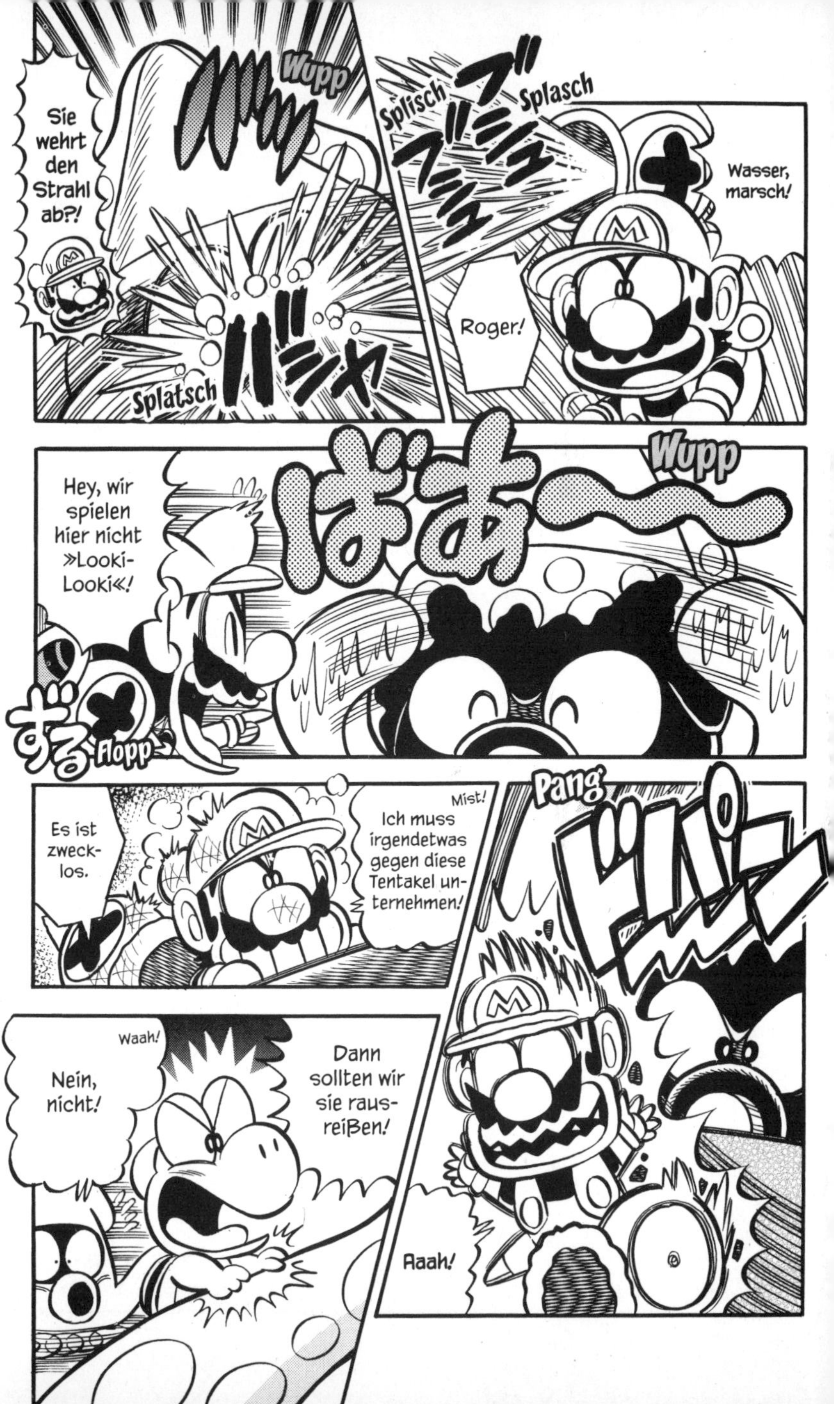
Wasser, marsch!
Roger!
Splisch
Splasch
Wupp
Sie wehrt den Strahl ab?!
Splatsch
Wupp
Hey, wir spielen hier nicht »Looki-Looki«!
Flopp
Pang
Mist!
Ich muss irgendetwas gegen diese Tentakel unternehmen!
Es ist zwecklos.
Aaah!
Dann sollten wir sie rausreißen!
Waah!
Nein, nicht!

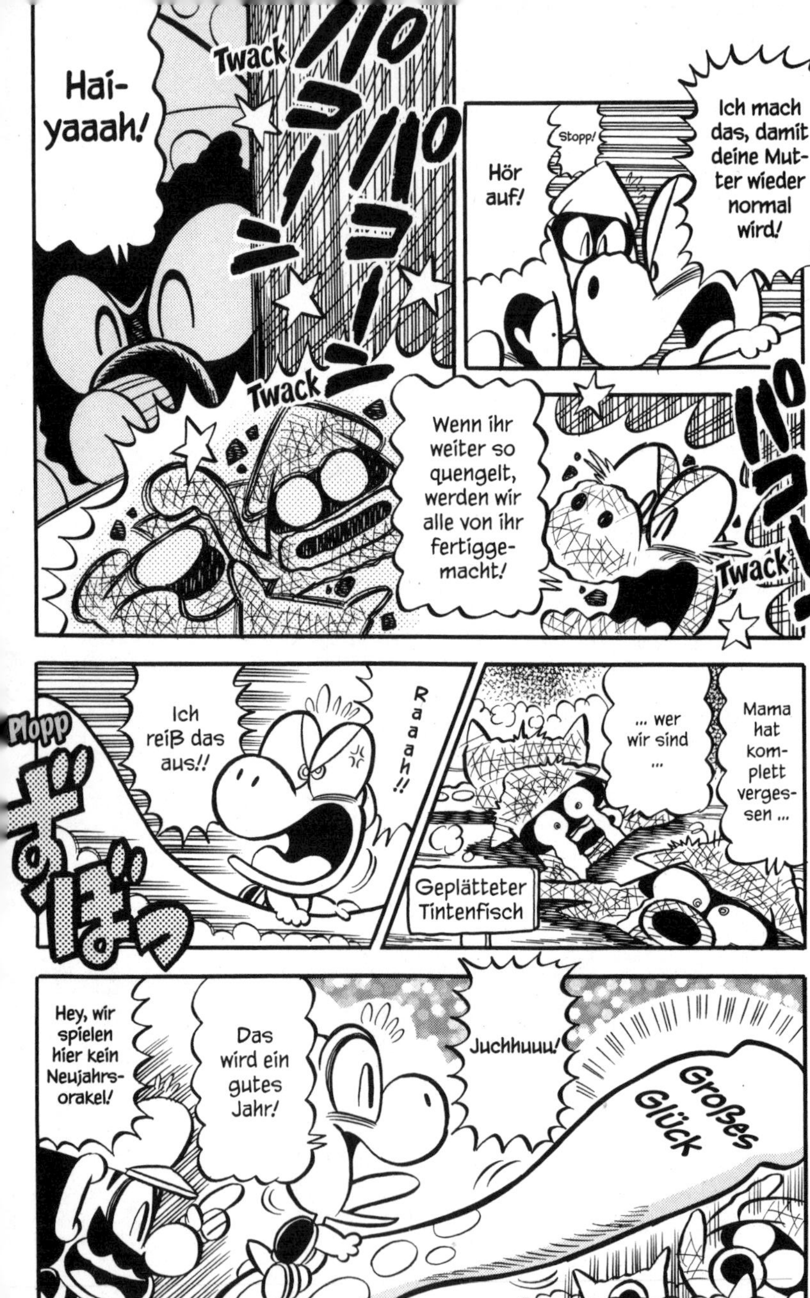

Ich mach das, damit deine Mutter wieder normal wird!
Stopp!
Hör auf!
Hai-yaaah!
Twack
Twack
Wenn ihr weiter so quengelt, werden wir alle von ihr fertiggemacht!
Twack
Mama hat komplett vergessen ...
... wer wir sind ...
Geplätteter Tintenfisch
Raaaah!!
Ich reiß das aus!!
Plopp
Juchhuuu!
Großes Glück
Das wird ein gutes Jahr!
Hey, wir spielen hier kein Neujahrsorakel!

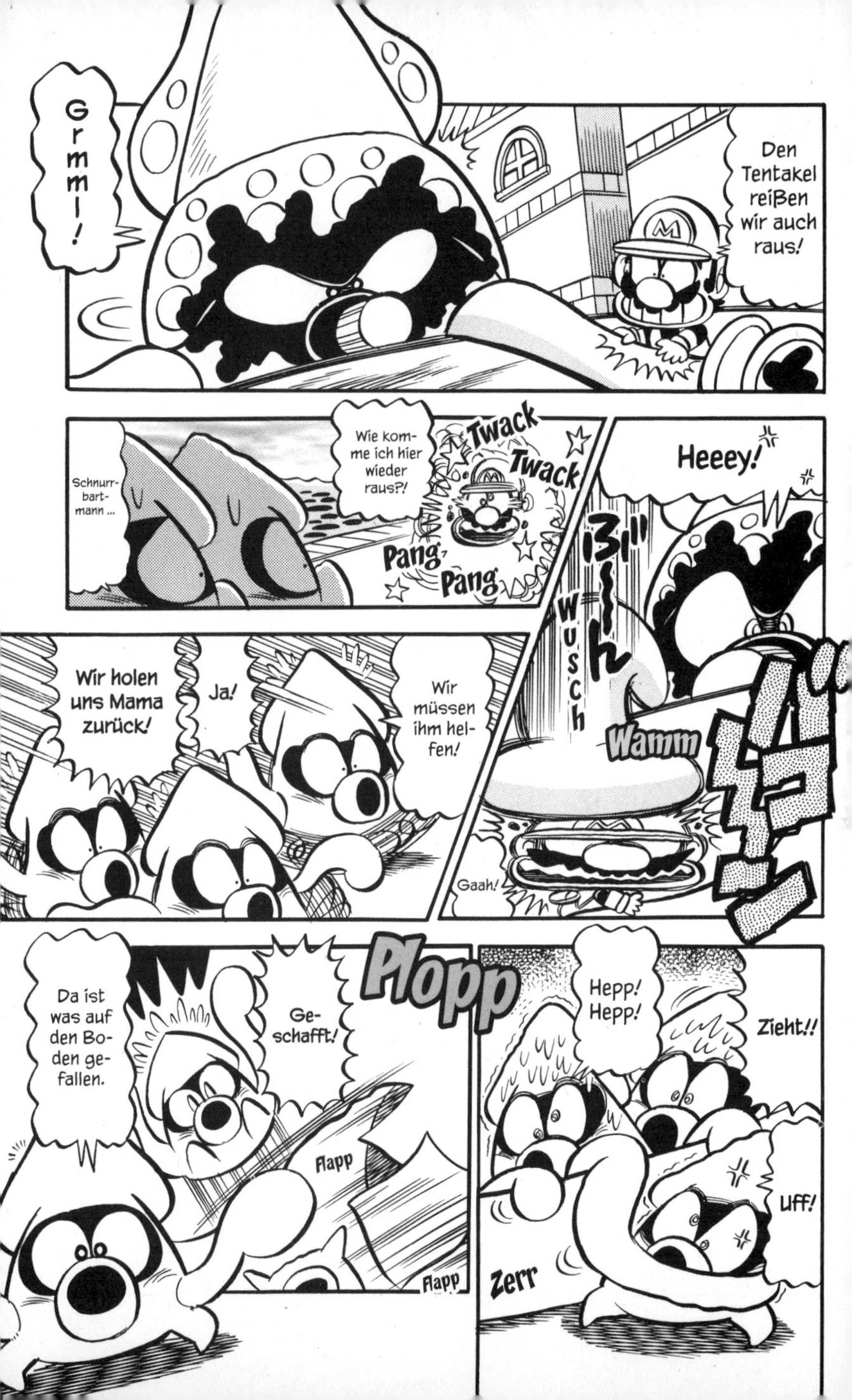
Grmml!
Den Tentakel reißen wir auch raus!
Schnurrbart-mann ...
Wie komme ich hier wieder raus?!
Twack
Twack
Pang
Pang
Heeey!
Wusch
Wamm
Gaah!
Wir holen uns Mama zurück!
Ja!
Wir müssen ihm helfen!
Da ist was auf den Boden gefallen.
Geschafft!
Plopp
Flapp
Flapp
Hepp! Hepp!
Zieht!!
Uff!
Zerr

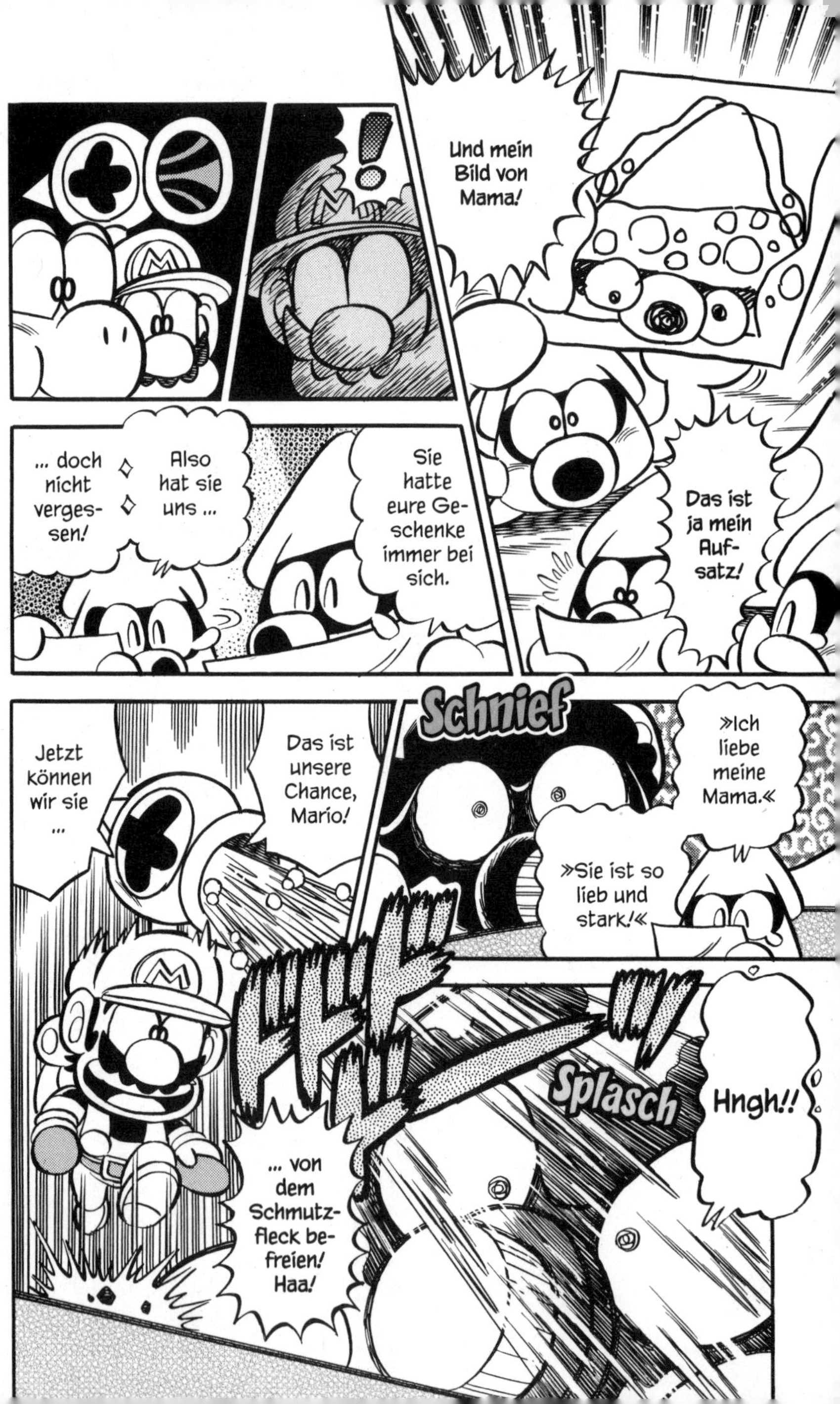
Das ist ja mein Aufsatz!
Und mein Bild von Mama!
Sie hatte eure Geschenke immer bei sich.
Also hat sie uns ...
... doch nicht vergessen!
Schnief
»Ich liebe meine Mama.«
»Sie ist so lieb und stark!«
Das ist unsere Chance, Mario!
Jetzt können wir sie ...
... von dem Schmutzfleck befreien! Haa!
Splasch
Hngh!!

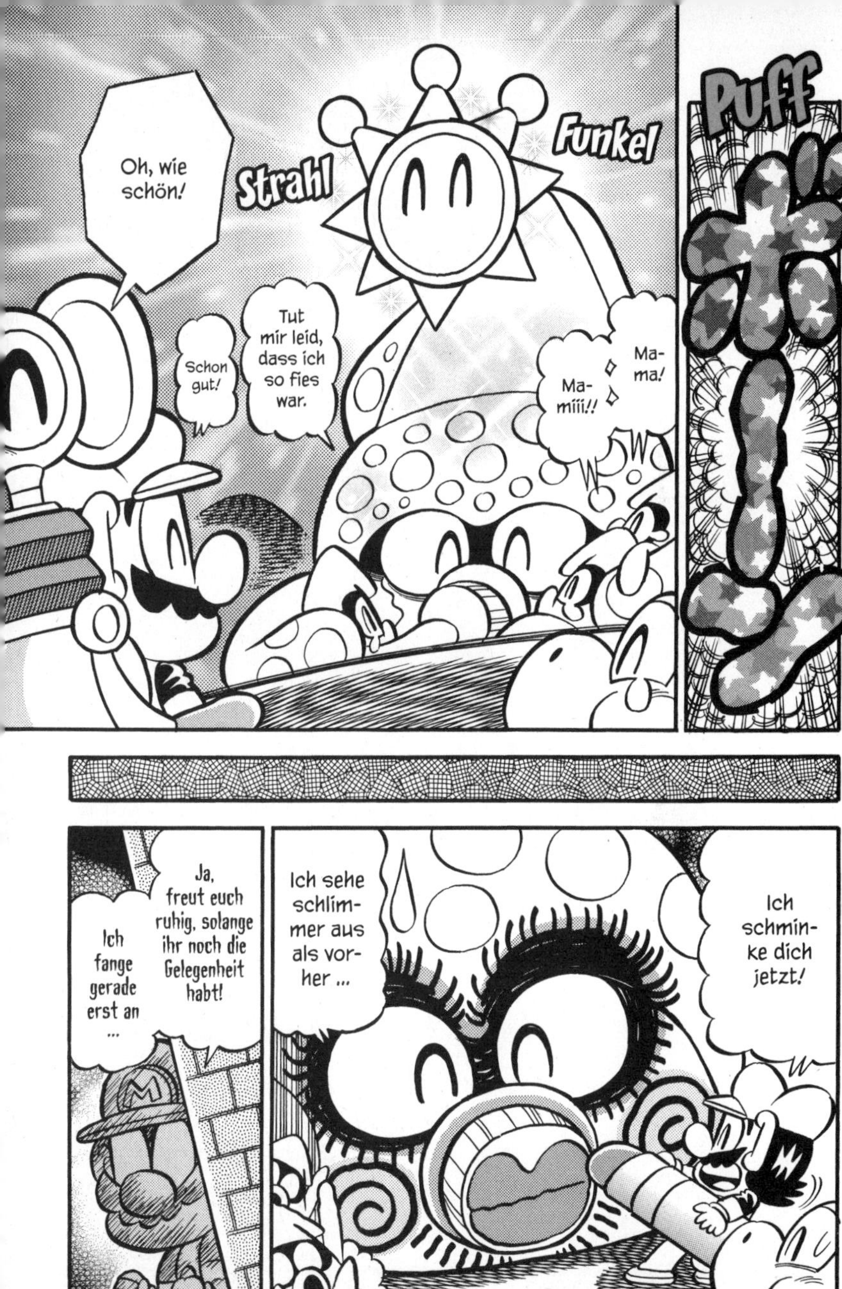
Puff
Funkel
Strahl
Ma-ma!
Ma-miii!!
Tut mir leid, dass ich so fies war.
Schon gut!
Oh, wie schön!
Ich schmin-ke dich jetzt!
Ich sehe schlim-mer aus als vor-her ...
Ja, freut euch ruhig, solange ihr noch die Gelegenheit habt!
Ich fange gerade erst an ...

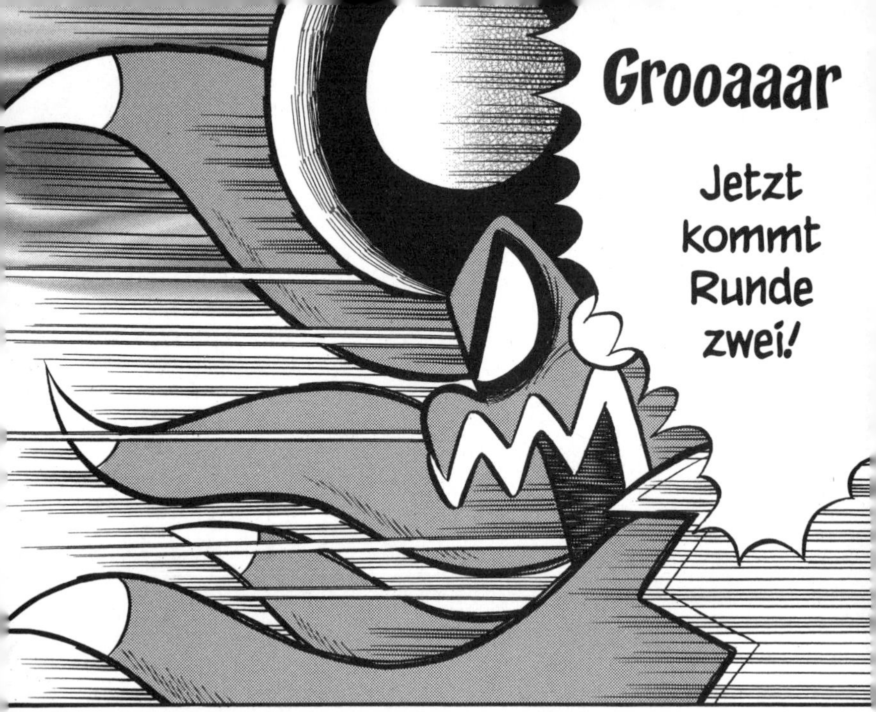

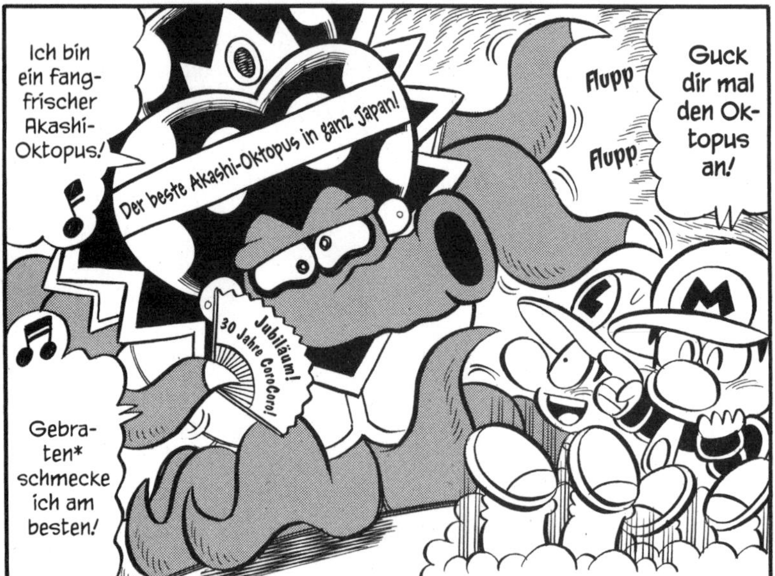

*»Akashiyaki«, von Omelette-Teig umhüllte, frittierte Krakenarmteile

Level 4

Marios finaler Kampf gegen seinen bisher stärksten Gegner

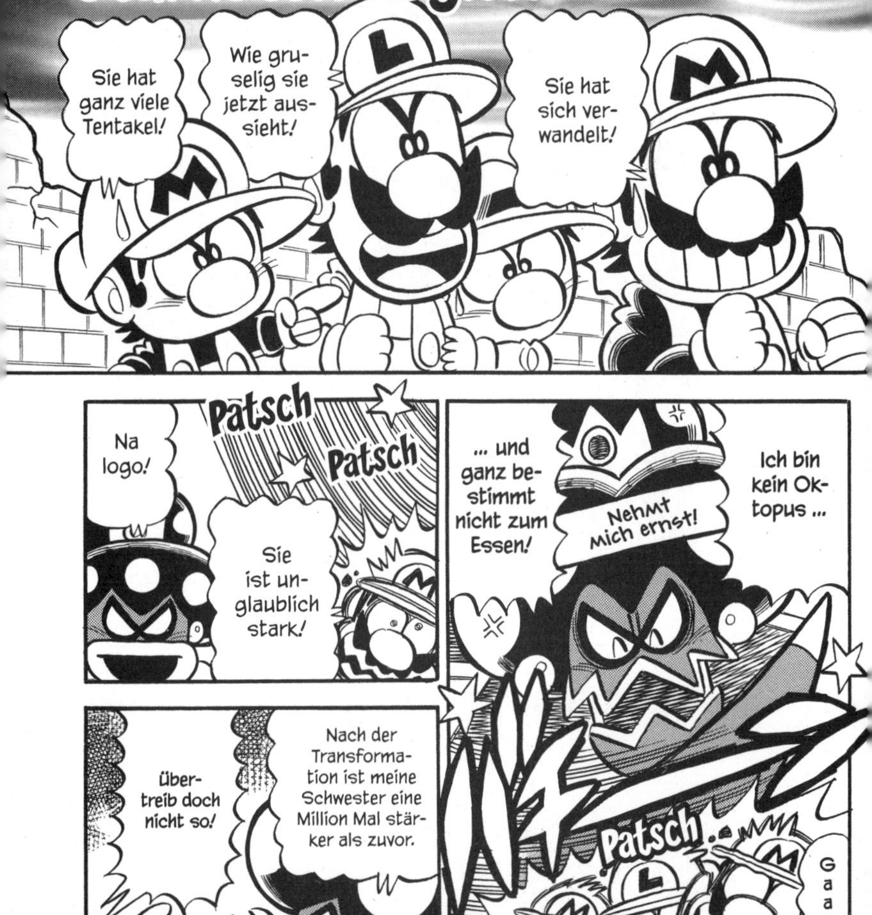

Diese Geschichte basiert auf *Mario & Luigi: Zusammen durch die Zeit.* Darin reisen Mario und Luigi in die Vergangenheit, um Prinzessin Peach zu retten. Sie müssen sich den außerirdischen Shroobs stellen. Dabei stehen ihnen ihre Baby-Versionen zur Seite!

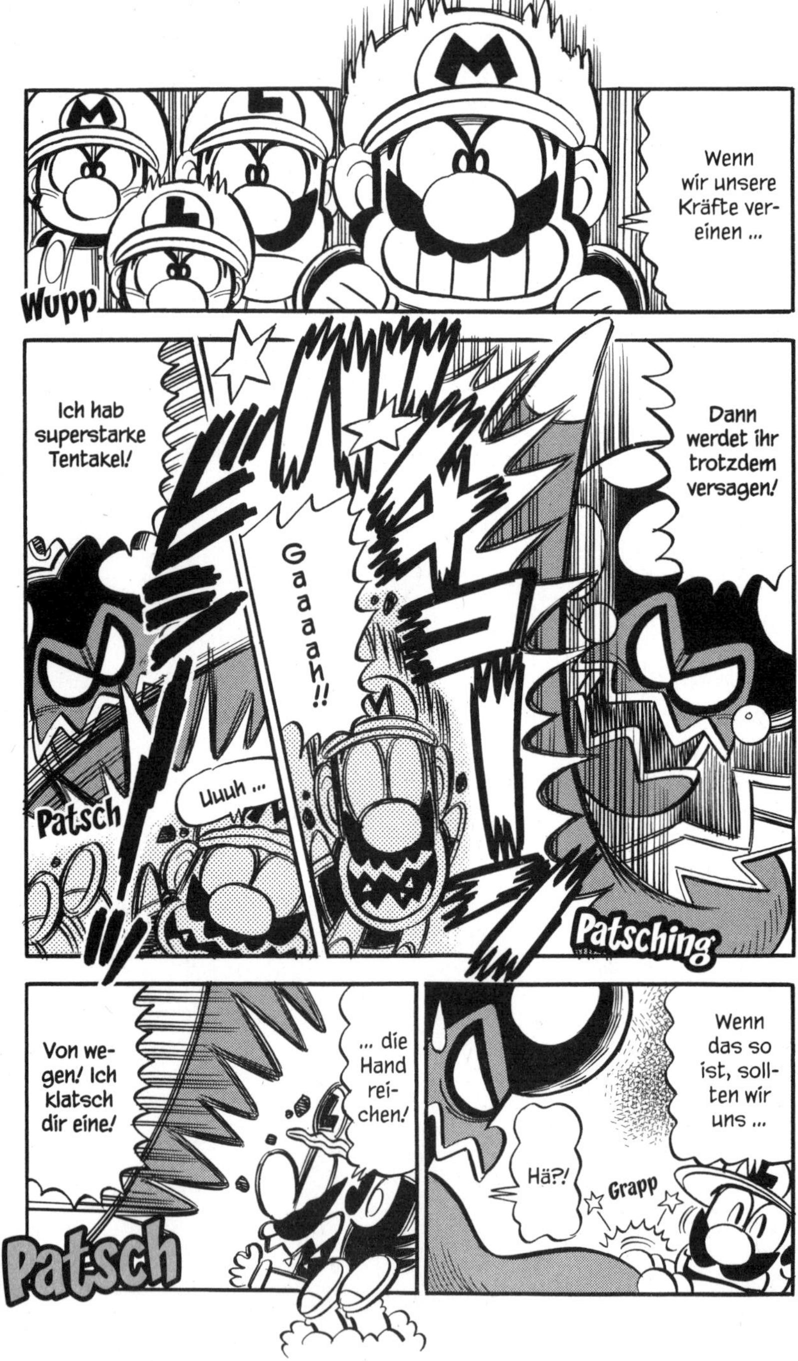
Wenn wir unsere Kräfte ver-einen ...
Wupp
Dann werdet ihr trotzdem versagen!
Ich hab superstarke Tentakel!
Gaaaaah!!
Patsching
Uuuh ...
Patsch
Wenn das so ist, soll-ten wir uns ...
Hä?!
Grapp
... die Hand rei-chen!
Von we-gen! Ich klatsch dir eine!
Patsch

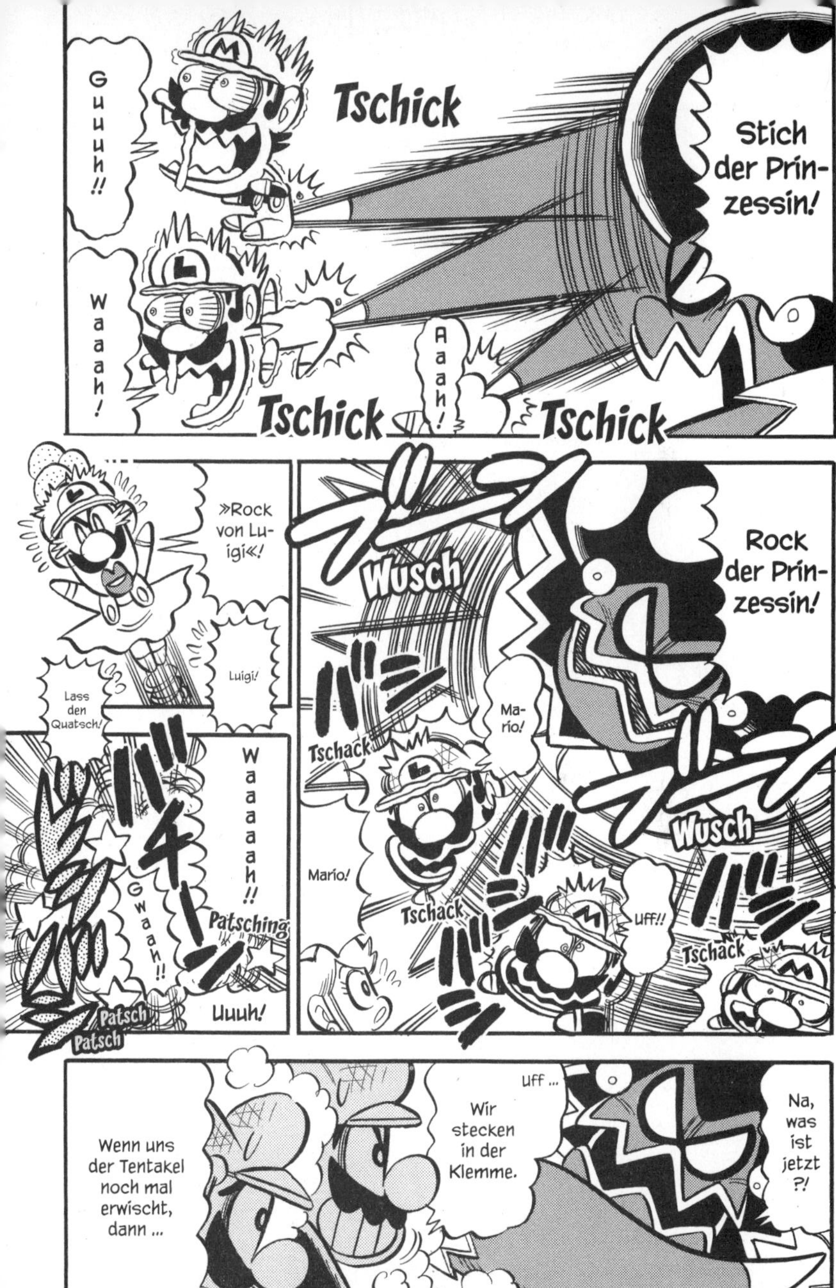
Stich der Prinzessin!
Tschick
Guuuh!!
Waaah!
Aaah!
Tschick
Tschick
Rock der Prinzessin!
Wusch
Mario!
Tschack
Wusch
Uff!!
Tschack
Mario!
Tschack
»Rock von Luigi«!
Luigi!
Lass den Quatsch!
Waaaaah!!
Gwaah!!
Patsching
Uuuh!
Patsch
Patsch
Na, was ist jetzt?!
Uff ...
Wir stecken in der Klemme.
Wenn uns der Tentakel noch mal erwischt, dann ...

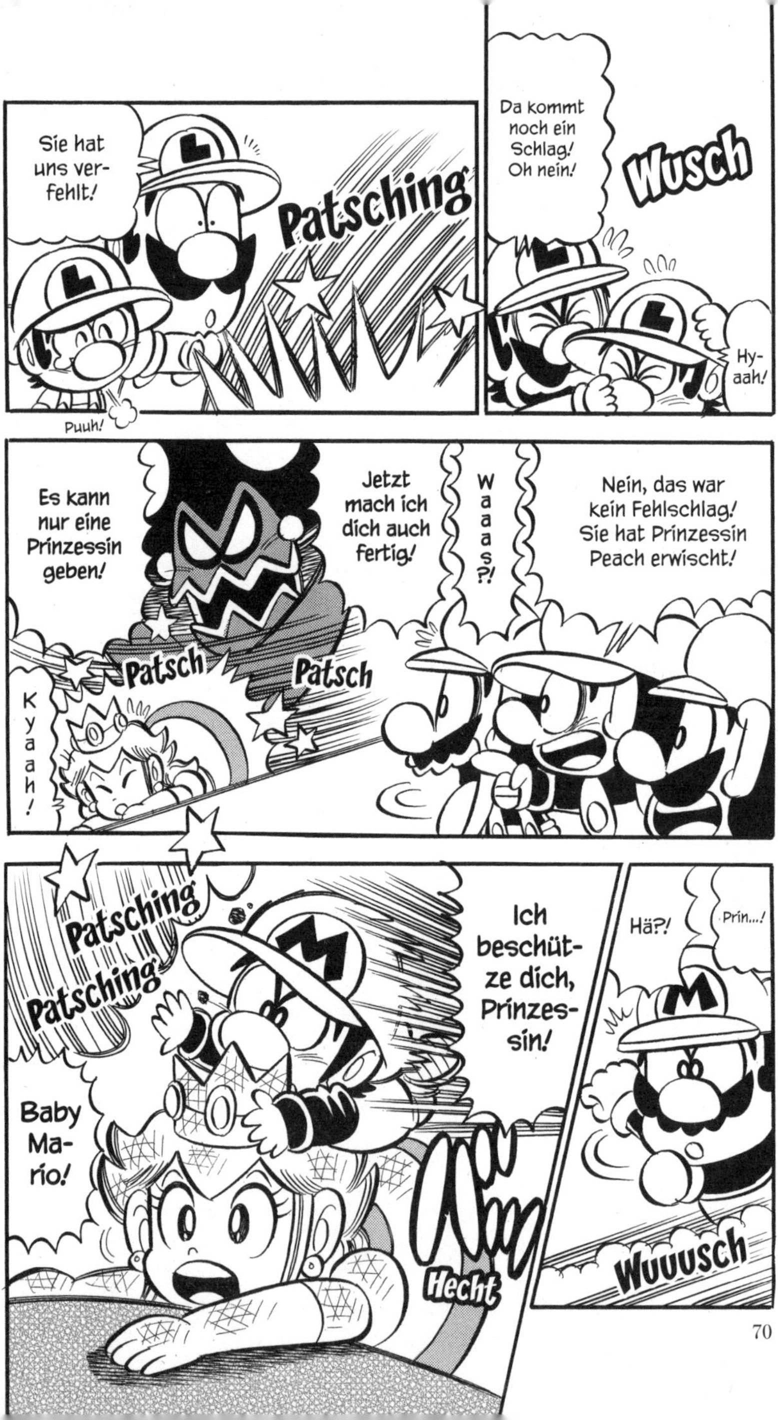

Sie hat uns ver-fehlt!
Patsching
Puuh!
Da kommt noch ein Schlag! Oh nein!
Wusch
Hy-aah!
Es kann nur eine Prinzessin geben!
Jetzt mach ich dich auch fertig!
Waaas?!
Nein, das war kein Fehlschlag! Sie hat Prinzessin Peach erwischt!
Patsch
Patsch
Kyaah!
Patsching
Patsching
Ich beschüt-ze dich, Prinzes-sin!
Baby Ma-rio!
Hecht
Hä?!
Prin...!
Wuuusch

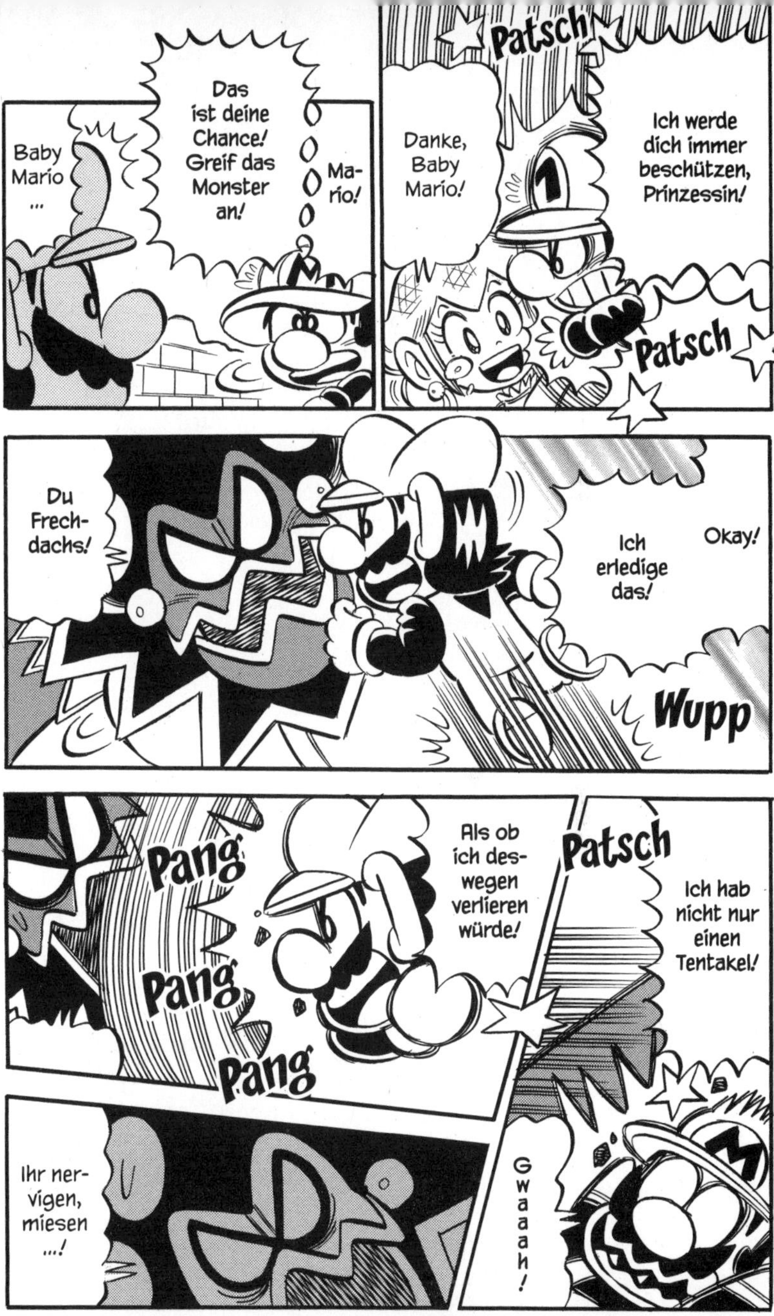
Baby Mario …
Das ist deine Chance! Greif das Monster an!
Mario!
Patsch
Danke, Baby Mario!
Ich werde dich immer beschützen, Prinzessin!
Patsch
Du Frechdachs!
Okay!
Ich erledige das!
Wupp
Pang
Pang
Pang
Als ob ich deswegen verlieren würde!
Patsch
Ich hab nicht nur einen Tentakel!
Ihr nervigen, miesen …!
Gwaaah!

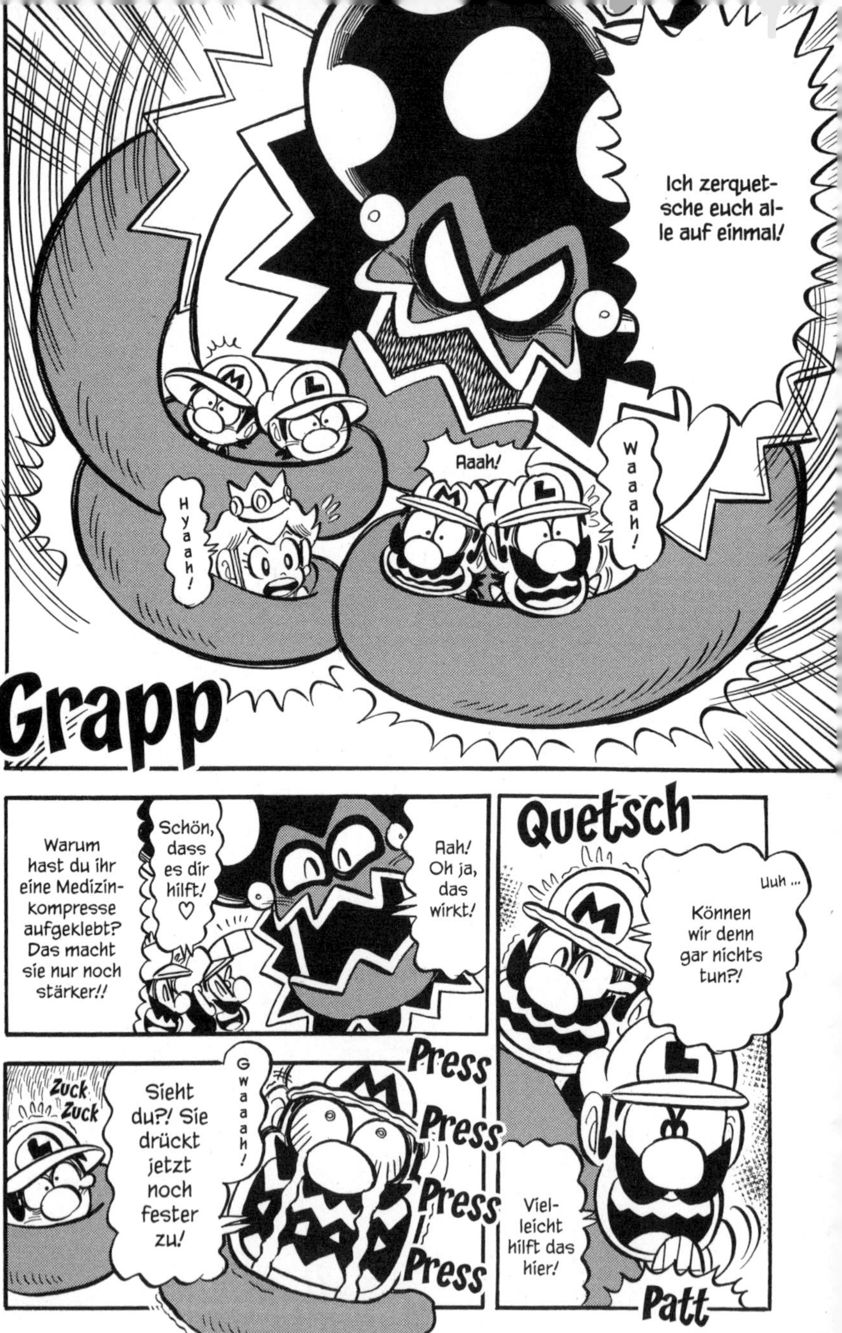

Ich zerquetsche euch alle auf einmal!
Hyaah!
Aaah!
Waaah!
Grapp
Warum hast du ihr eine Medizinkompresse aufgeklebt? Das macht sie nur noch stärker!!
Schön, dass es dir hilft! ♡
Aah! Oh ja, das wirkt!
Quetsch
Uuh …
Können wir denn gar nichts tun?!
Zuck Zuck
Sieht du?! Sie drückt jetzt noch fester zu!
Gwaaah!
Press
Press
Press
Press
Vielleicht hilft das hier!
Patt

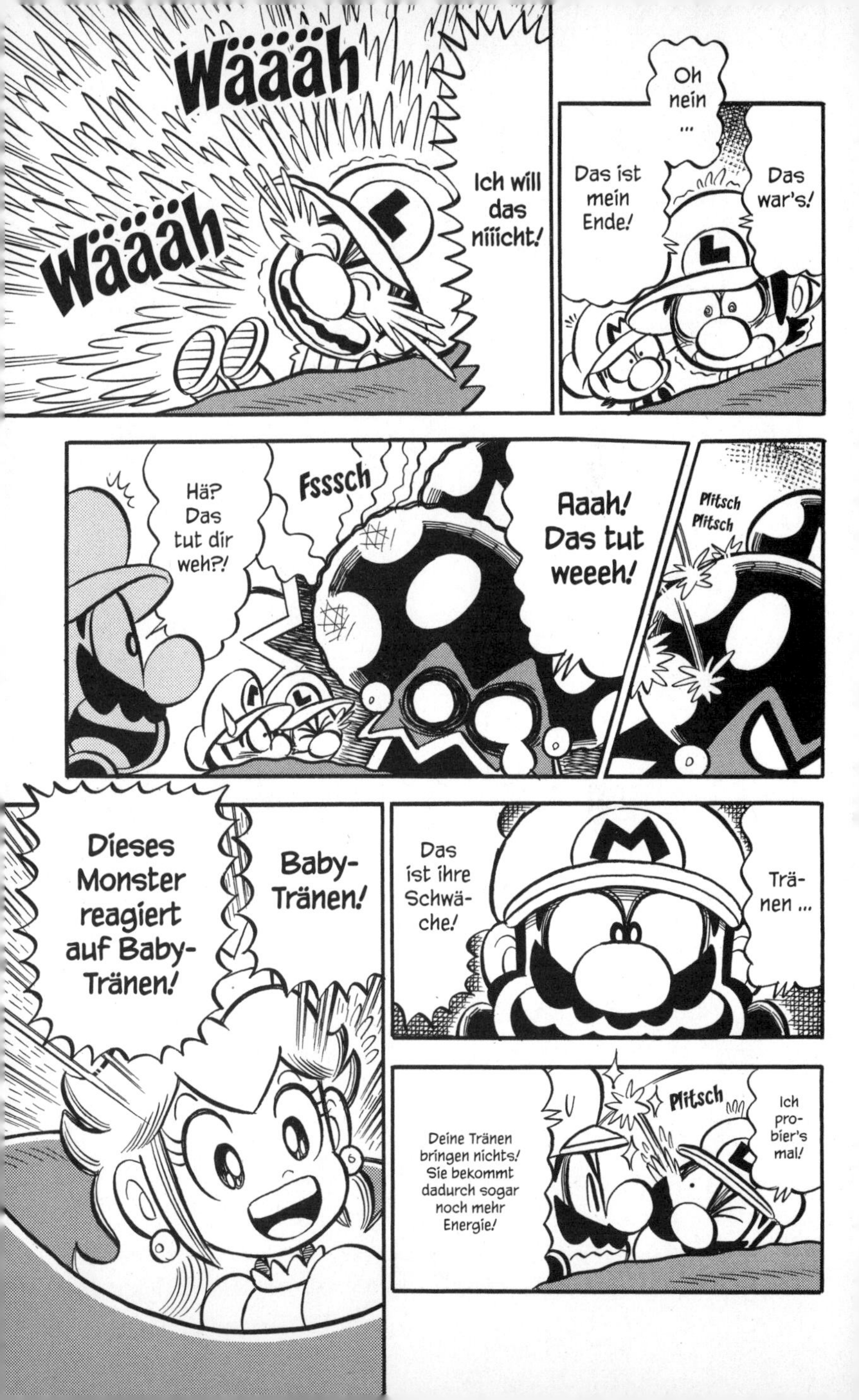
Wäääh
Wäääh
Ich will das niiicht!
Oh nein ...
Das war's!
Das ist mein Ende!
Hä? Das tut dir weh?!
Fsssch
Aaah! Das tut weeeh!
Plitsch Plitsch
Dieses Monster reagiert auf Baby-Tränen!
Baby-Tränen!
Trä-nen ...
Das ist ihre Schwä-che!
Ich pro-bier's mal!
Plitsch
Deine Tränen bringen nichts! Sie bekommt dadurch sogar noch mehr Energie!

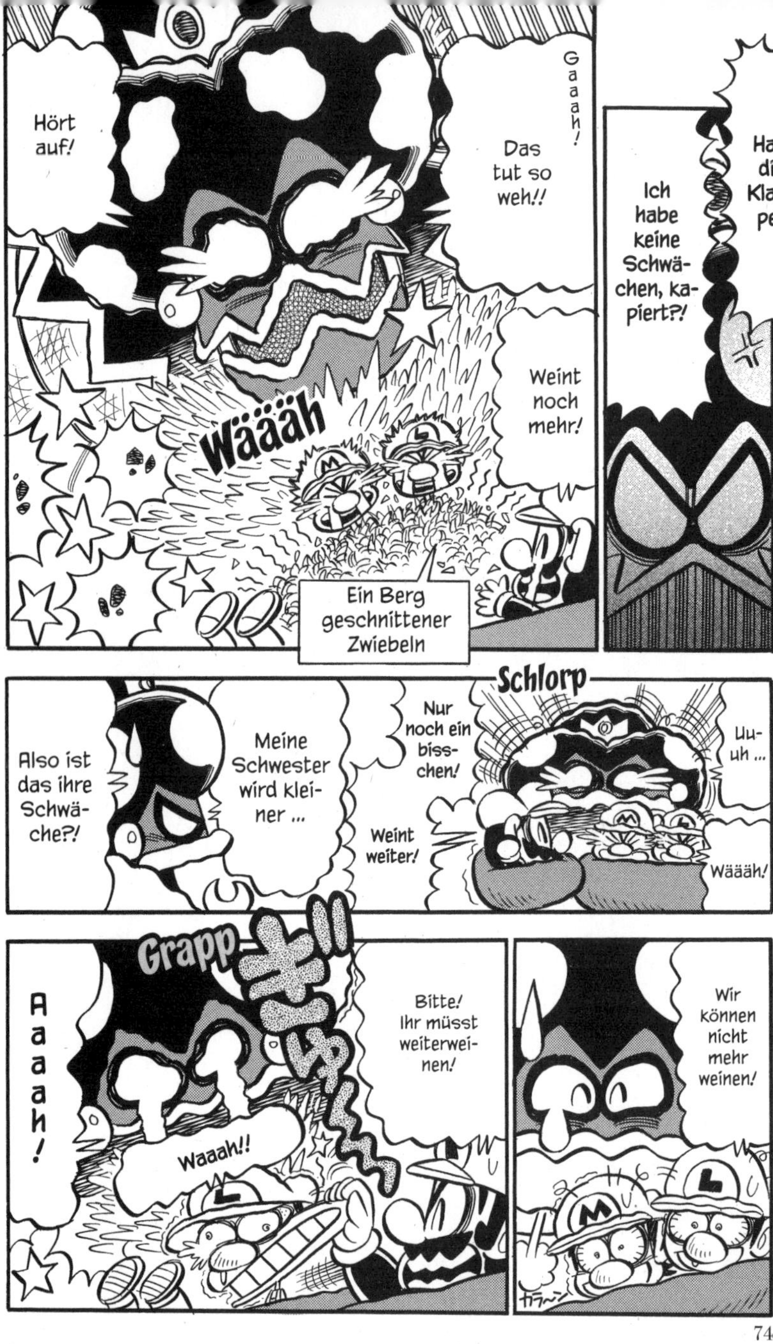
Halt die Klappe!
Ich habe keine Schwächen, kapiert?!
Gaaaah!
Das tut so weh!!
Hört auf!
Weint noch mehr!
Wäääh
Ein Berg geschnittener Zwiebeln
Schlorp
Uu-uh ...
Wäääh!
Nur noch ein bisschen!
Weint weiter!
Meine Schwester wird kleiner ...
Also ist das ihre Schwäche?!
Wir können nicht mehr weinen!
Bitte! Ihr müsst weiterweinen!
Grapp
Waaah!!
Aaaaah!

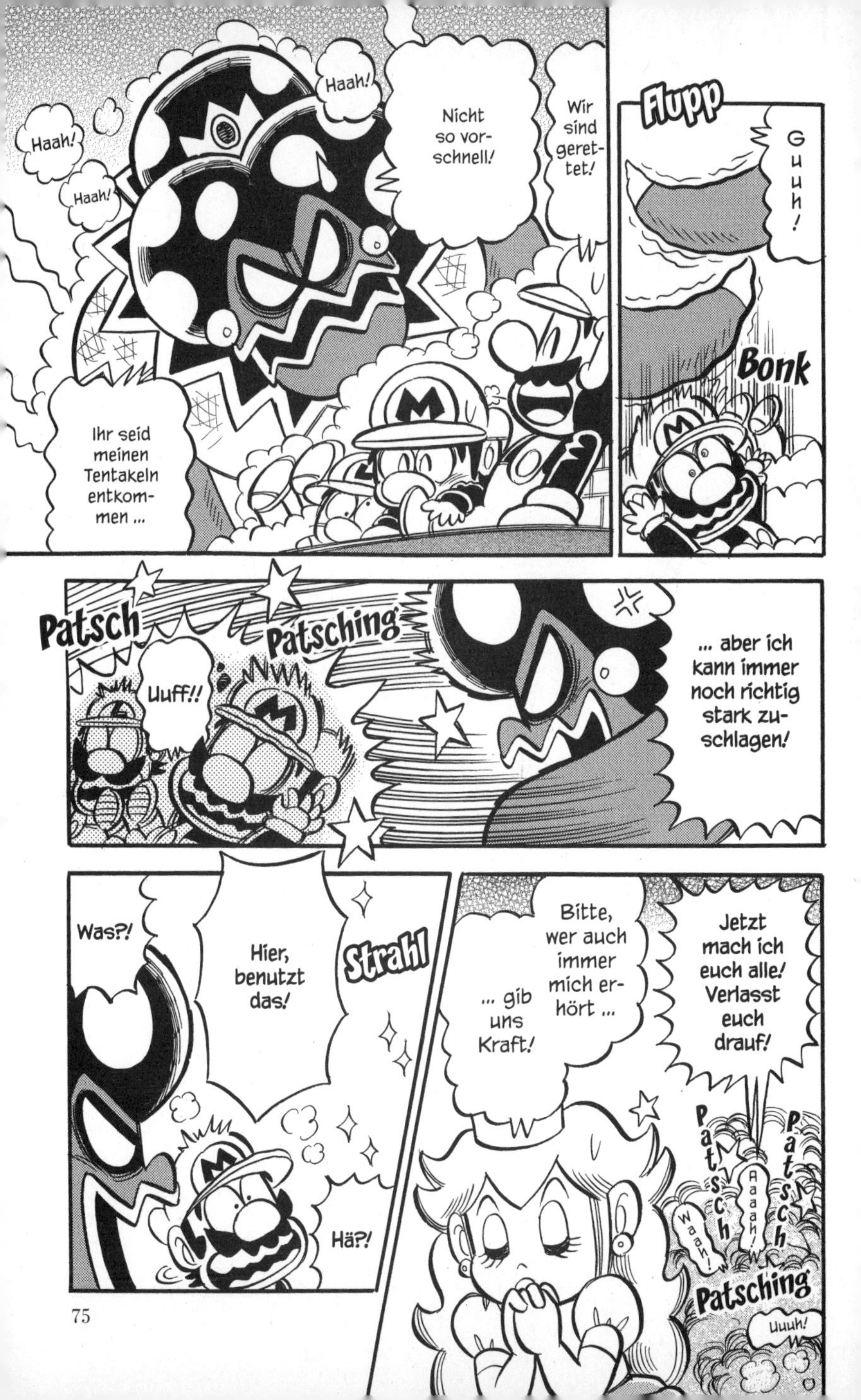
Haah!
Haah!
Haah!
Nicht so vorschnell!
Wir sind gerettet!
Ihr seid meinen Tentakeln entkommen ...
Flupp
Guuuh!
Bonk
Patsch
Patsching
Uuff!!
... aber ich kann immer noch richtig stark zuschlagen!
Was?!
Hier, benutzt das!
Strahl
Hä?!
Bitte, wer auch immer mich erhört ...
... gib uns Kraft!
Jetzt mach ich euch alle! Verlasst euch drauf!
Patsch
Waah!
Aaaah!
Patsch
Patsching
Uuuh!

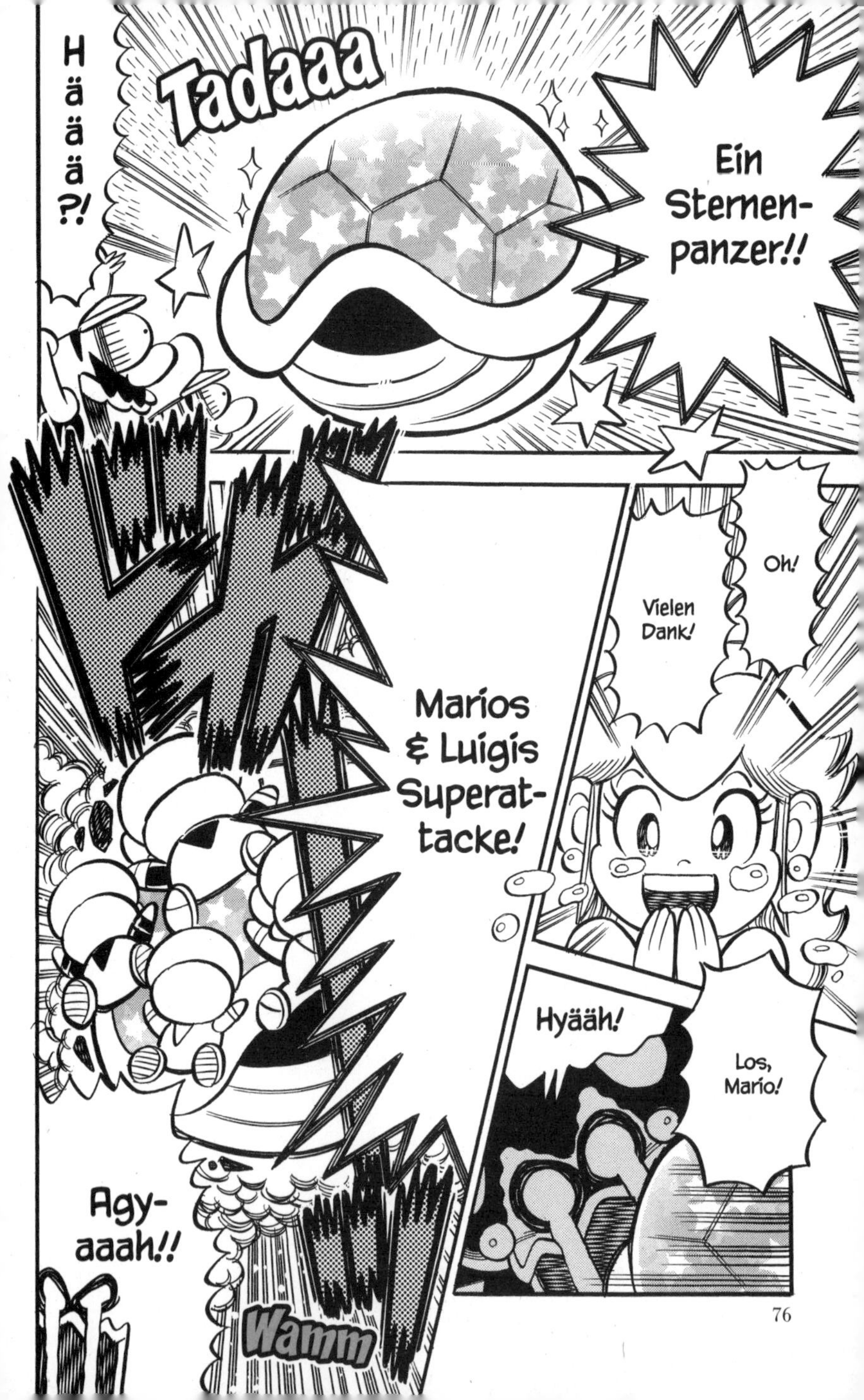
Tadaaa
Häää?!
Ein Sternen-panzer!!
Oh!
Vielen Dank!
Marios & Luigis Superat-tacke!
Hyääh!
Los, Mario!
Agy-aaah!!
Wamm

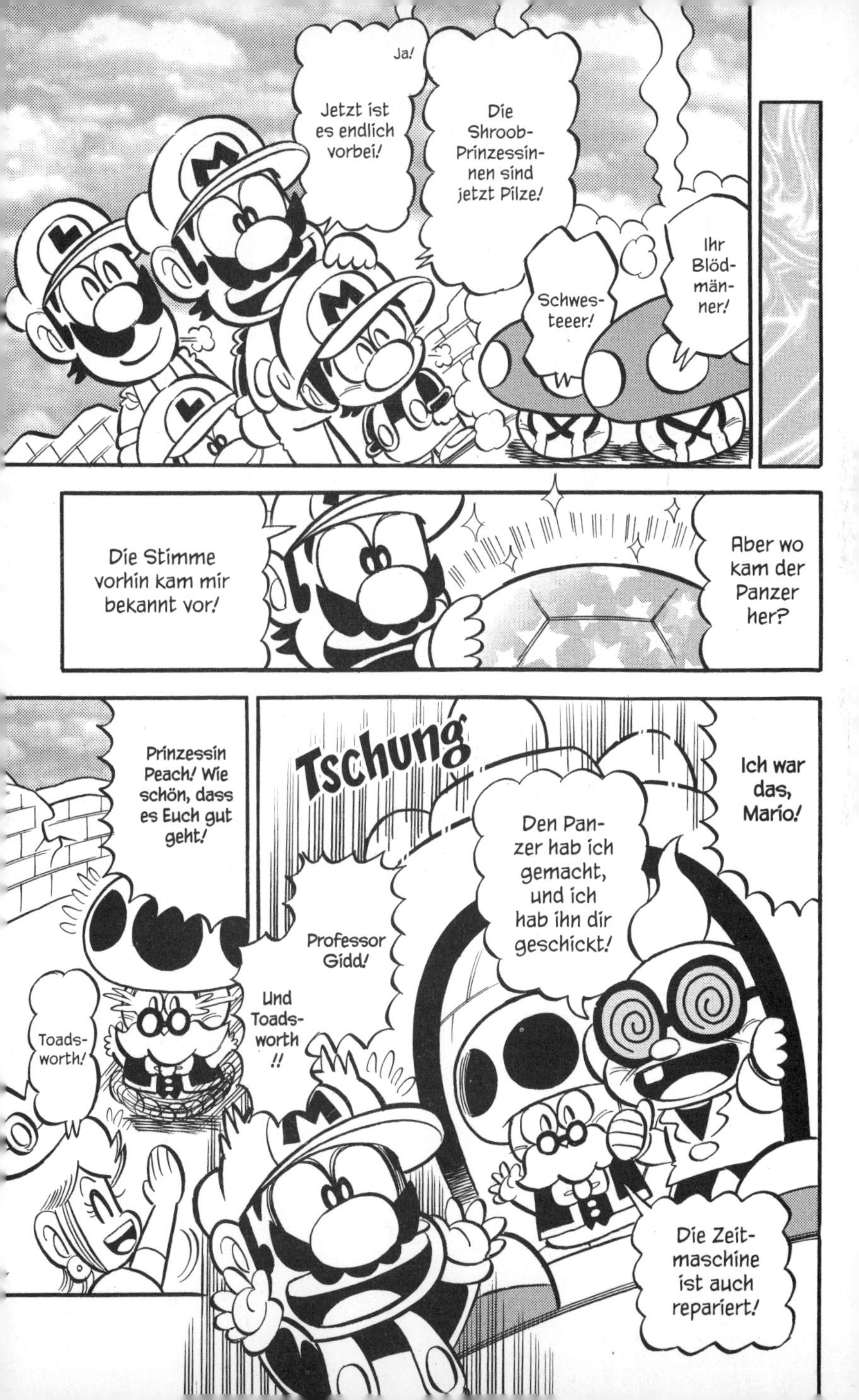
Ja!
Jetzt ist es endlich vorbei!
Die Shroob-Prinzessinnen sind jetzt Pilze!
Ihr Blödmänner!
Schwesteeer!
Aber wo kam der Panzer her?
Die Stimme vorhin kam mir bekannt vor!
Ich war das, Mario!
Den Panzer hab ich gemacht, und ich hab ihn dir geschickt!
Tschung
Prinzessin Peach! Wie schön, dass es Euch gut geht!
Professor Gidd!
Und Toadsworth !!
Toadsworth!
Die Zeitmaschine ist auch repariert!

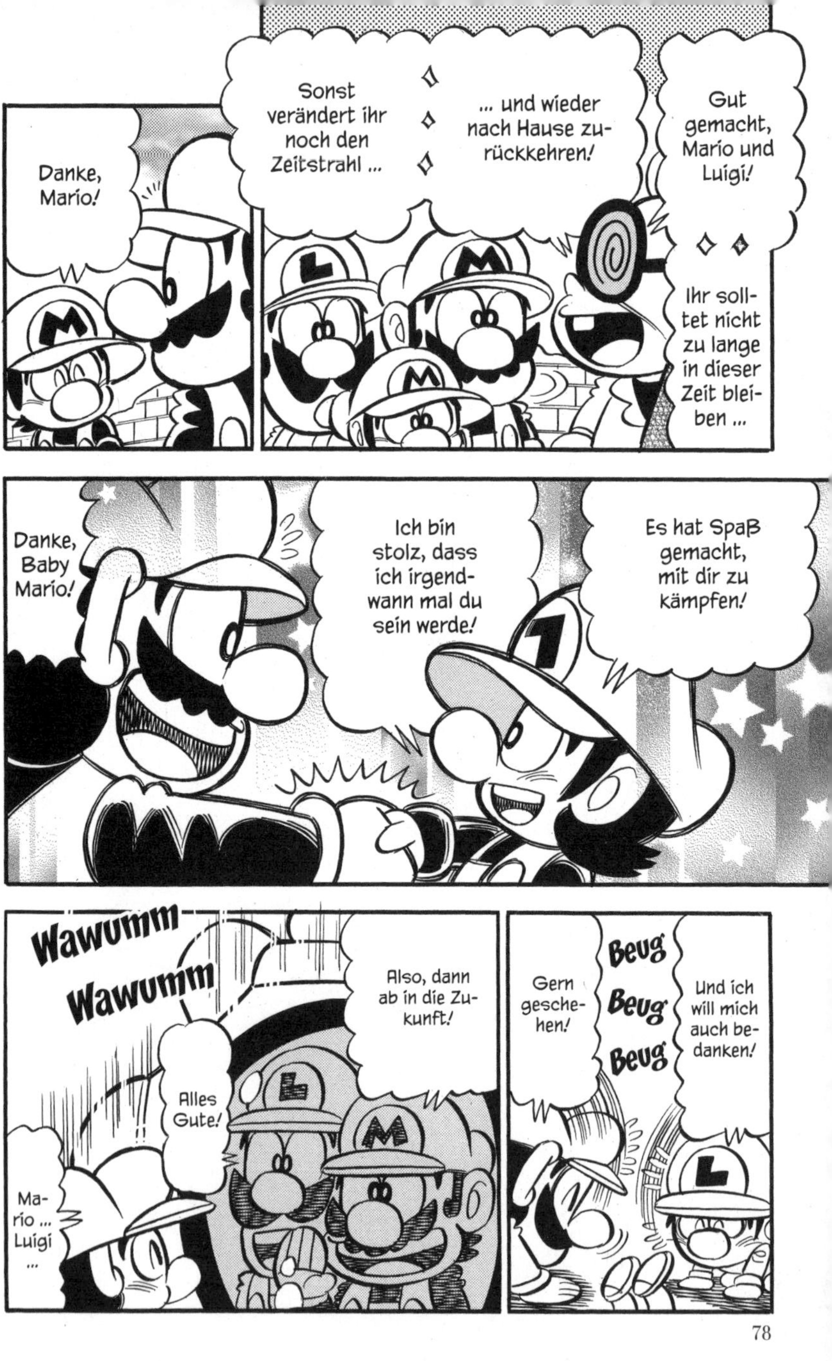

Danke, Mario!
Gut gemacht, Mario und Luigi!
Ihr solltet nicht zu lange in dieser Zeit bleiben ...
... und wieder nach Hause zurückkehren!
Sonst verändert ihr noch den Zeitstrahl ...
Danke, Baby Mario!
Ich bin stolz, dass ich irgendwann mal du sein werde!
Es hat Spaß gemacht, mit dir zu kämpfen!
Wawumm
Wawumm
Mario ... Luigi ...
Alles Gute!
Also, dann ab in die Zukunft!
Gern geschehen!
Beug
Beug
Beug
Und ich will mich auch bedanken!

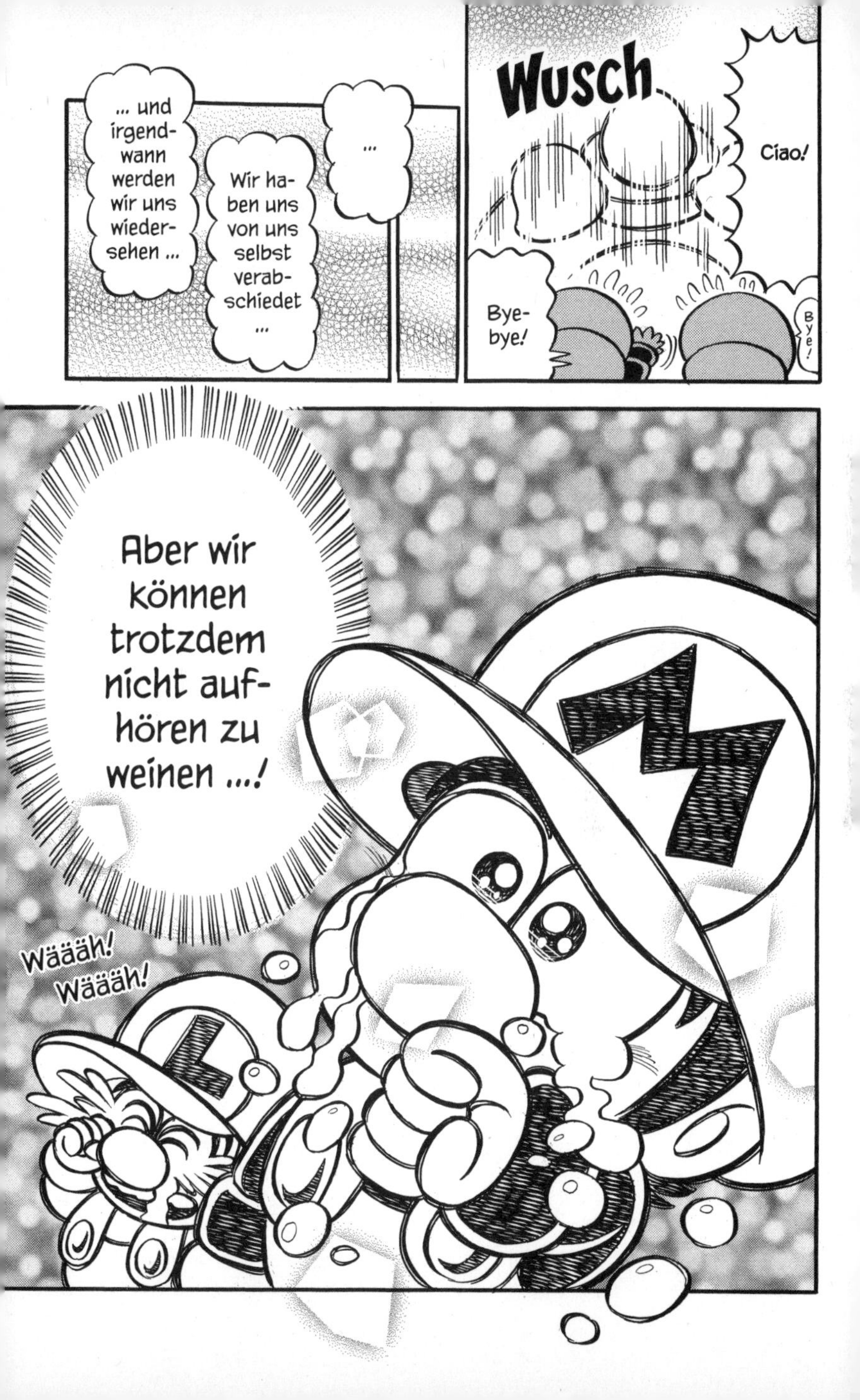

... und irgendwann werden wir uns wiedersehen ...
Wir haben uns von uns selbst verabschiedet ...
...
Wusch
Ciao!
Bye-bye!
Bye!
Aber wir können trotzdem nicht aufhören zu weinen ...!
Wäääh! Wäääh!

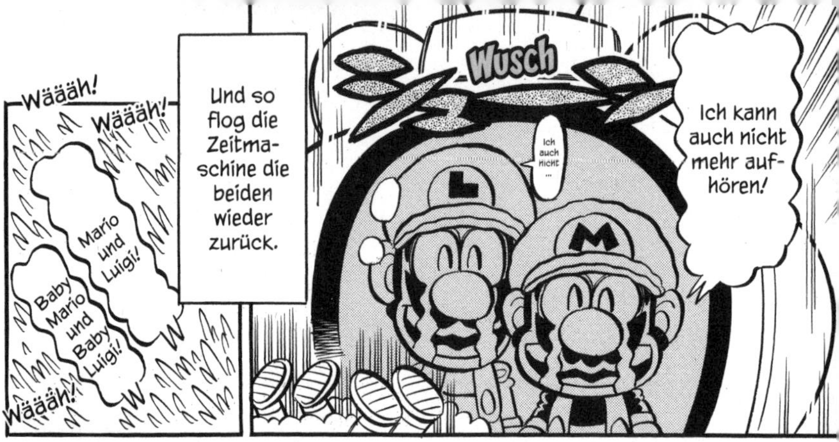

Besonderer Dank geht an: S. Todaka, H. Tokunaga und Kochimu!

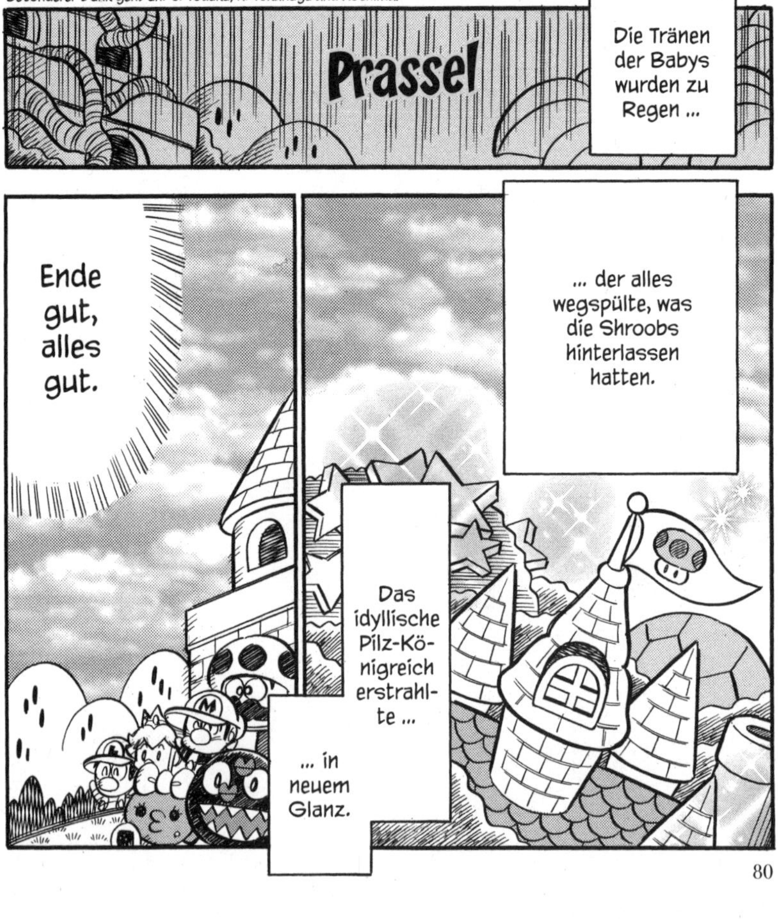

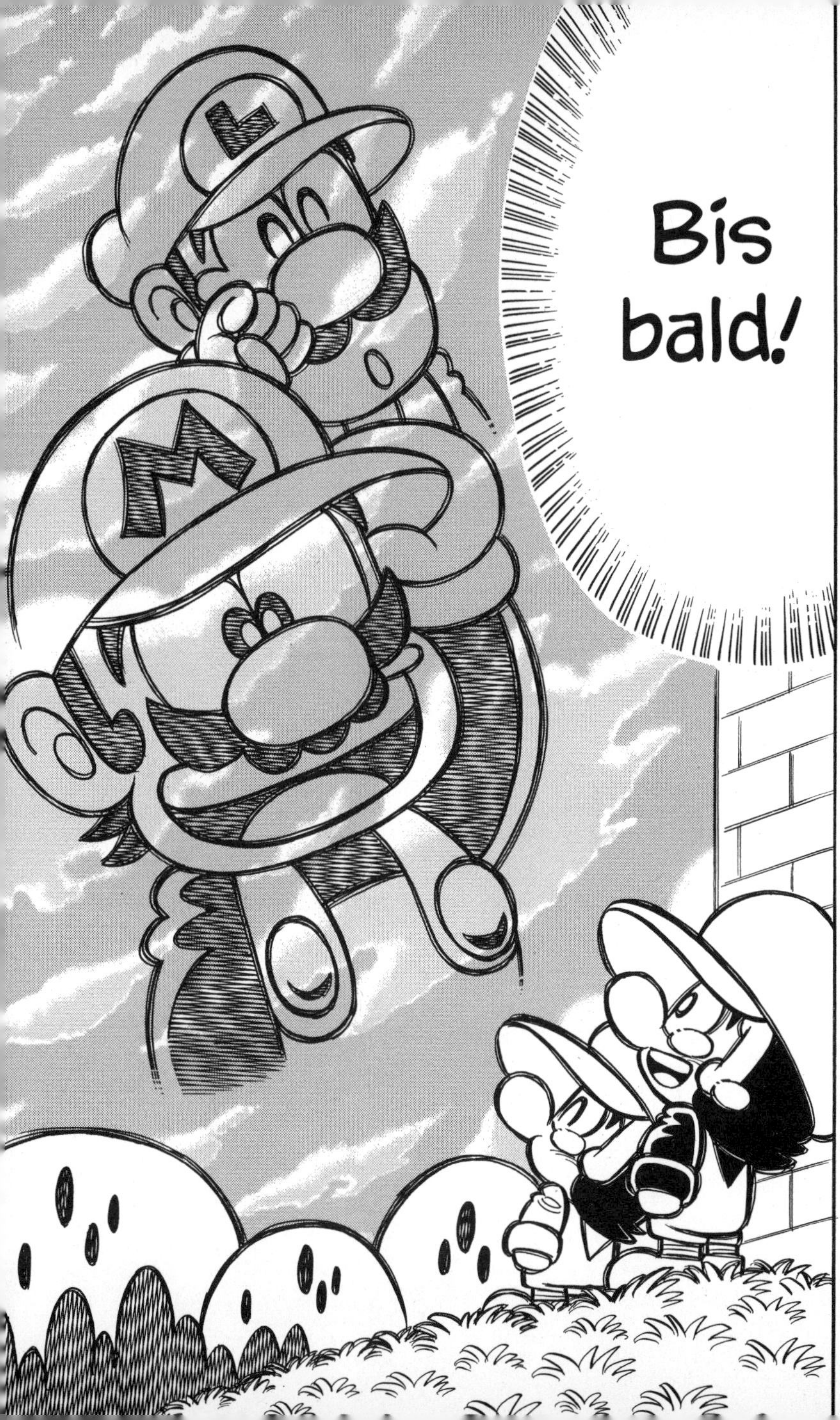
Bis bald!

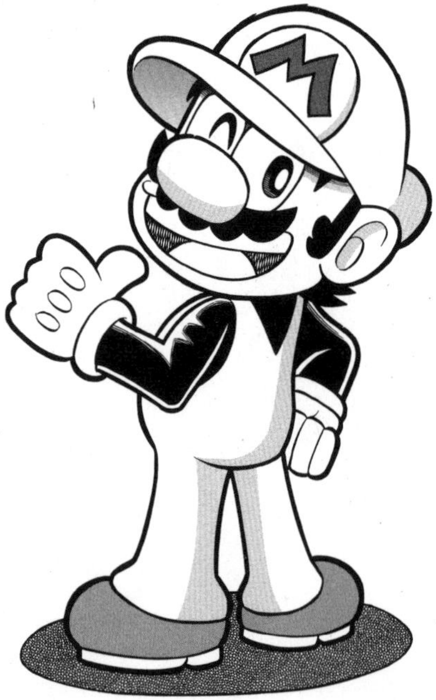

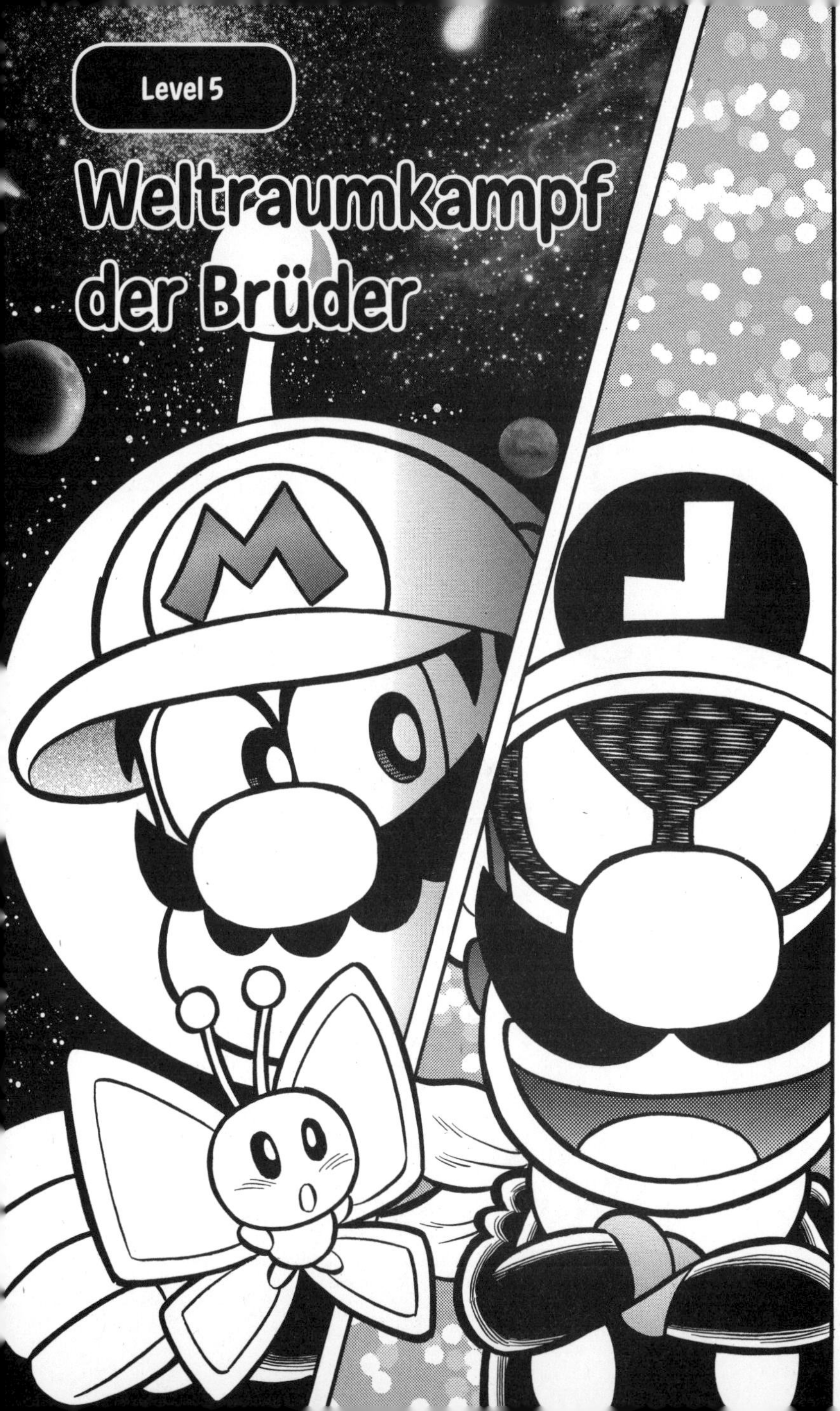
Level 5
Weltraumkampf
der Brüder

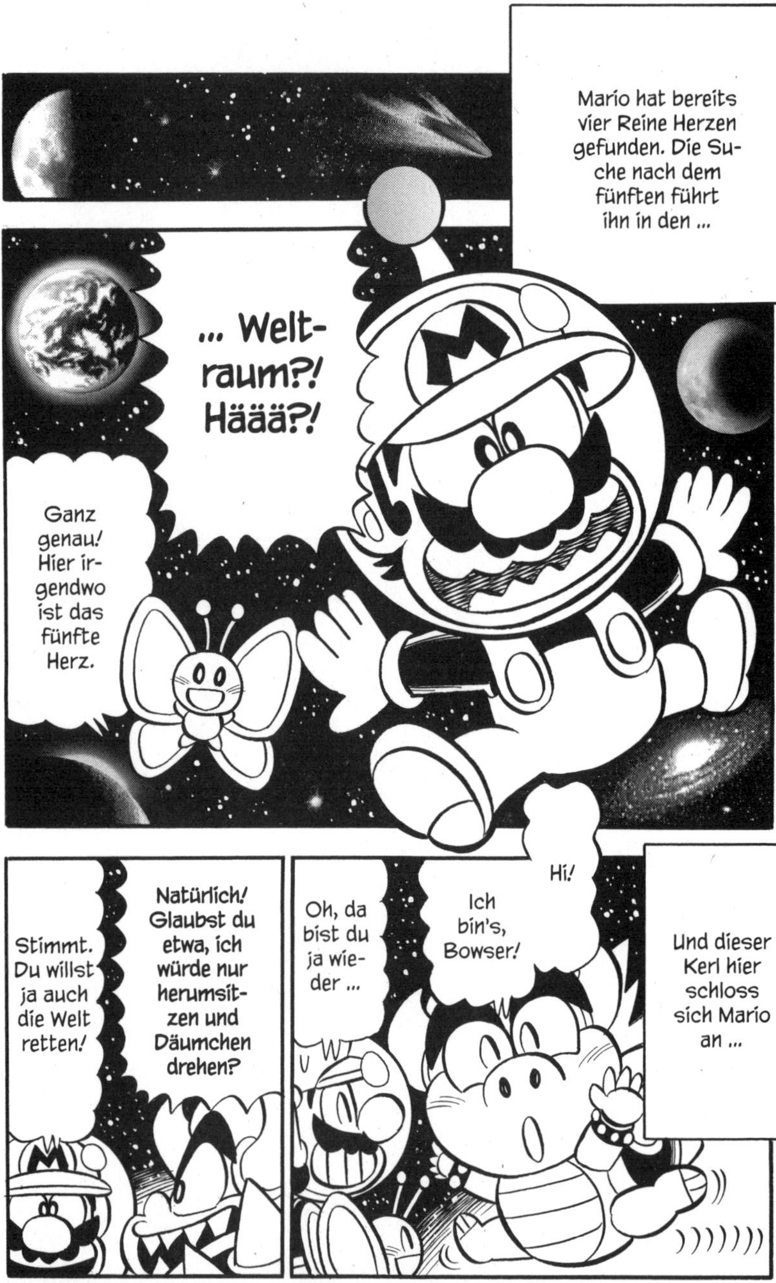

Diese Geschichte spielt in der Welt von *Super Paper Mario*. In diesem Game unterstützen Tippi und die anderen mysteriösen Pixl Mario, damit er die acht Reinen Herzen sammeln kann. Auf diese Weise soll verhindert werden, dass Graf Knickwitz alle Welten vernichtet.

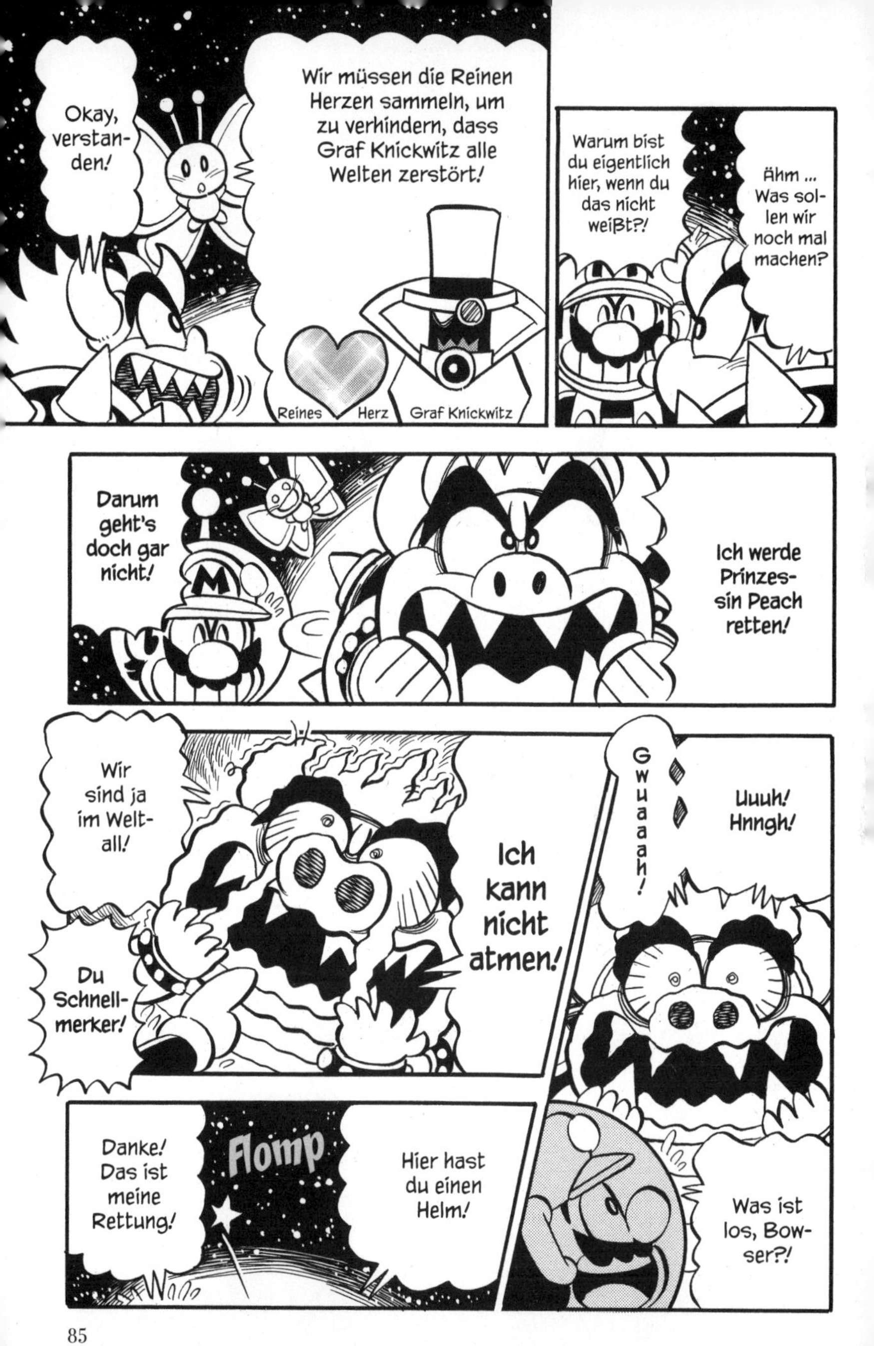
Wir müssen die Reinen Herzen sammeln, um zu verhindern, dass Graf Knickwitz alle Welten zerstört!
Okay, verstanden!
Reines Herz
Graf Knickwitz
Ähm ... Was sollen wir noch mal machen?
Warum bist du eigentlich hier, wenn du das nicht weißt?!
Ich werde Prinzessin Peach retten!
Darum geht's doch gar nicht!
Uuuh! Hnngh!
Gwuaaaah!
Ich kann nicht atmen!
Wir sind ja im Weltall!
Du Schnellmerker!
Was ist los, Bowser?!
Hier hast du einen Helm!
Flomp
Danke! Das ist meine Rettung!

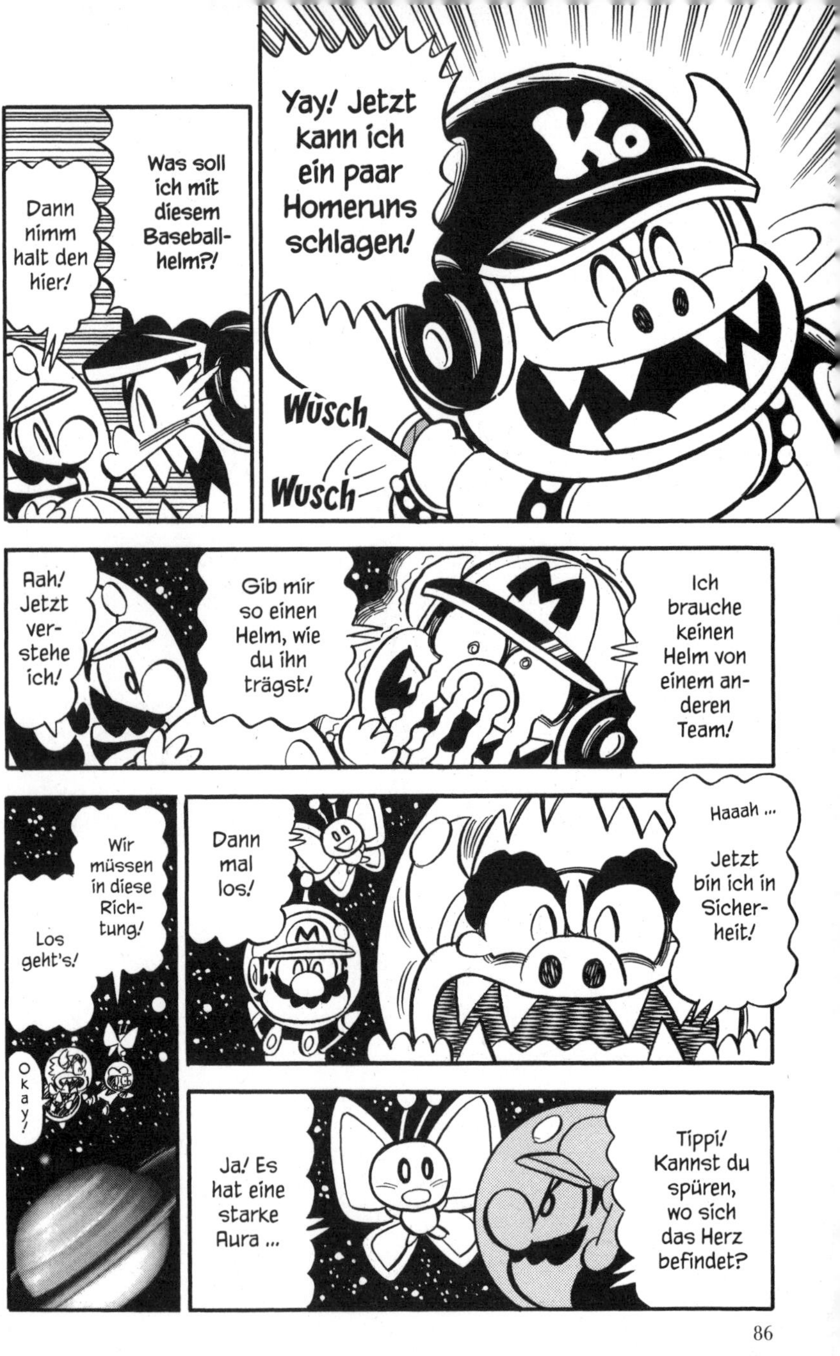
Yay! Jetzt kann ich ein paar Homeruns schlagen!
Wüsch
Wusch
Was soll ich mit diesem Baseballhelm?!
Dann nimm halt den hier!
Ich brauche keinen Helm von einem anderen Team!
Gib mir so einen Helm, wie du ihn trägst!
Aah! Jetzt verstehe ich!
Haaah ...
Jetzt bin ich in Sicherheit!
Dann mal los!
Tippi! Kannst du spüren, wo sich das Herz befindet?
Ja! Es hat eine starke Aura ...
Wir müssen in diese Richtung!
Los geht's!
Okay!

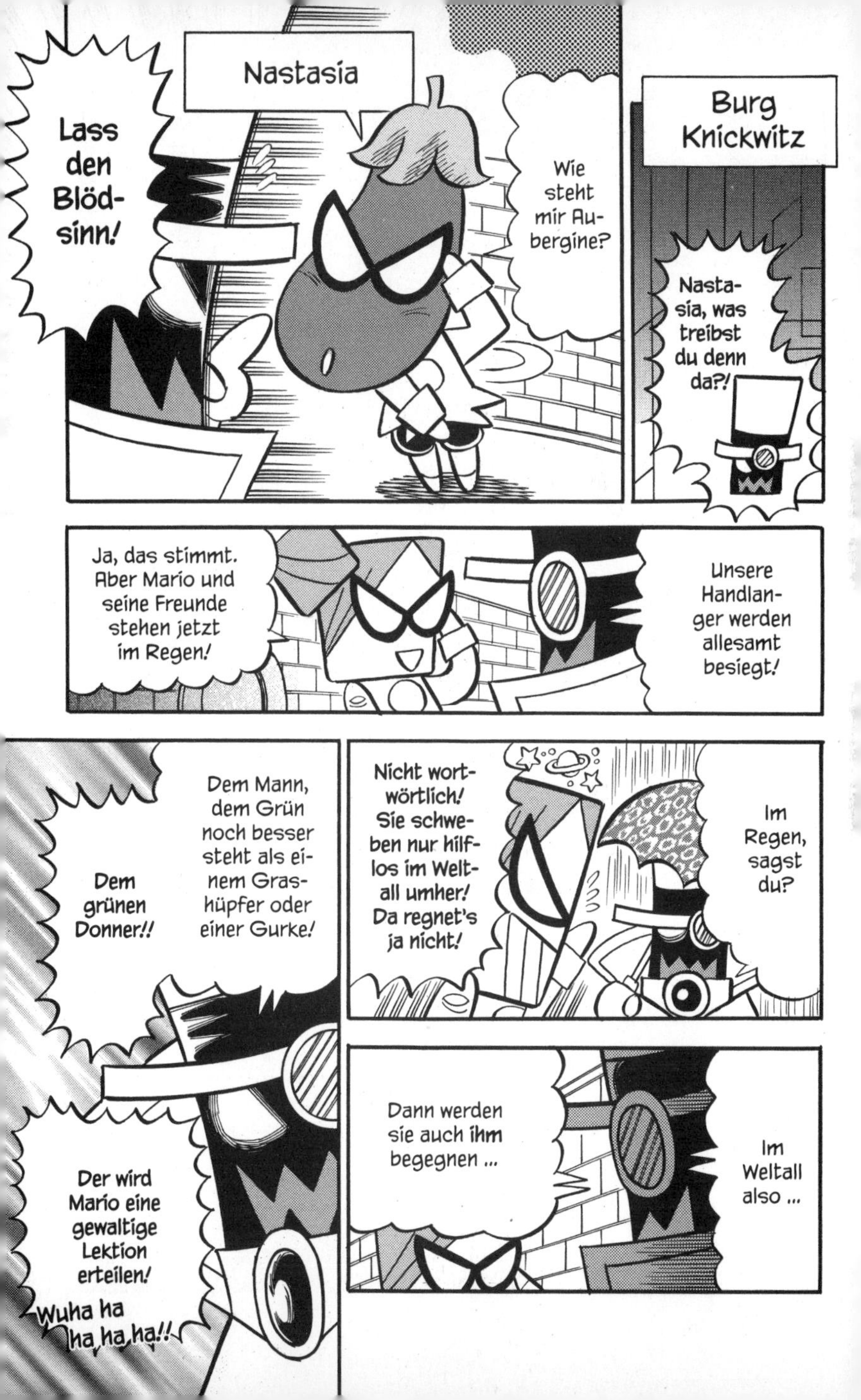
Burg Knickwitz
Nastasia, was treibst du denn da?!
Nastasia
Wie steht mir Aubergine?
Lass den Blödsinn!
Unsere Handlanger werden allesamt besiegt!
Ja, das stimmt. Aber Mario und seine Freunde stehen jetzt im Regen!
Im Regen, sagst du?
Nicht wortwörtlich! Sie schweben nur hilflos im Weltall umher! Da regnet's ja nicht!
Im Weltall also ...
Dann werden sie auch ihm begegnen ...
Dem Mann, dem Grün noch besser steht als einem Grashüpfer oder einer Gurke!
Dem grünen Donner!!
Der wird Mario eine gewaltige Lektion erteilen!
Wuha ha ha, ha, ha!!

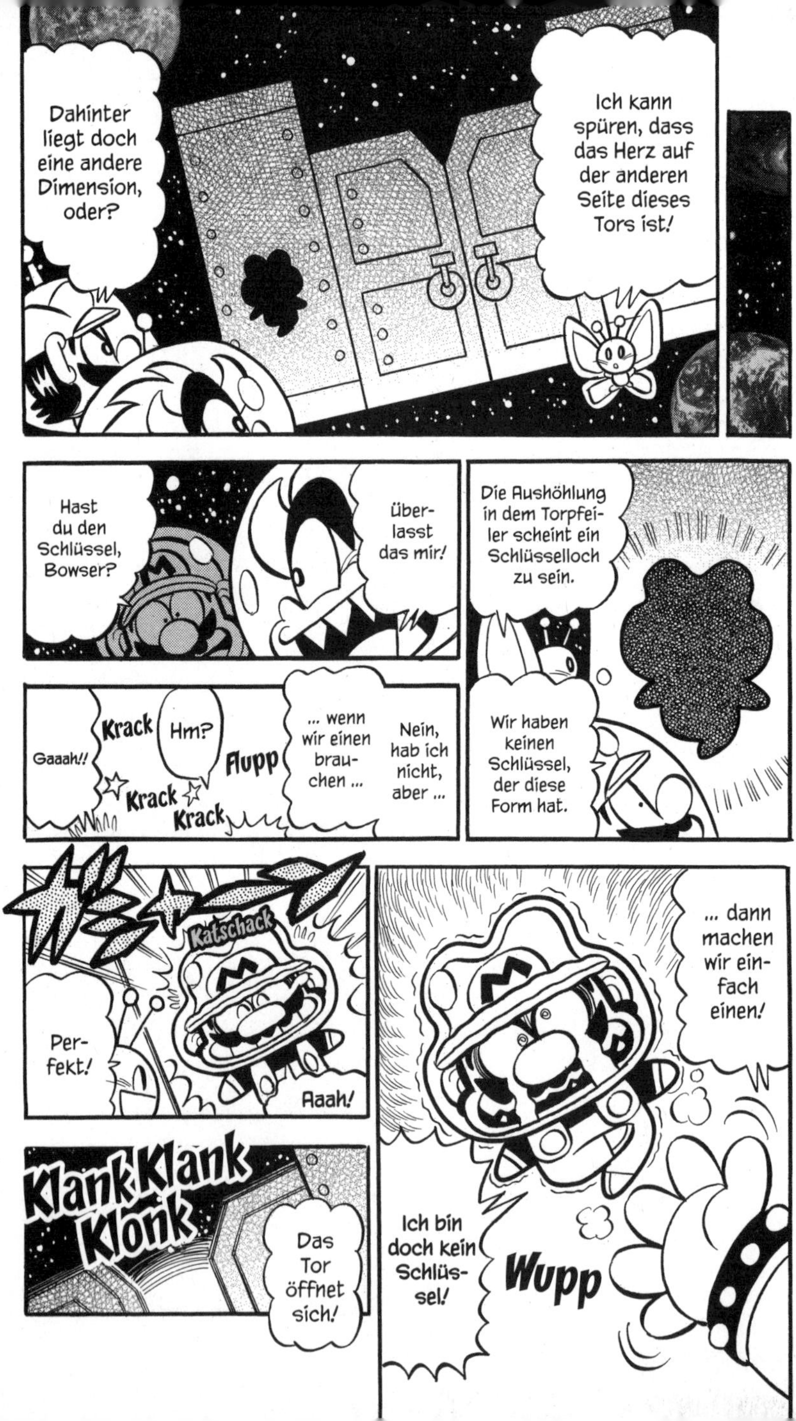

Ich kann spüren, dass das Herz auf der anderen Seite dieses Tors ist!
Dahinter liegt doch eine andere Dimension, oder?
Die Aushöhlung in dem Torpfeiler scheint ein Schlüsselloch zu sein.
Wir haben keinen Schlüssel, der diese Form hat.
Hast du den Schlüssel, Bowser?
Überlasst das mir!
Nein, hab ich nicht, aber ...
... wenn wir einen brauchen ...
Flupp
Hm?
Krack
Krack
Krack
Gaaah!!
... dann machen wir einfach einen!
Ich bin doch kein Schlüssel!
Wupp
Katschack
Aaah!
Perfekt!
Klank Klank Klonk
Das Tor öffnet sich!

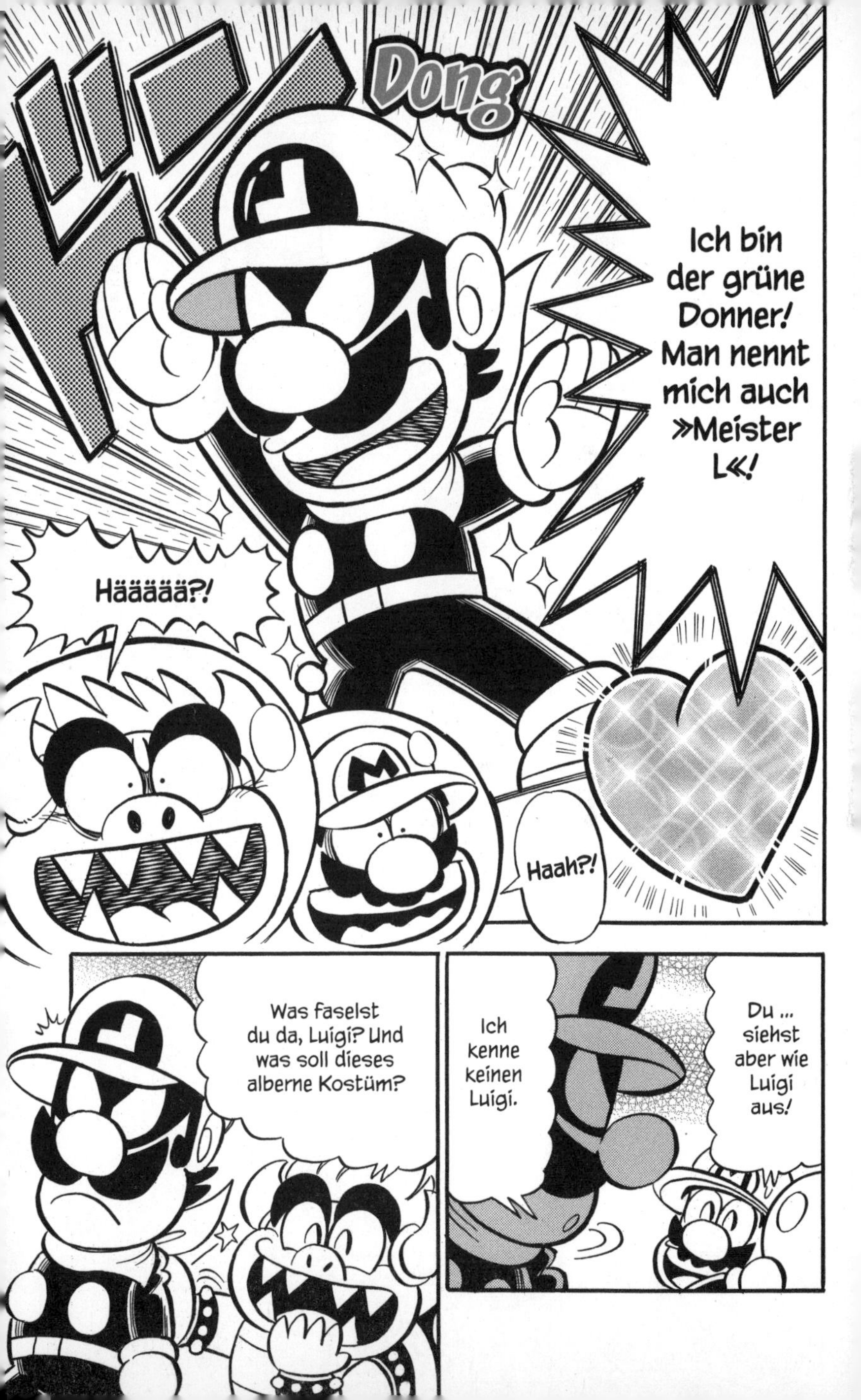
Dong
Ich bin der grüne Donner! Man nennt mich auch »Meister L«!
Häääää?!
Haah?!
Was faselst du da, Luigi? Und was soll dieses alberne Kostüm?
Ich kenne keinen Luigi.
Du ... siehst aber wie Luigi aus!

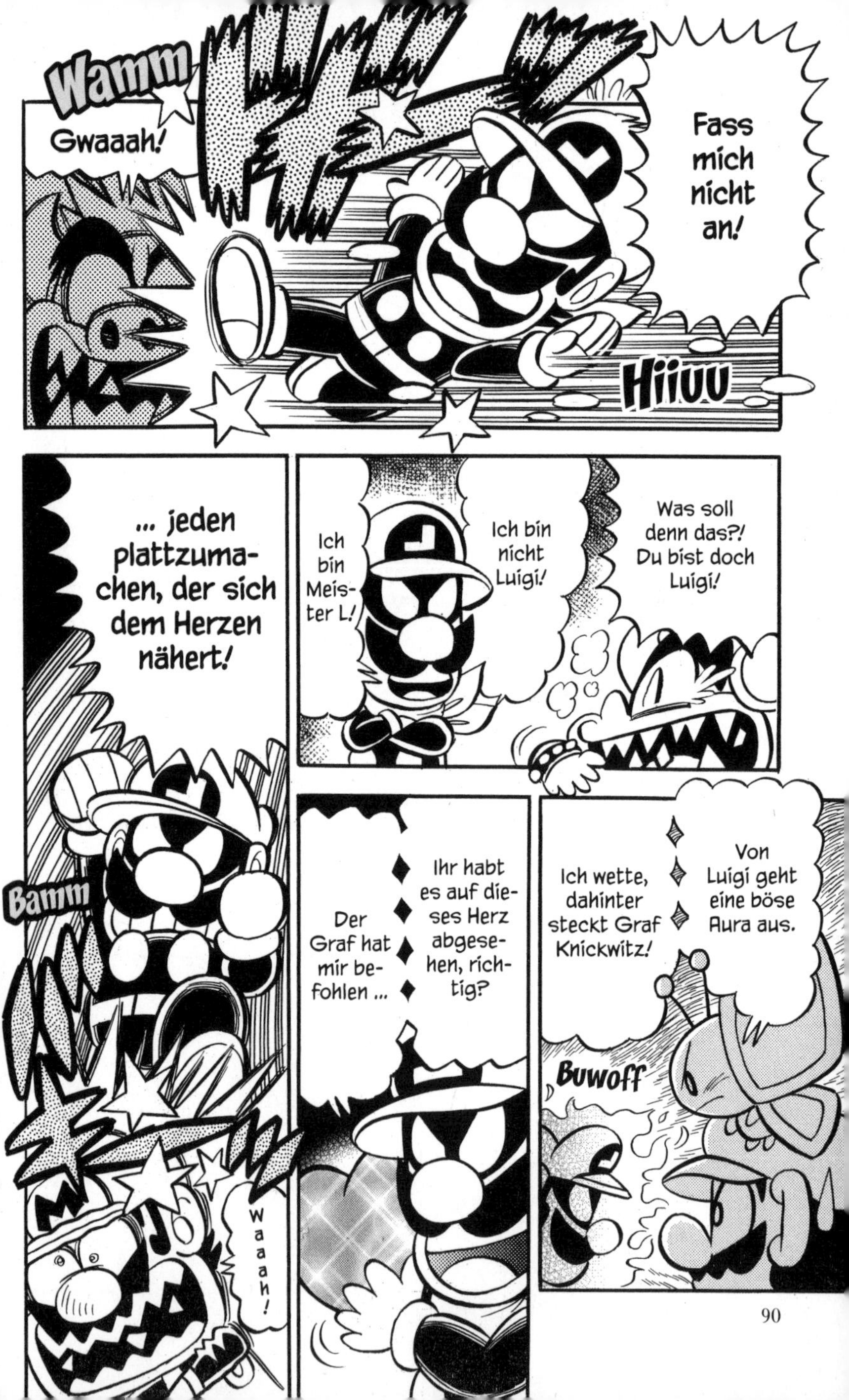
Wamm
Gwaaah!
Fass mich nicht an!
Hiiuu
Was soll denn das?! Du bist doch Luigi!
Ich bin nicht Luigi!
Ich bin Meister L!
Von Luigi geht eine böse Aura aus.
Ich wette, dahinter steckt Graf Knickwitz!
Buwoff
Ihr habt es auf dieses Herz abgesehen, richtig?
Der Graf hat mir befohlen ...
... jeden plattzumachen, der sich dem Herzen nähert!
Bamm
Waaah!

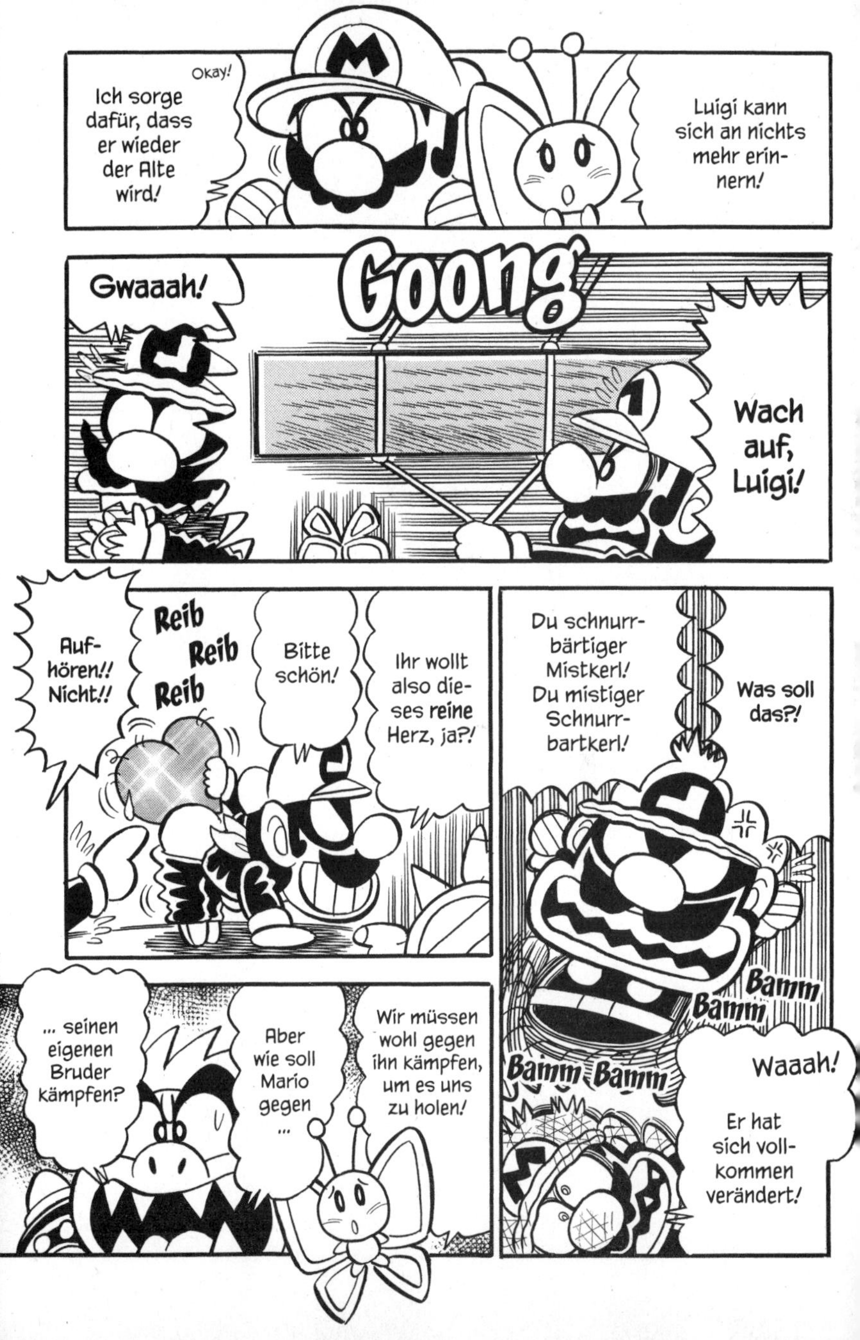

Luigi kann sich an nichts mehr erinnern!
Okay!
Ich sorge dafür, dass er wieder der Alte wird!
Goong
Wach auf, Luigi!
Gwaaah!
Was soll das?!
Du schnurrbärtiger Mistkerl! Du mistiger Schnurrbartkerl!
Bamm Bamm
Bamm Bamm
Waaah!
Er hat sich vollkommen verändert!
Ihr wollt also dieses reine Herz, ja?!
Bitte schön!
Reib Reib Reib
Auf-hören!! Nicht!!
Wir müssen wohl gegen ihn kämpfen, um es uns zu holen!
Aber wie soll Mario gegen ...
... seinen eigenen Bruder kämpfen?

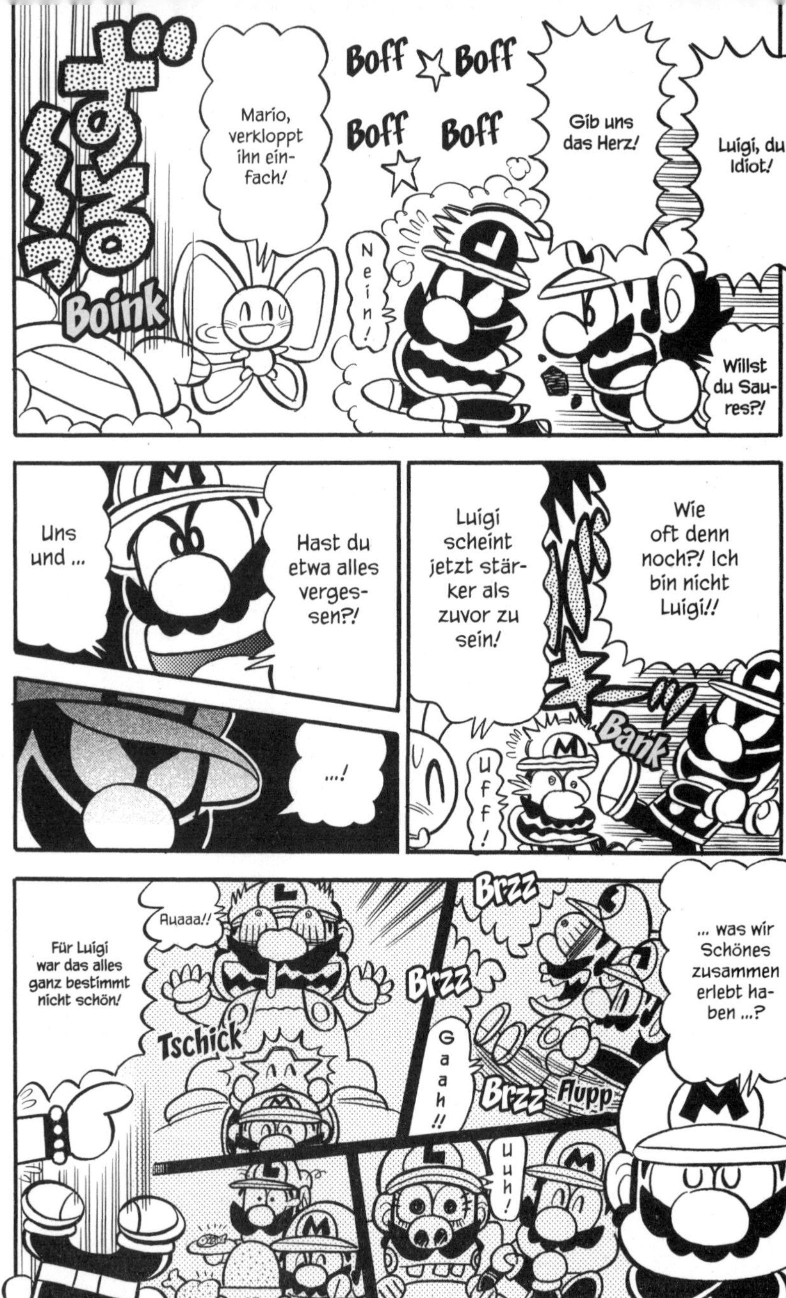
Luigi, du Idiot!
Willst du Saures?!
Gib uns das Herz!
Boff Boff
Boff Boff
Nein!
Mario, verkloppt ihn einfach!
Boink
Wie oft denn noch?! Ich bin nicht Luigi!!
Luigi scheint jetzt stärker als zuvor zu sein!
Bank
Uff!
Hast du etwa alles vergessen?!
Uns und ...
...!
... was wir Schönes zusammen erlebt haben ...?
Brzz
Brzz
Brzz
Flupp
Gaah!!
Uuh!
Auaaa!!
Für Luigi war das alles ganz bestimmt nicht schön!
Tschick
MARIO

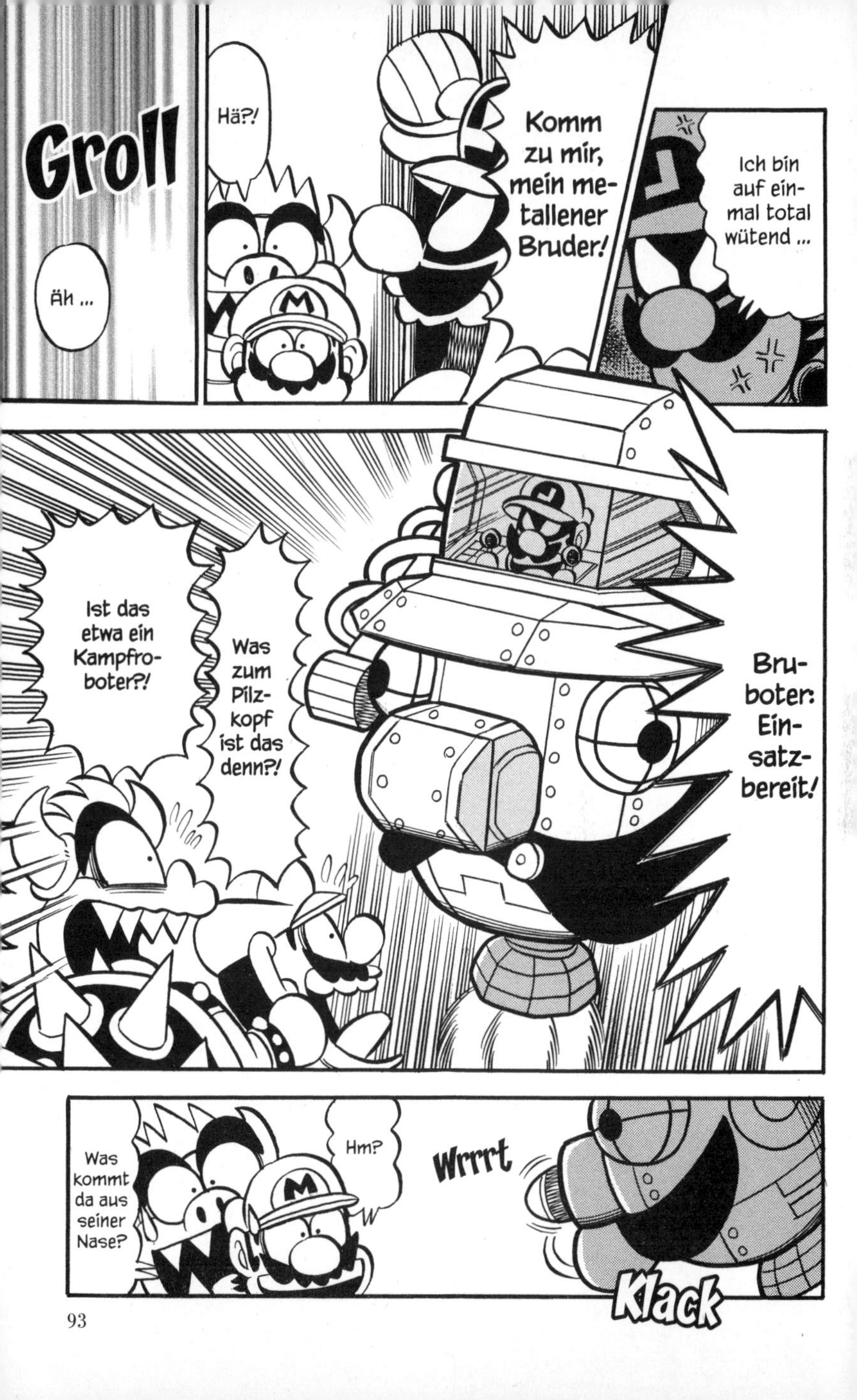
Groll
Äh ...
Hä?!
Komm zu mir, mein metallener Bruder!
Ich bin auf einmal total wütend ...
Ist das etwa ein Kampfroboter?!
Was zum Pilzkopf ist das denn?!
Bruboter: Einsatzbereit!
Was kommt da aus seiner Nase?
Hm?
Wrrrt
Klack

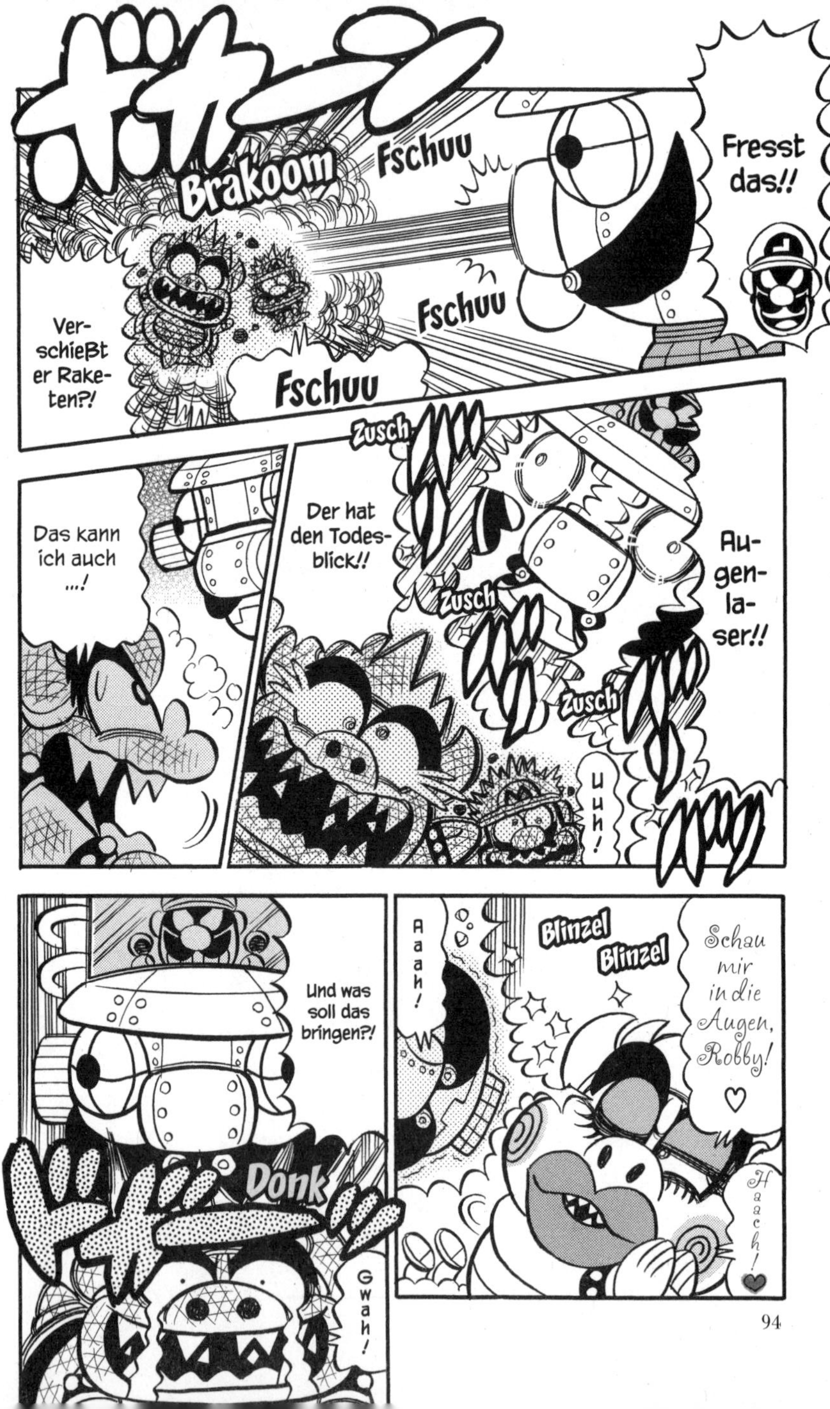

Fresst das!!
Fschuu
Fschuu
Brakoom
Fschuu
Verschießt er Raketen?!
Augenlaser!!
Zusch
Zusch
Zusch
Der hat den Todesblick!!
Uuh!
Das kann ich auch ...!
Schau mir in die Augen, Robby! ♥
Blinzel
Blinzel
Aaah!
Haach! ♥
Und was soll das bringen?!
Donk
Gwah!

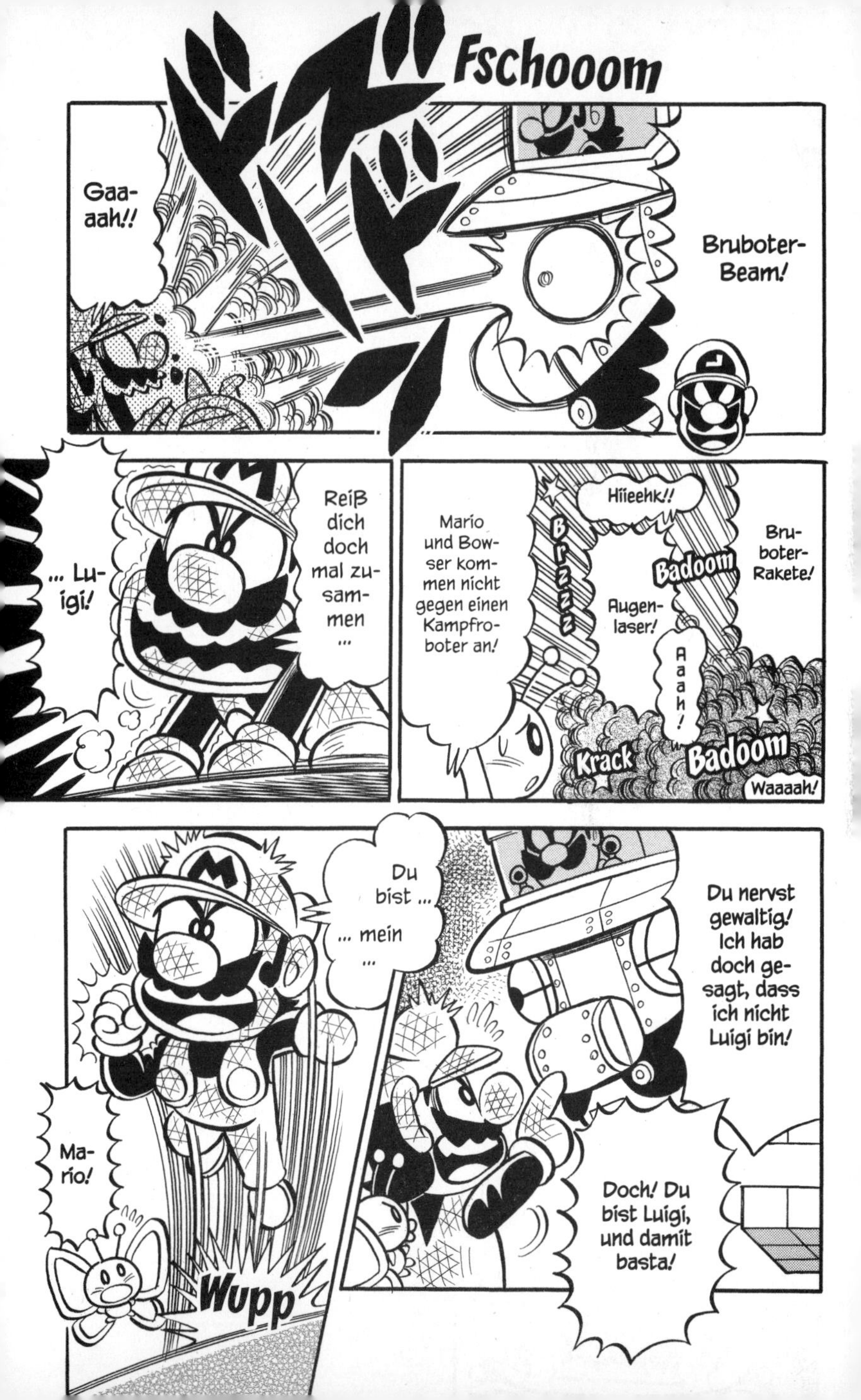
Fschooom
Bruboter-Beam!
Gaa-aah!!
Bru-boter-Rakete!
Badoom
Hiieehk!!
Brzzz
Augen-laser!
Aaah!
Krack
Badoom
Waaaah!
Mario und Bow-ser kom-men nicht gegen einen Kampfro-boter an!
Reiß dich doch mal zu-sam-men ...
... Lu-igi!
Du nervst gewaltig! Ich hab doch ge-sagt, dass ich nicht Luigi bin!
Doch! Du bist Luigi, und damit basta!
Du bist ...
... mein ...
Ma-rio!
Wupp

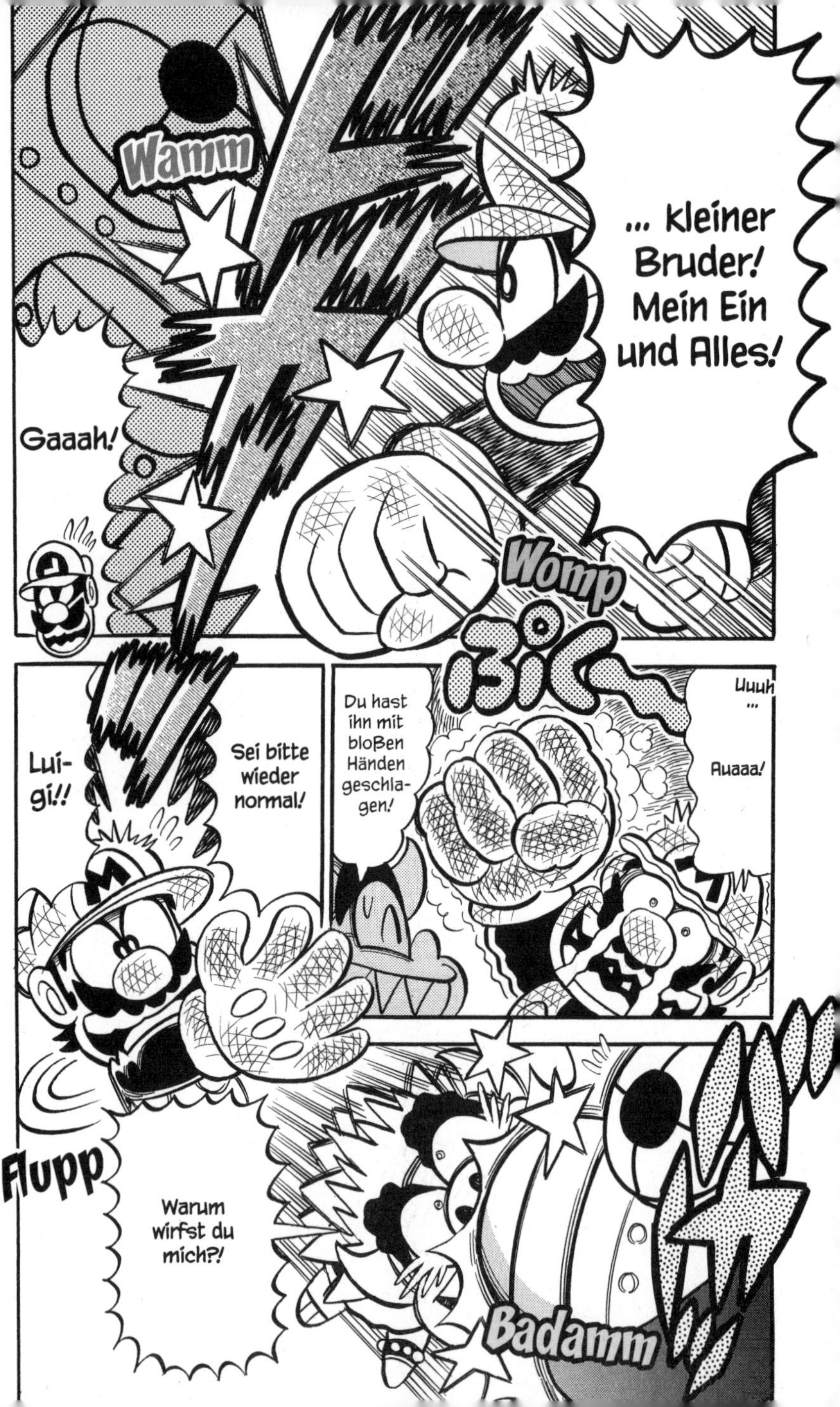
... kleiner Bruder! Mein Ein und Alles!
Wamm
Gaaah!
Womp
Uuuh ...
Auaaa!
Du hast ihn mit bloßen Händen geschlagen!
Sei bitte wieder normal!
Lui-gi!!
Badamm
Warum wirfst du mich?!
Flupp

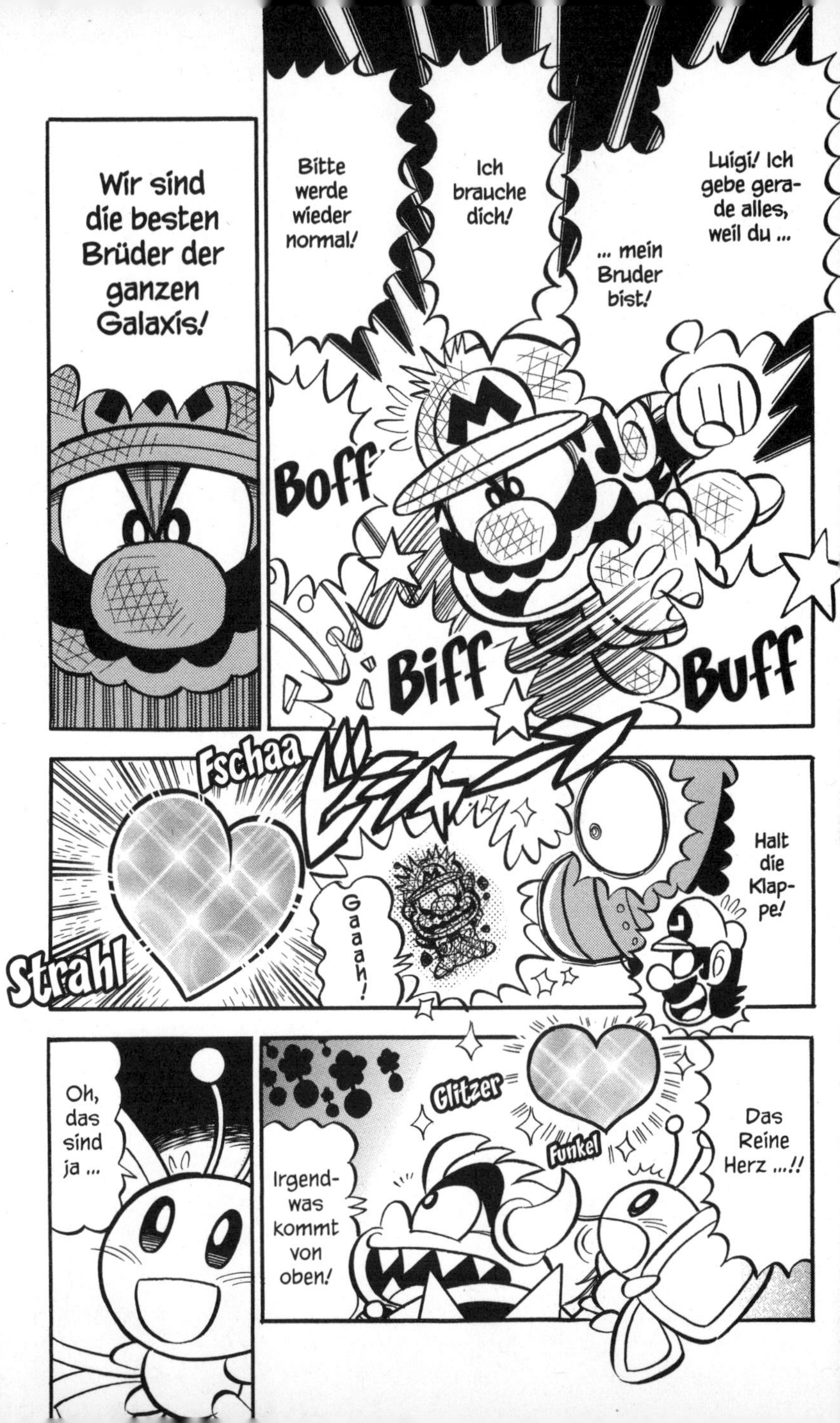

Luigi! Ich gebe gerade alles, weil du ...
... mein Bruder bist!
Ich brauche dich!
Bitte werde wieder normal!
Wir sind die besten Brüder der ganzen Galaxis!
Boff
Biff
Buff
Fschaa
Halt die Klappe!
Gaaah!
Strahl
Das Reine Herz ...!!
Glitzer
Funkel
Irgendwas kommt von oben!
Oh, das sind ja ...

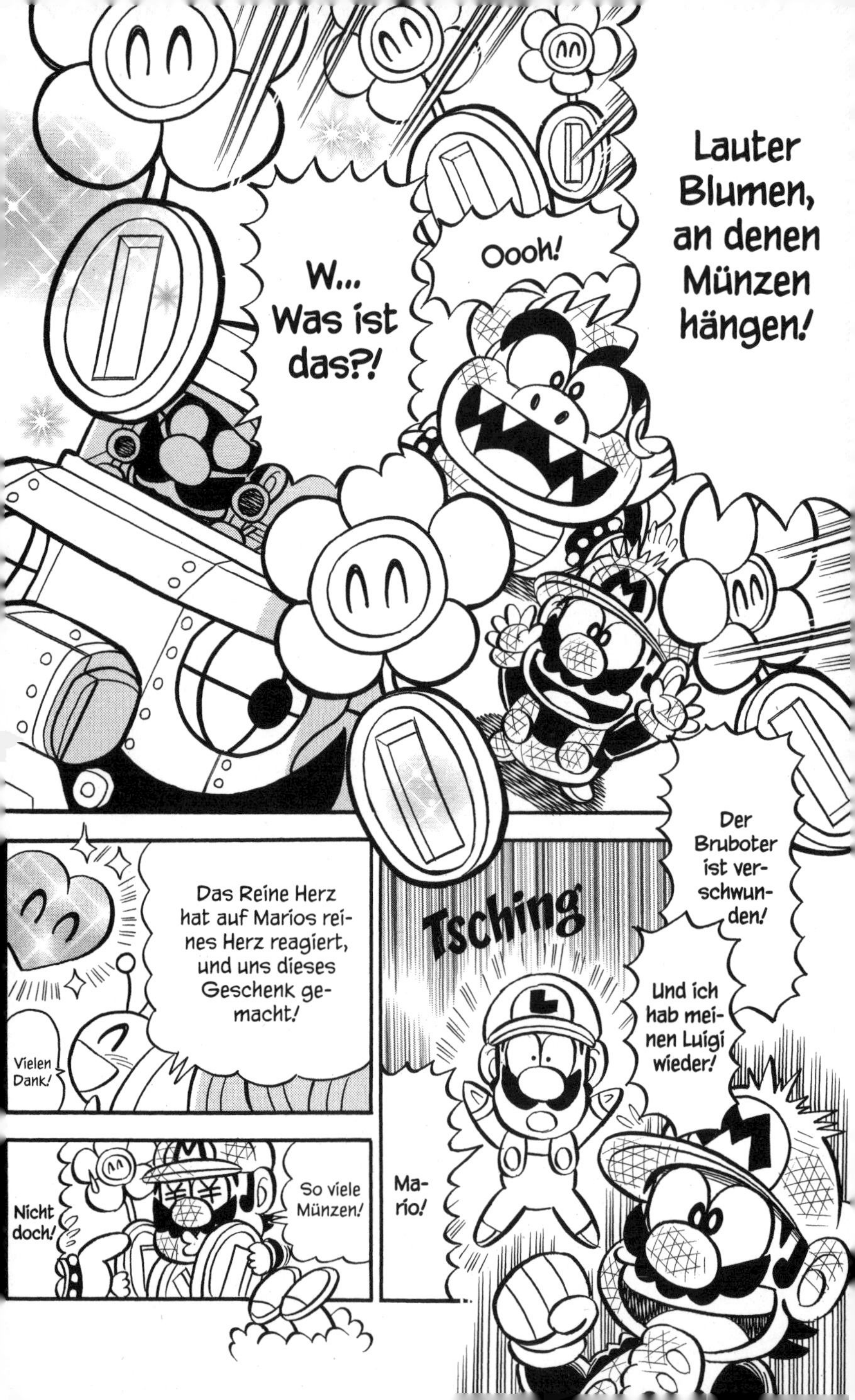

Lauter Blumen, an denen Münzen hängen!
Oooh!
W... Was ist das?!
Der Bruboter ist verschwunden!
Tsching
Und ich hab meinen Luigi wieder!
Mario!
Das Reine Herz hat auf Marios reines Herz reagiert, und uns dieses Geschenk gemacht!
Vielen Dank!
So viele Münzen!
Nicht doch!

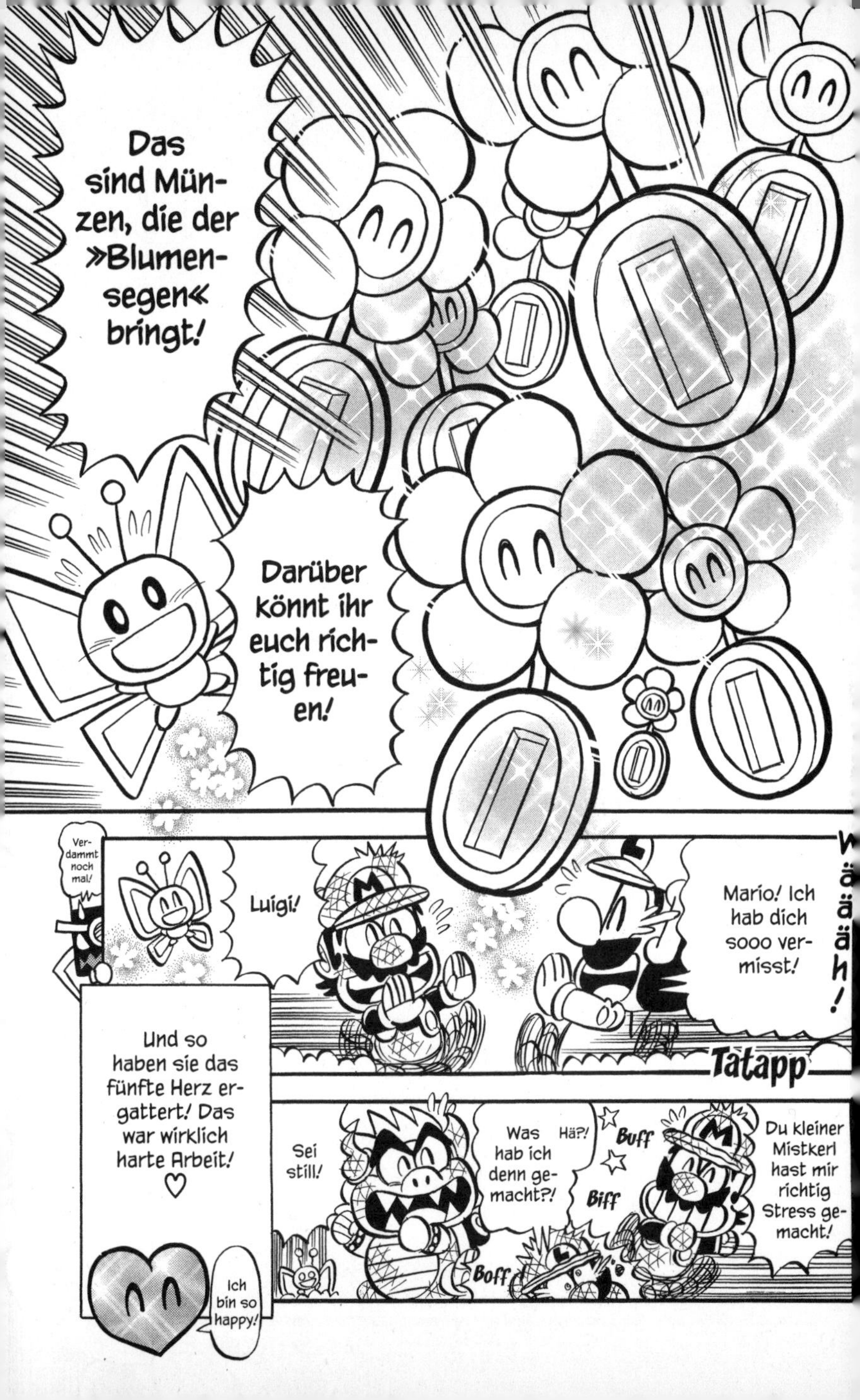
Das sind Münzen, die der »Blumensegen« bringt!
Darüber könnt ihr euch richtig freuen!
Verdammt noch mal!
Luigi!
Mario! Ich hab dich sooo vermisst!
Wäääh!
Tatapp
Und so haben sie das fünfte Herz ergattert! Das war wirklich harte Arbeit! ♡
Ich bin so happy!
Sei still!
Was hab ich denn gemacht?!
Hä?!
Buff
Biff
Du kleiner Mistkerl hast mir richtig Stress gemacht!
Boff

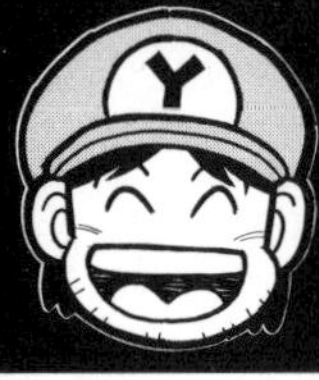

Große Bonus-Info von Yukio Sawada (Teil 2)

Das Bild unten habe ich mal als Entschuldigung gezeichnet. Ich konnte nicht am Hanafuda*-Kartenspielturnier teilnehmen, das am 24. September 2016 unter dem Namen »Nintendo x Nico Nico Honsha« stattfand. Natürlich hatte ich ein Hanafuda-Kartensatz mit *Mario*-Motiven, und ich habe auch heimlich für das Turnier geübt. Aber ich konnte nicht beim Turnier mitmachen, weil noch eine Abgabe für die neue Ausgabe des monatlichen *Gekkan CoroCoro Komikku*-Magazins ausstand. Wirklich schade, dass ich nicht kommen konnte! Zu meinen Lieblingsmotiven im Kartensatz zählen übrigens Baby Mario und die Yoshis. Und im *Mario*-Kartensatz vom Club Nintendo mag ich die Motive mit den Buu Huus und Prinzessin Peach am liebsten.

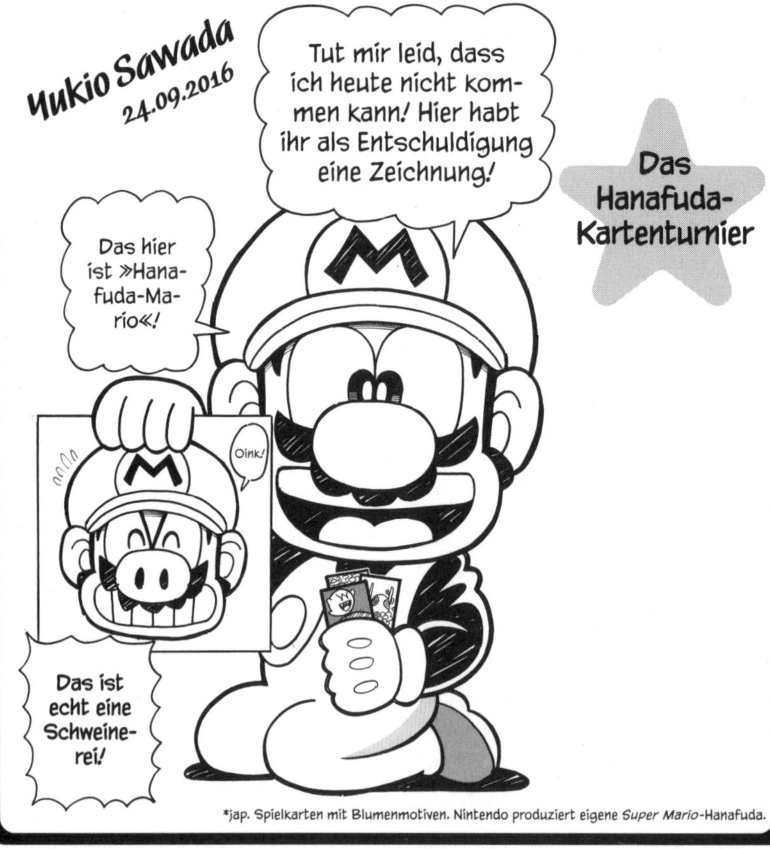

*jap. Spielkarten mit Blumenmotiven. Nintendo produziert eigene *Super Mario*-Hanafuda.

Level 6

Wer ist der vierte Held?

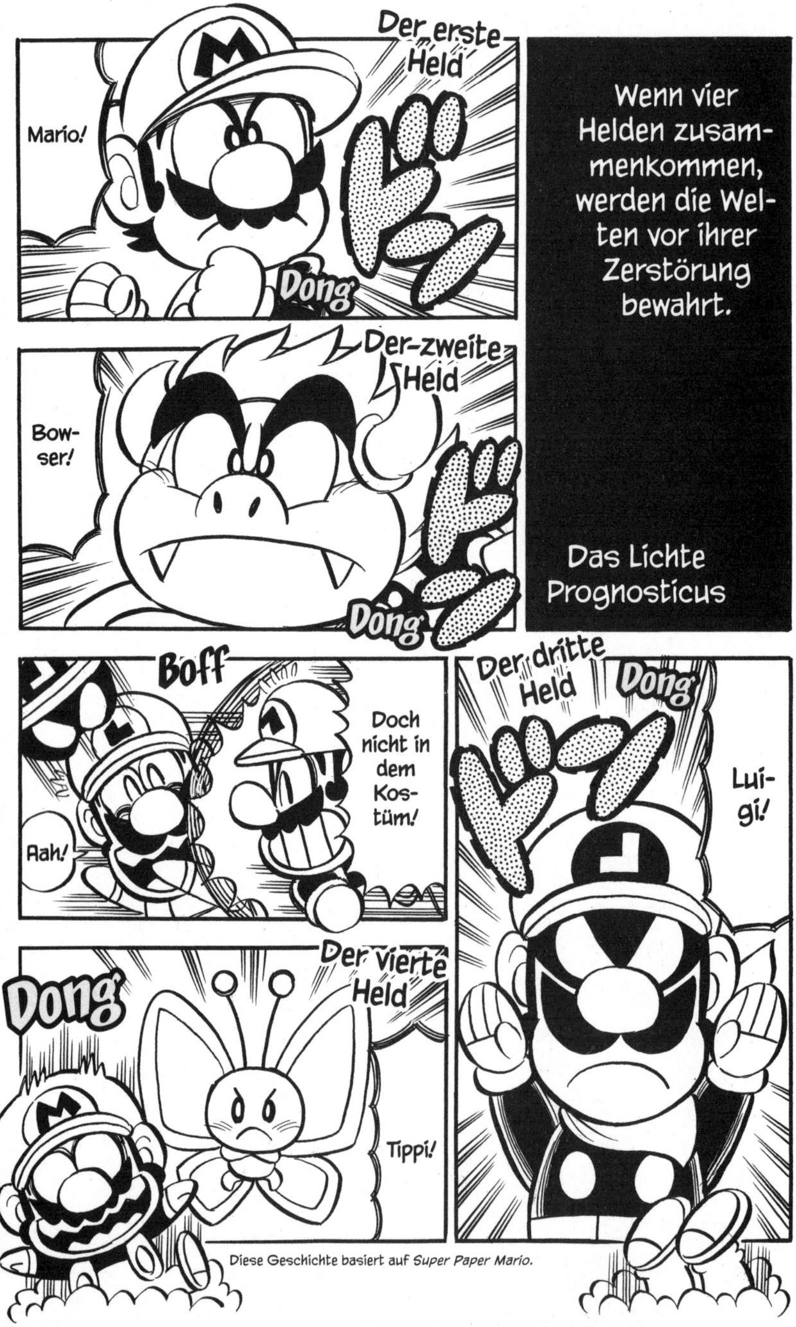

Diese Geschichte basiert auf *Super Paper Mario*.

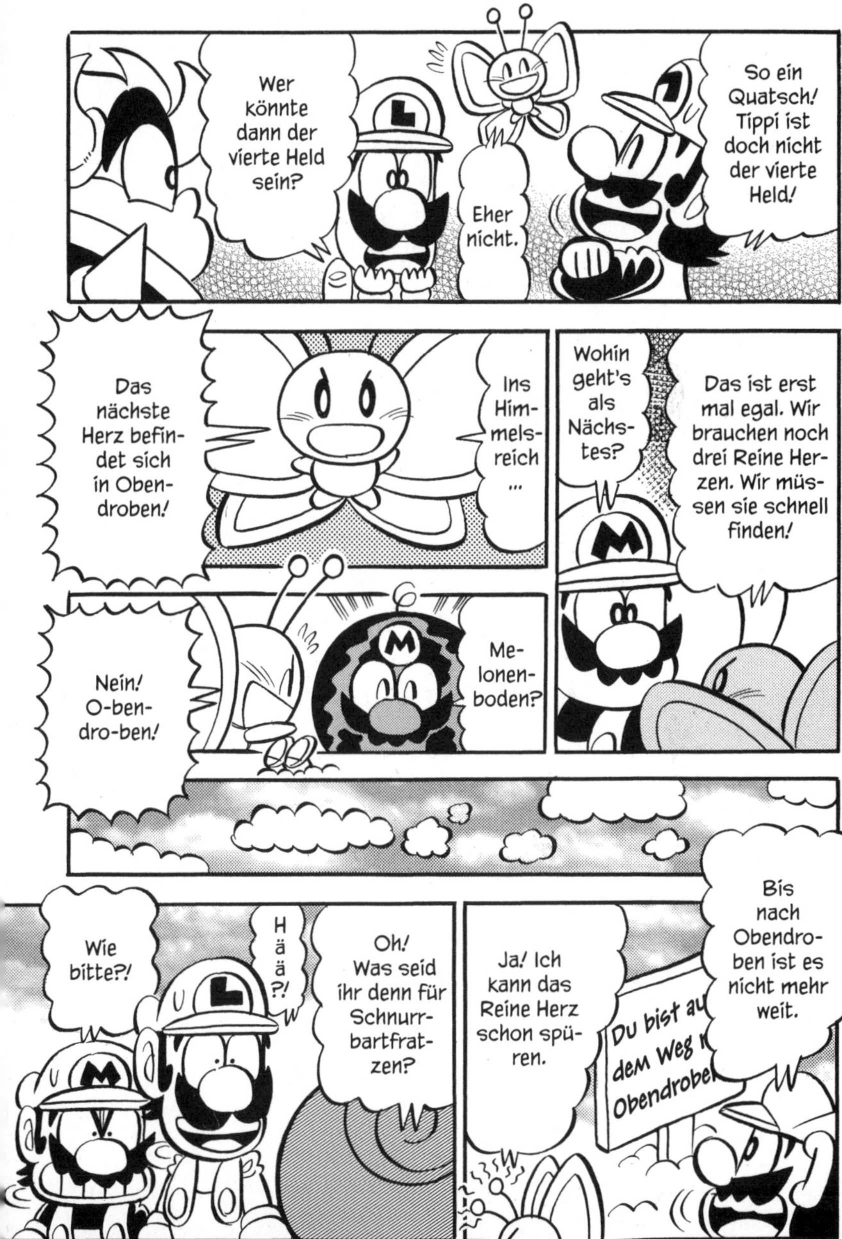
Wer könnte dann der vierte Held sein?
Eher nicht.
So ein Quatsch! Tippi ist doch nicht der vierte Held!
Das nächste Herz befindet sich in Obendroben!
Ins Himmelsreich …
Wohin geht's als Nächstes?
Das ist erst mal egal. Wir brauchen noch drei Reine Herzen. Wir müssen sie schnell finden!
Nein! O-ben-dro-ben!
Melonenboden?
Wie bitte?!
Hää?!
Oh! Was seid ihr denn für Schnurrbartfratzen?
Ja! Ich kann das Reine Herz schon spüren.
Bis nach Obendroben ist es nicht mehr weit.
Du bist au dem Weg n Obendrobe
Alte Knaben mit fransigen Schnäuzern

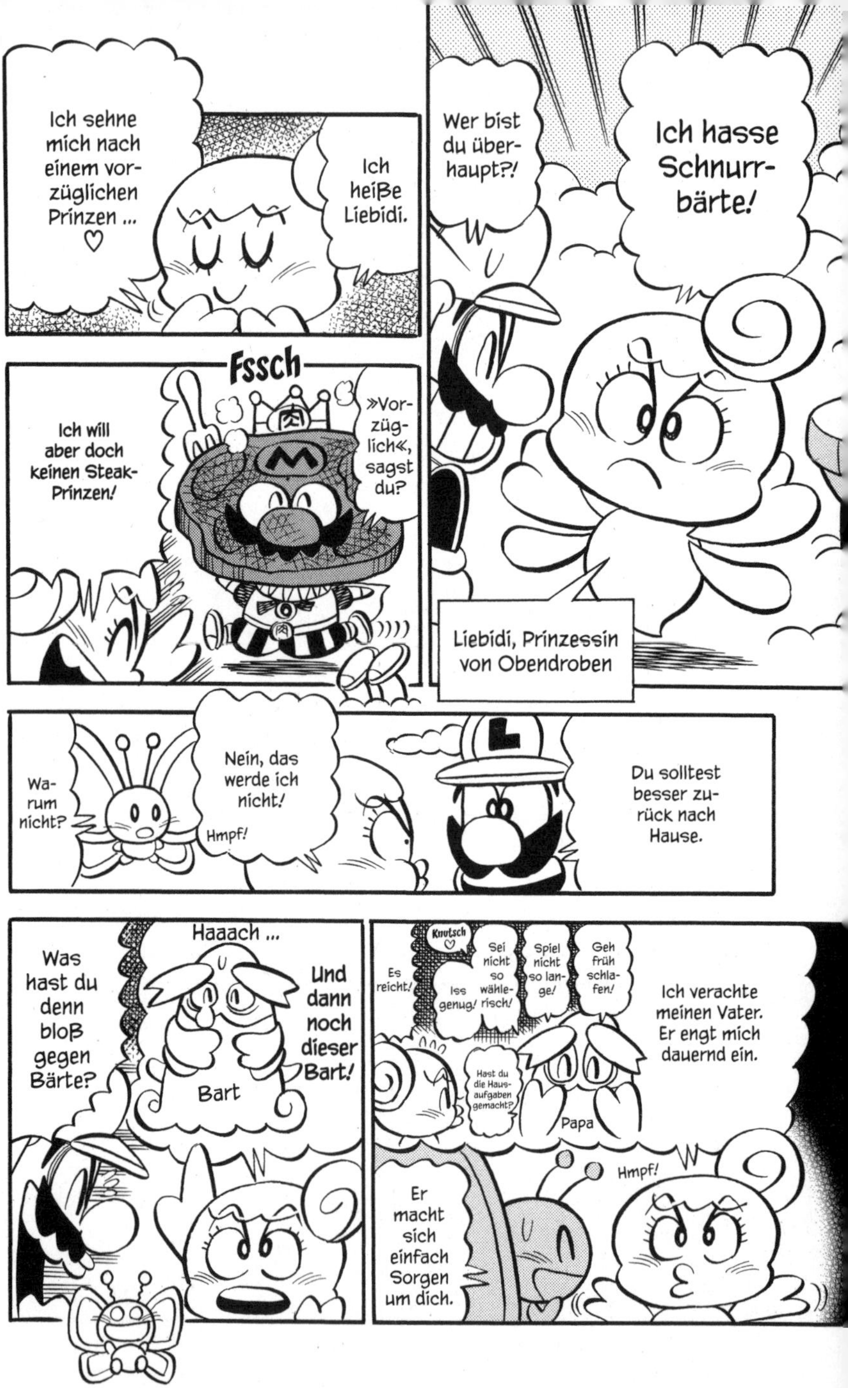

Ich heiße Liebidi.
Ich sehne mich nach einem vorzüglichen Prinzen ... ♡
Fssch
»Vorzüglich«, sagst du?
Ich will aber doch keinen Steak-Prinzen!
Wer bist du überhaupt?!
Ich hasse Schnurrbärte!
Liebidi, Prinzessin von Obendroben
Du solltest besser zurück nach Hause.
Nein, das werde ich nicht!
Hmpf!
Warum nicht?
Was hast du denn bloß gegen Bärte?
Haaach ...
Und dann noch dieser Bart!
Bart
Ich verachte meinen Vater. Er engt mich dauernd ein.
Geh früh schlafen!
Spiel nicht so lange!
Sei nicht so wählerisch!
Iss genug!
Es reicht!
Knutsch ♡
Hast du die Hausaufgaben gemacht?
Papa
Er macht sich einfach Sorgen um dich.
Hmpf!

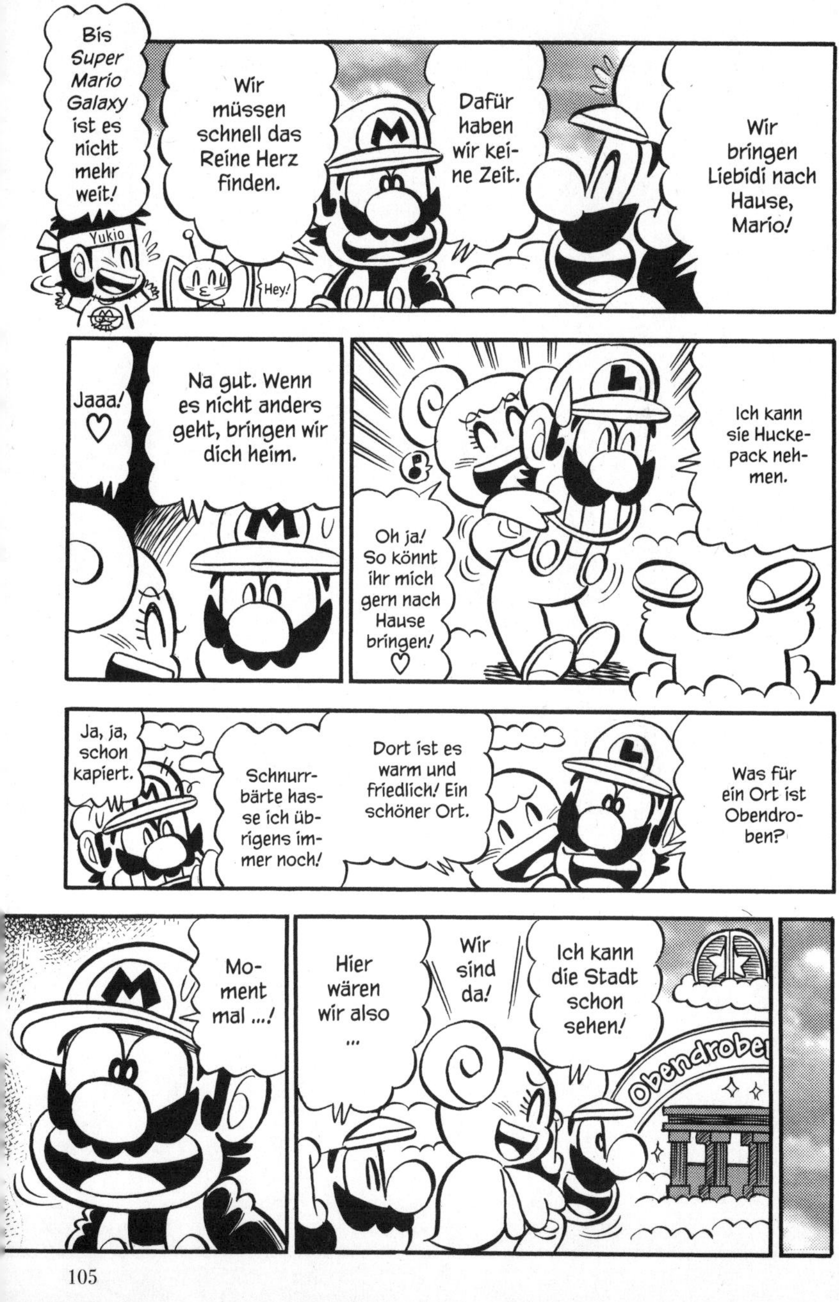

Bis Super Mario Galaxy ist es nicht mehr weit!
Yukio
Wir müssen schnell das Reine Herz finden.
Hey!
Dafür haben wir kei-ne Zeit.
Wir bringen Liebidi nach Hause, Mario!
Jaaa! ♡
Na gut. Wenn es nicht anders geht, bringen wir dich heim.
Ich kann sie Hucke-pack neh-men.
Oh ja! So könnt ihr mich gern nach Hause bringen! ♡
Ja, ja, schon kapiert.
Schnurr-bärte has-se ich üb-rigens im-mer noch!
Dort ist es warm und friedlich! Ein schöner Ort.
Was für ein Ort ist Obendro-ben?
Mo-ment mal …!
Hier wären wir also …
Wir sind da!
Ich kann die Stadt schon sehen!

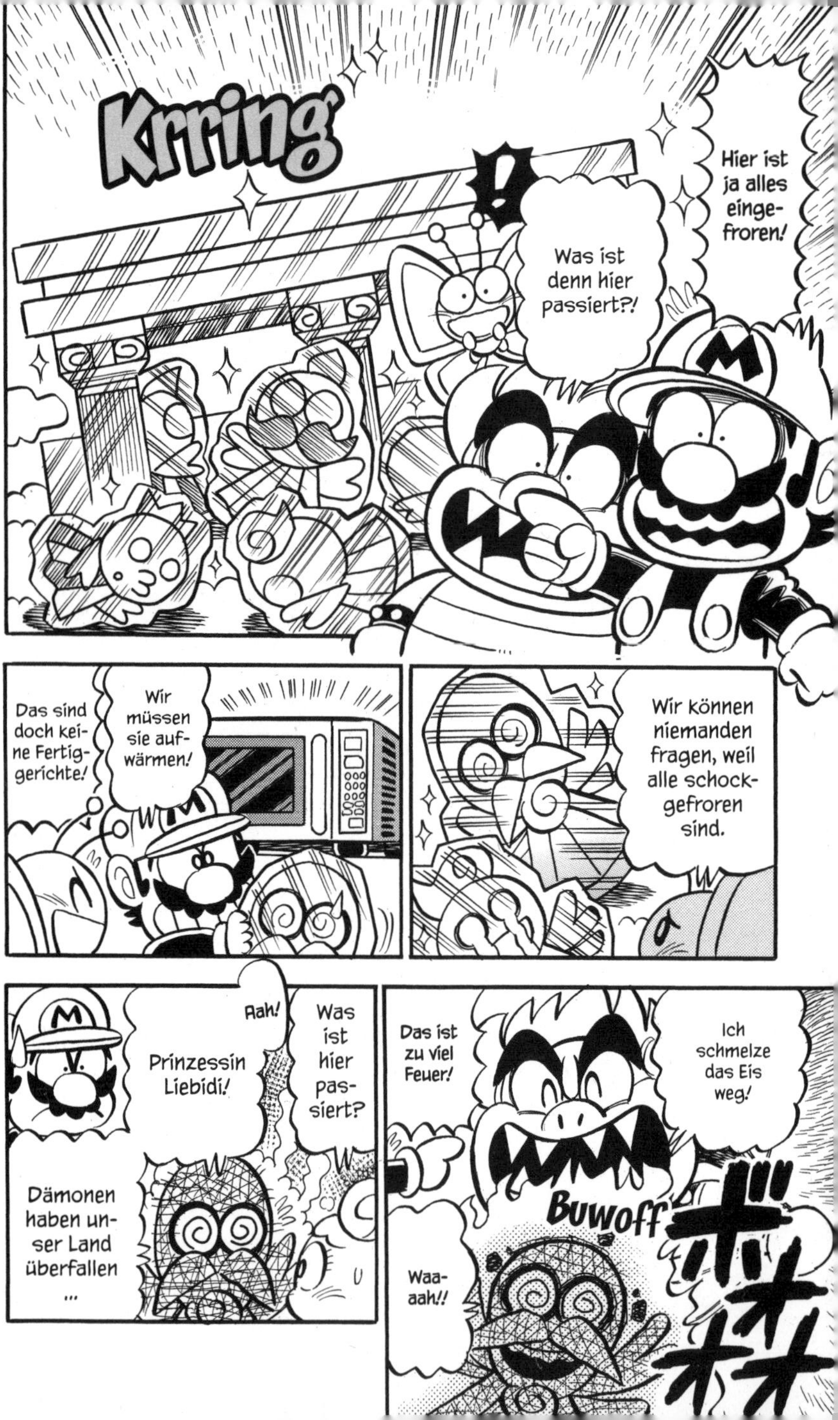

Krring
Hier ist ja alles einge-froren!
Was ist denn hier passiert?!
Wir können niemanden fragen, weil alle schock-gefroren sind.
Wir müssen sie auf-wärmen!
Das sind doch kei-ne Fertig-gerichte!
Ich schmelze das Eis weg!
Das ist zu viel Feuer!
Buwoff
Waa-aah!!
Was ist hier pas-siert?
Aah!
Prinzessin Liebidi!
Dämonen haben un-ser Land überfallen ...

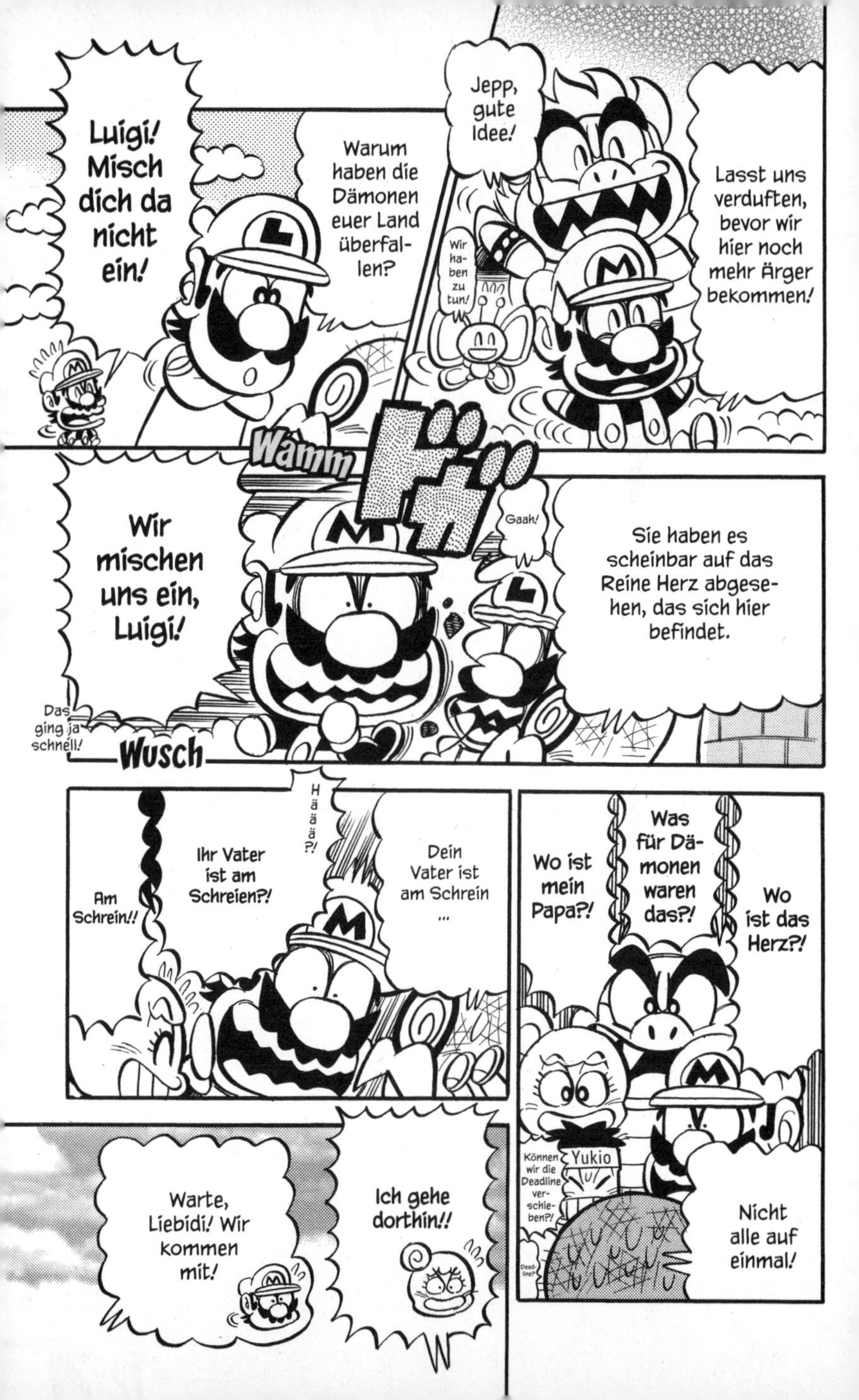
Lasst uns verduften, bevor wir hier noch mehr Ärger bekommen!
Jepp, gute Idee!
Wir haben zu tun!
Warum haben die Dämonen euer Land überfallen?
Luigi! Misch dich da nicht ein!
Sie haben es scheinbar auf das Reine Herz abgesehen, das sich hier befindet.
Wamm
Gaah!
Wir mischen uns ein, Luigi!
Das ging ja schnell!
Wusch
Wo ist das Herz?!
Was für Dämonen waren das?!
Wo ist mein Papa?!
Nicht alle auf einmal!
Yukio
Können wir die Deadline verschieben?!
Deadline?
Dein Vater ist am Schrein ...
Häää?!
Ihr Vater ist am Schreien?!
Am Schrein!!
Ich gehe dorthin!!
Warte, Liebidi! Wir kommen mit!

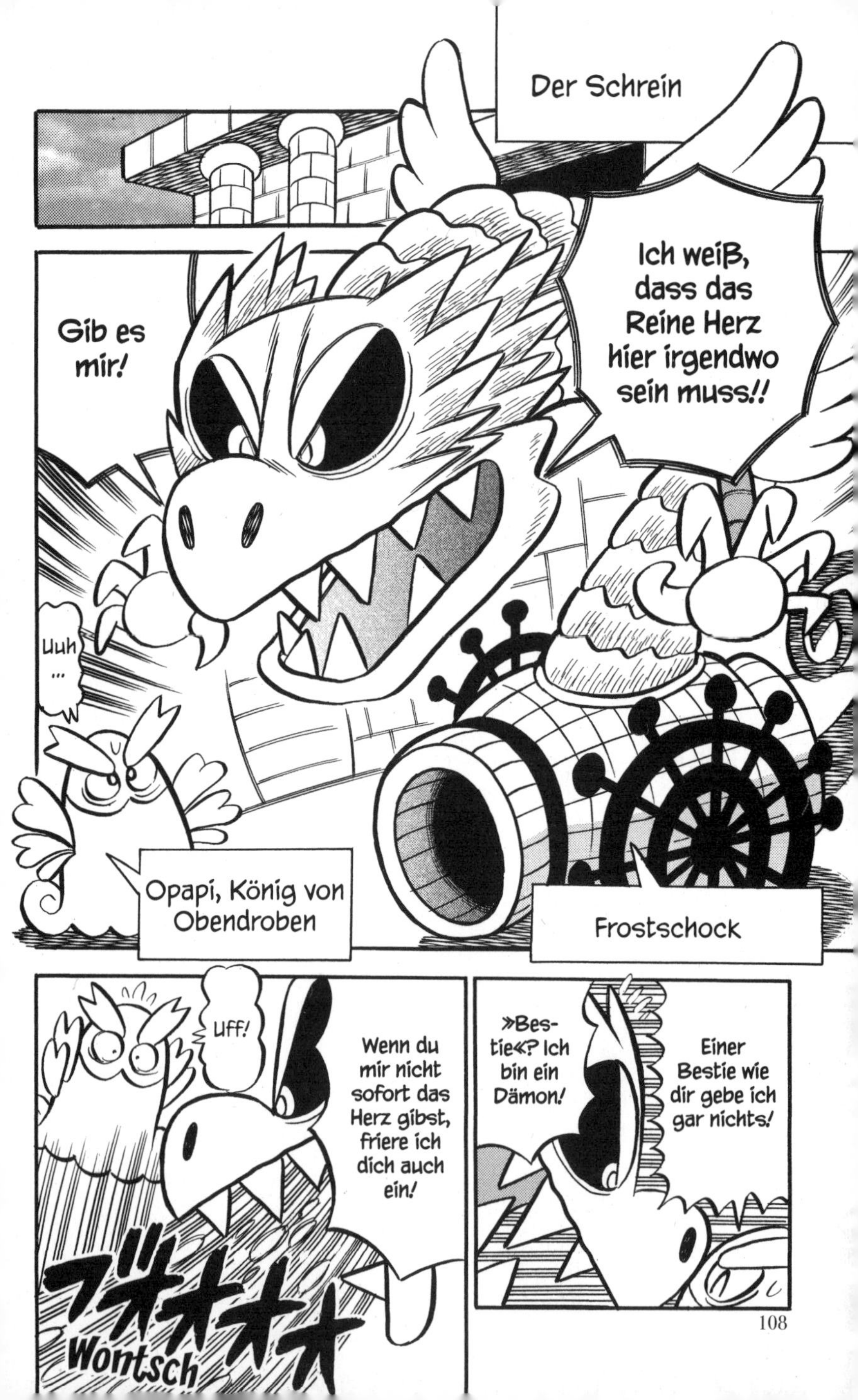

Der Schrein
Ich weiß, dass das Reine Herz hier irgendwo sein muss!!
Gib es mir!
Uuh ...
Opapi, König von Obendroben
Frostschock
Uff!
Wenn du mir nicht sofort das Herz gibst, friere ich dich auch ein!
Wontsch
Einer Bestie wie dir gebe ich gar nichts!
»Bestie«? Ich bin ein Dämon!

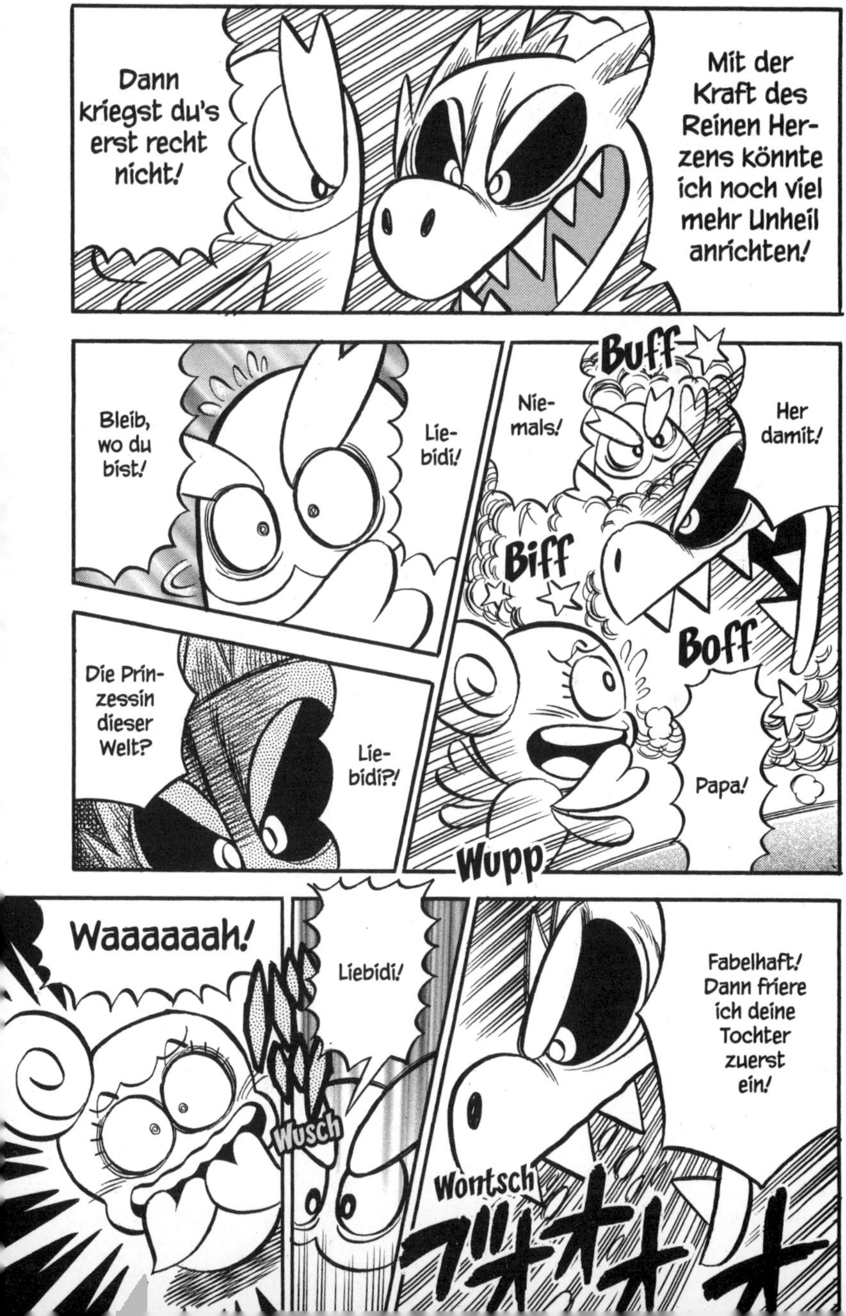

Mit der Kraft des Reinen Herzens könnte ich noch viel mehr Unheil anrichten!
Dann kriegst du's erst recht nicht!
Her damit!
Niemals!
Buff
Biff
Boff
Papa!
Liebidi!
Bleib, wo du bist!
Liebidi?!
Die Prinzessin dieser Welt?
Wupp
Fabelhaft! Dann friere ich deine Tochter zuerst ein!
Liebidi!
Waaaaaah!
Wusch
Wontsch

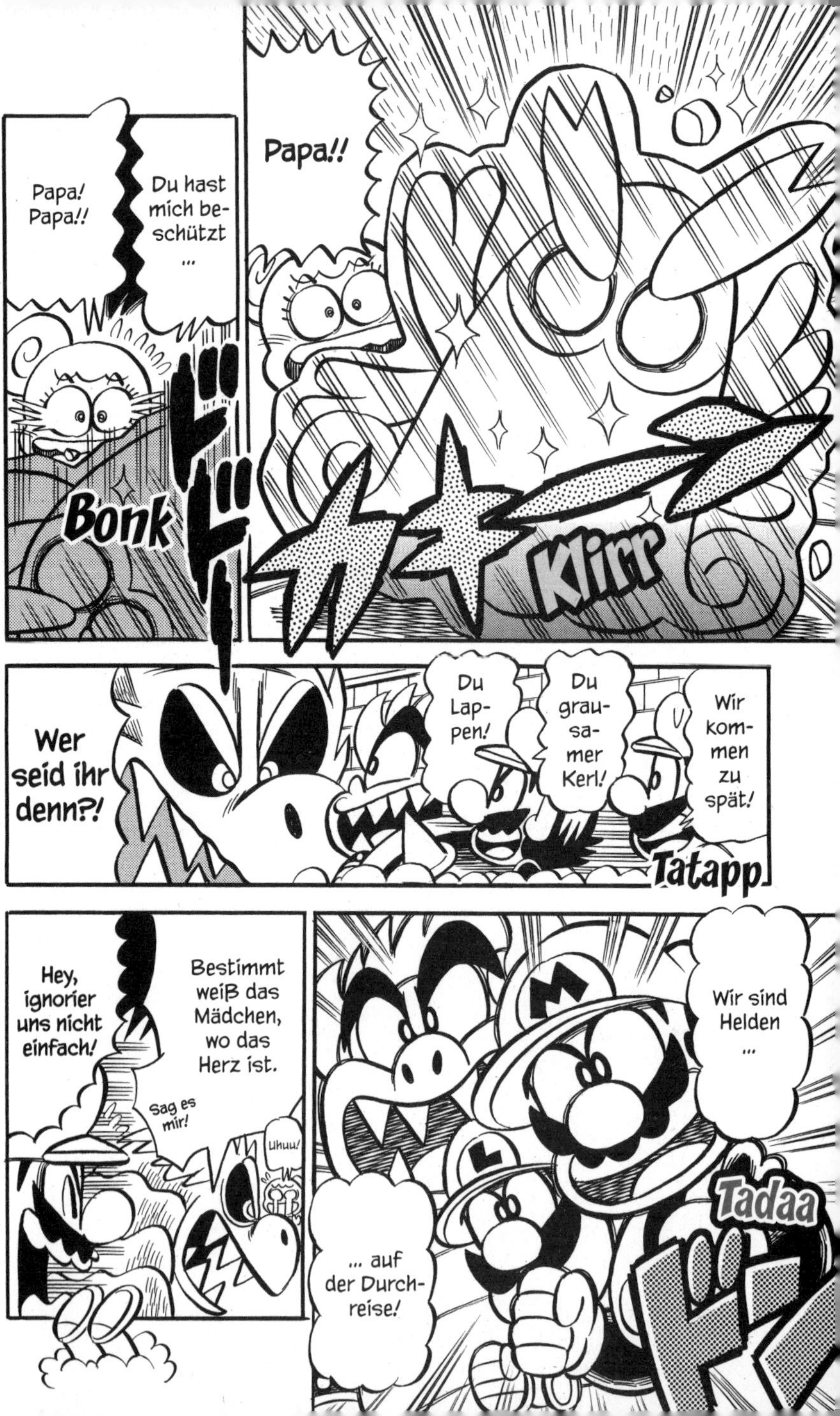
Papa! Papa!!
Du hast mich beschützt ...
Papa!!
Bonk
Klirr
Wer seid ihr denn?!
Du Lappen!
Du grausamer Kerl!
Wir kommen zu spät!
Tatapp
Hey, ignorier uns nicht einfach!
Bestimmt weiß das Mädchen, wo das Herz ist.
Sag es mir!
Uhuu!
Wir sind Helden ...
... auf der Durchreise!
Tadaa

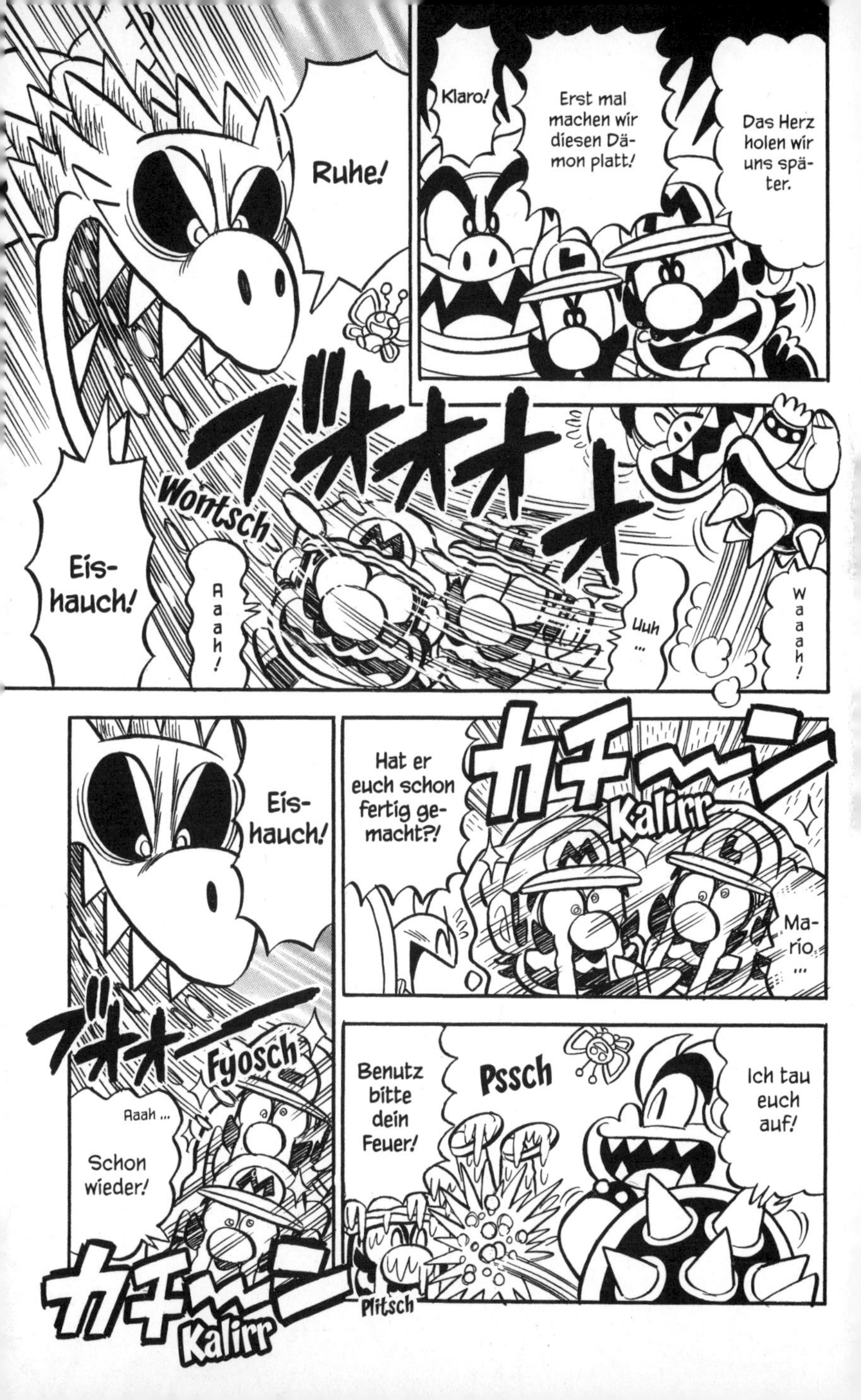
Das Herz holen wir uns später.
Erst mal machen wir diesen Dämon platt!
Klaro!
Ruhe!
ブオオオオ
Wontsch
Waaah!
Uuh ...
Aaaah!
Eishauch!
カチーン
Kalirr
Hat er euch schon fertig gemacht?!
Mario ...
Ich tau euch auf!
Pssch
Benutz bitte dein Feuer!
Plitsch
Eishauch!
ブオー
Fyosch
Aaah ...
Schon wieder!
カチーン
Kalirr

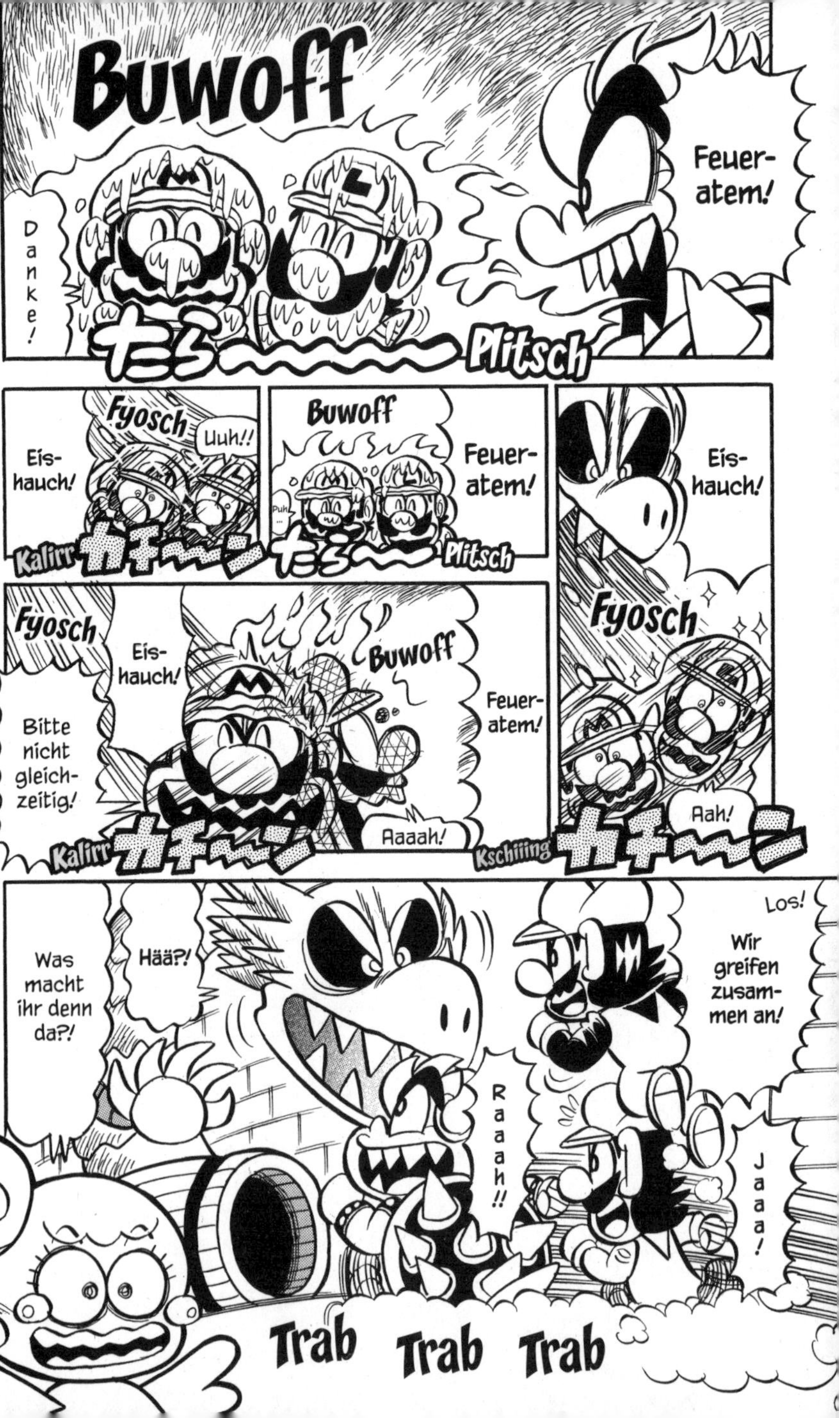

Feuer-atem!
Buwoff
Danke!
たら〜〜〜
Plitsch
Feuer-atem!
Buwoff
Puh...
たら〜
Plitsch
Eis-hauch!
Fyosch
Uuh!!
Kalirr
カチ〜ン
Eis-hauch!
Fyosch
Aah!
Kschiiing
カチ〜ン
Feuer-atem!
Buwoff
Eis-hauch!
Fyosch
Bitte nicht gleichzeitig!
Aaaah!
Kalirr
カチ〜ン
Los!
Wir greifen zusammen an!
Jaaa!
Raaaah!!
Hää?!
Was macht ihr denn da?!
Trab
Trab
Trab

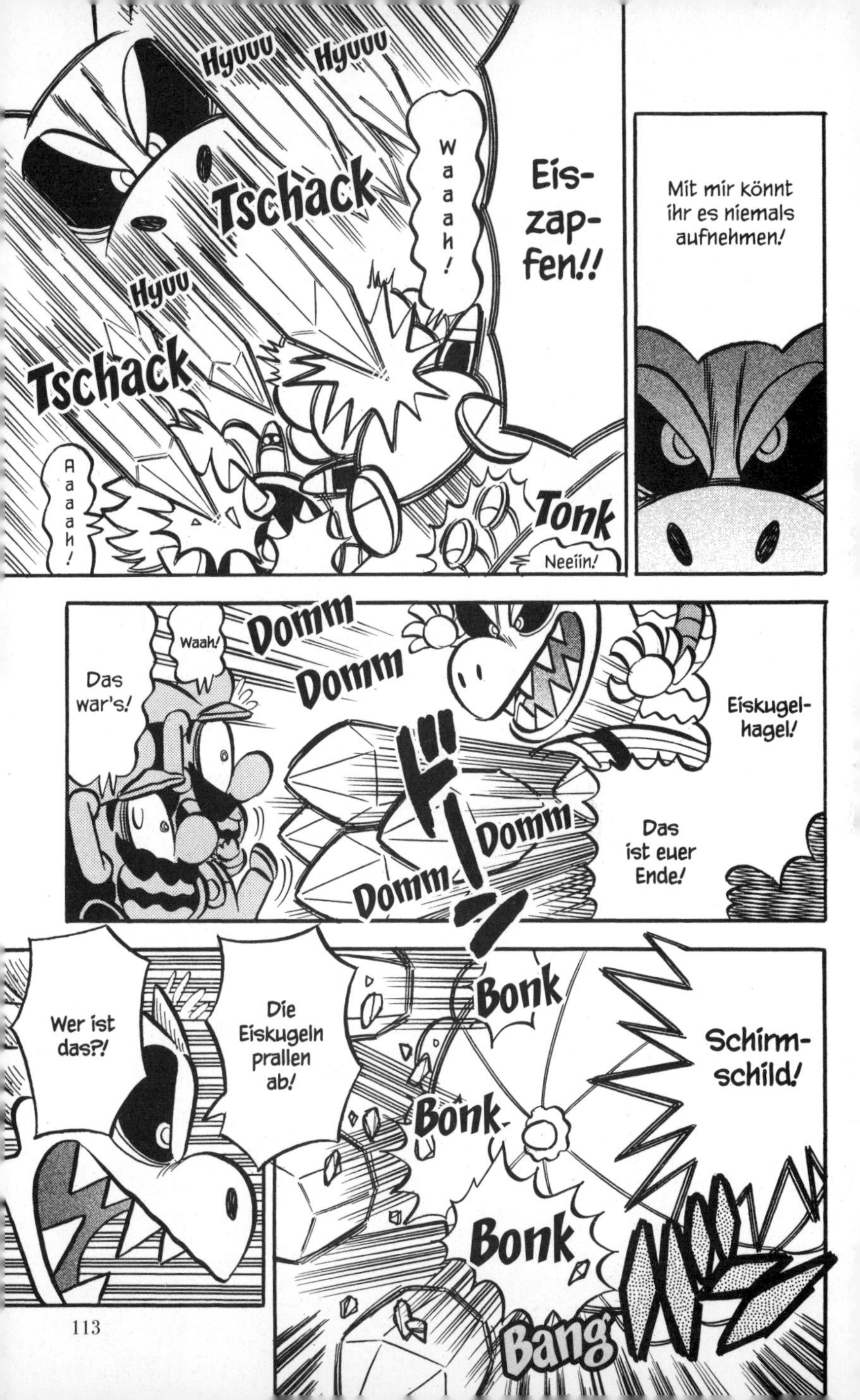
Mit mir könnt ihr es niemals aufnehmen!
Eis-zapfen!!
Hyuuu Hyuuu
Tschack
Waaaah!
Hyuu
Tschack
Tonk
Neeiin!
Aaaaah!
Eiskugel-hagel!
Das ist euer Ende!
Domm
Domm
Waah!
Das war's!
Domm
Domm
Schirm-schild!
Bonk
Bonk
Bonk
Bang
Die Eiskugeln prallen ab!
Wer ist das?!

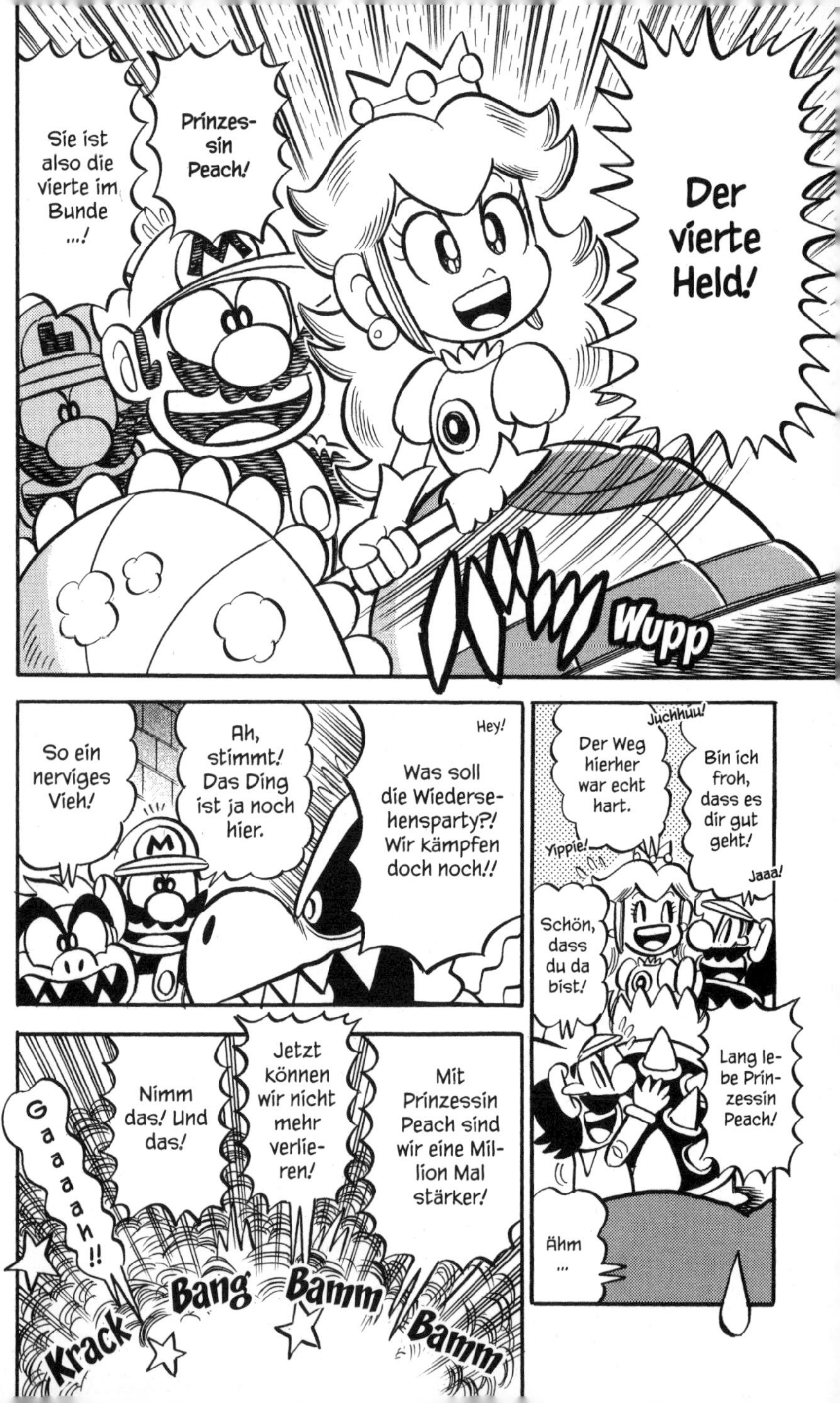
Der vierte Held!
Prinzes-sin Peach!
Sie ist also die vierte im Bunde ...!
Wupp
Juchhuu!
Bin ich froh, dass es dir gut geht!
Der Weg hierher war echt hart.
Yippie!
Jaaa!
Schön, dass du da bist!
Lang le-be Prin-zessin Peach!
Ähm ...
Hey!
Was soll die Wiederse-hensparty?! Wir kämpfen doch noch!!
Ah, stimmt! Das Ding ist ja noch hier.
So ein nerviges Vieh!
Mit Prinzessin Peach sind wir eine Mil-lion Mal stärker!
Jetzt können wir nicht mehr verlie-ren!
Nimm das! Und das!
Gaaaah!!
Bamm
Bamm
Bang
Krack

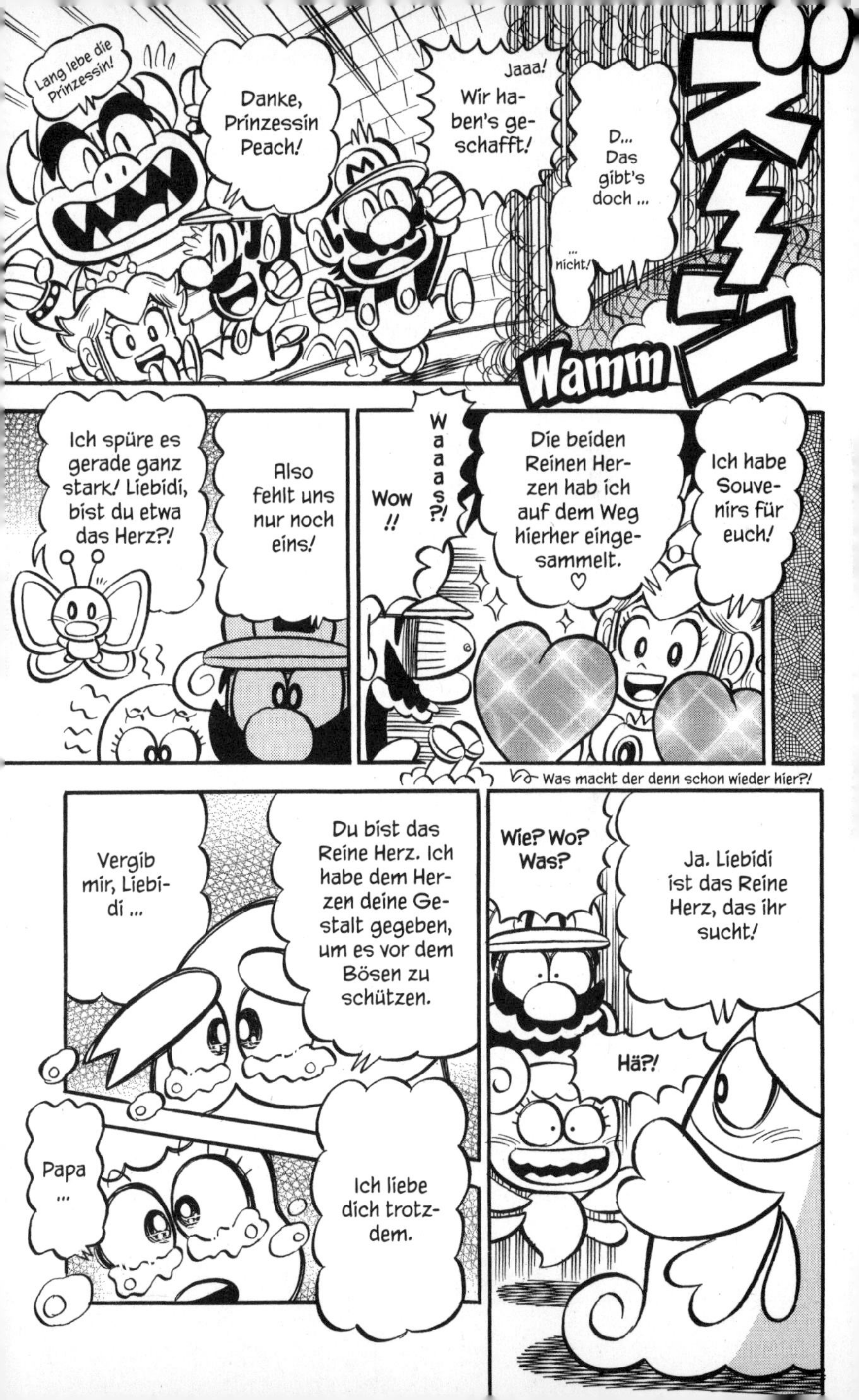
Wamm
D...
Das gibt's doch ...
... nicht!
Jaaa!
Wir haben's geschafft!
Danke, Prinzessin Peach!
Lang lebe die Prinzessin!
Ich habe Souvenirs für euch!
Die beiden Reinen Herzen hab ich auf dem Weg hierher eingesammelt. ♡
Waaas?!
Wow !!
Was macht der denn schon wieder hier?!
Also fehlt uns nur noch eins!
Ich spüre es gerade ganz stark! Liebidi, bist du etwa das Herz?!
Ja. Liebidi ist das Reine Herz, das ihr sucht!
Wie? Wo? Was?
Hä?!
Du bist das Reine Herz. Ich habe dem Herzen deine Gestalt gegeben, um es vor dem Bösen zu schützen.
Vergib mir, Liebidi ...
Ich liebe dich trotzdem.
Papa ...

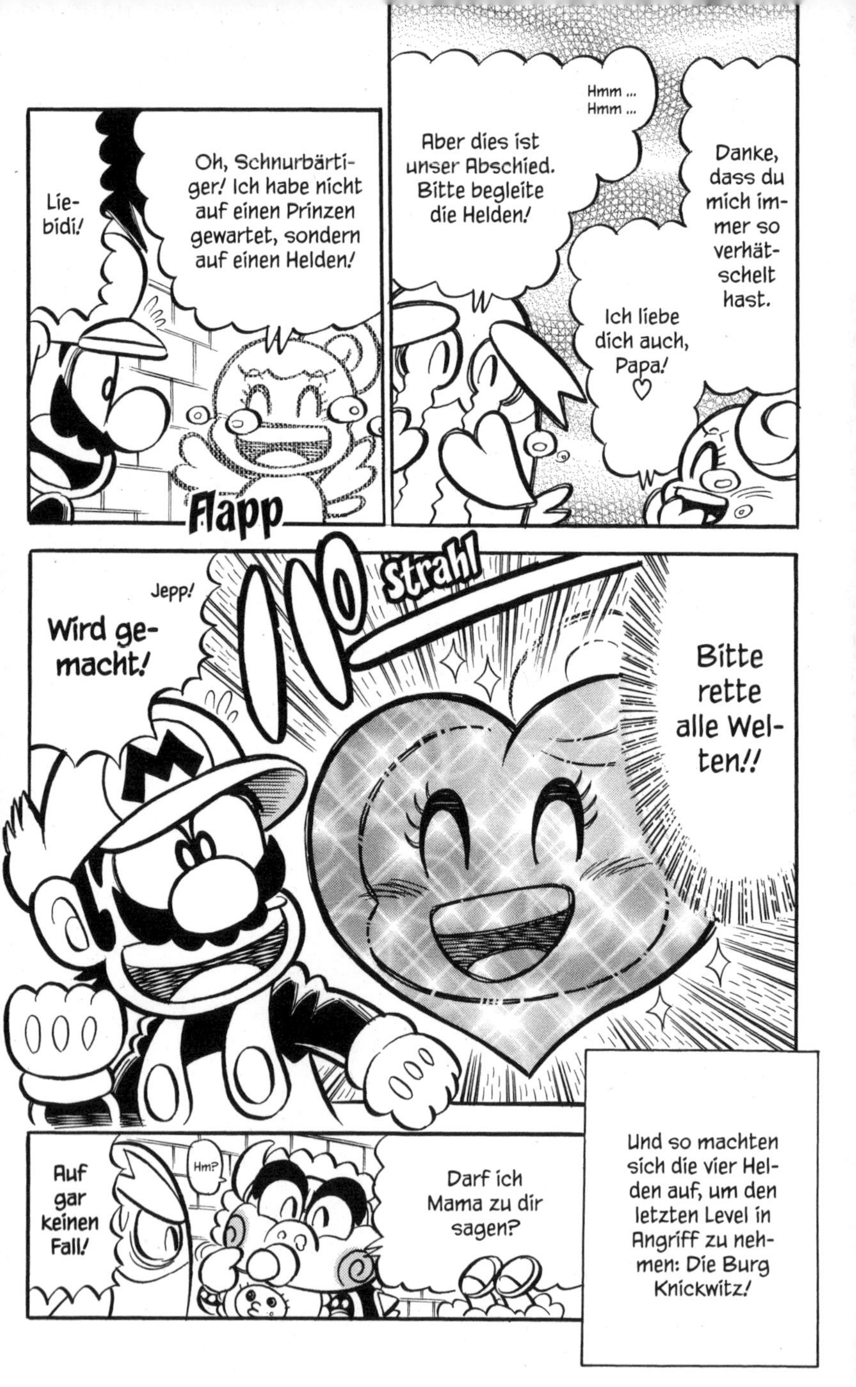

Lie-bidi!
Oh, Schnurbärtiger! Ich habe nicht auf einen Prinzen gewartet, sondern auf einen Helden!
Flapp
Danke, dass du mich immer so verhätschelt hast.
Hmm ... Hmm ...
Aber dies ist unser Abschied. Bitte begleite die Helden!
Ich liebe dich auch, Papa! ♡
Strahl
Bitte rette alle Welten!!
Jepp!
Wird gemacht!
Und so machten sich die vier Helden auf, um den letzten Level in Angriff zu nehmen: Die Burg Knickwitz!
Darf ich Mama zu dir sagen?
Hm?
Auf gar keinen Fall!

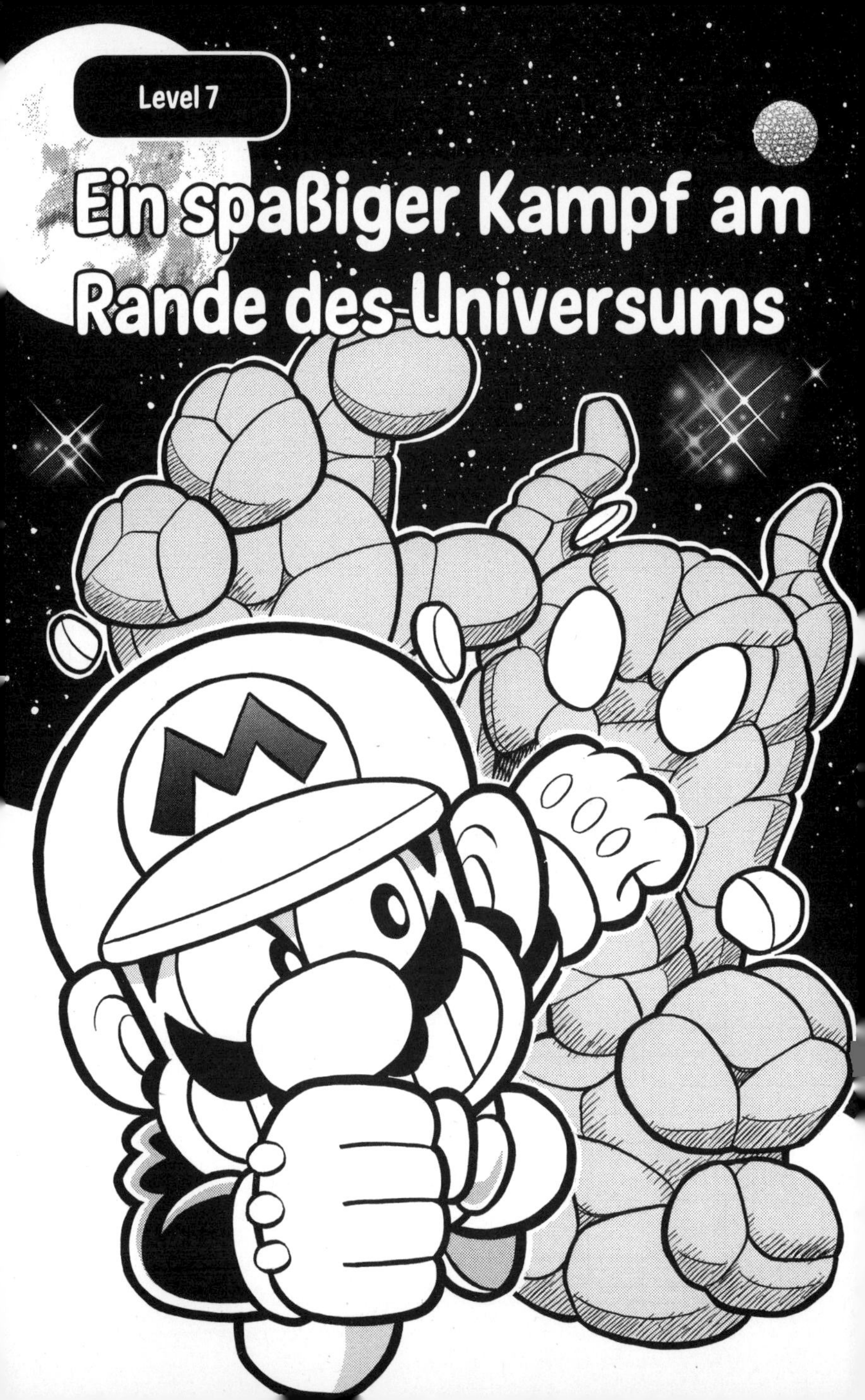
Level 7
Ein spaßiger Kampf am Rande des Universums

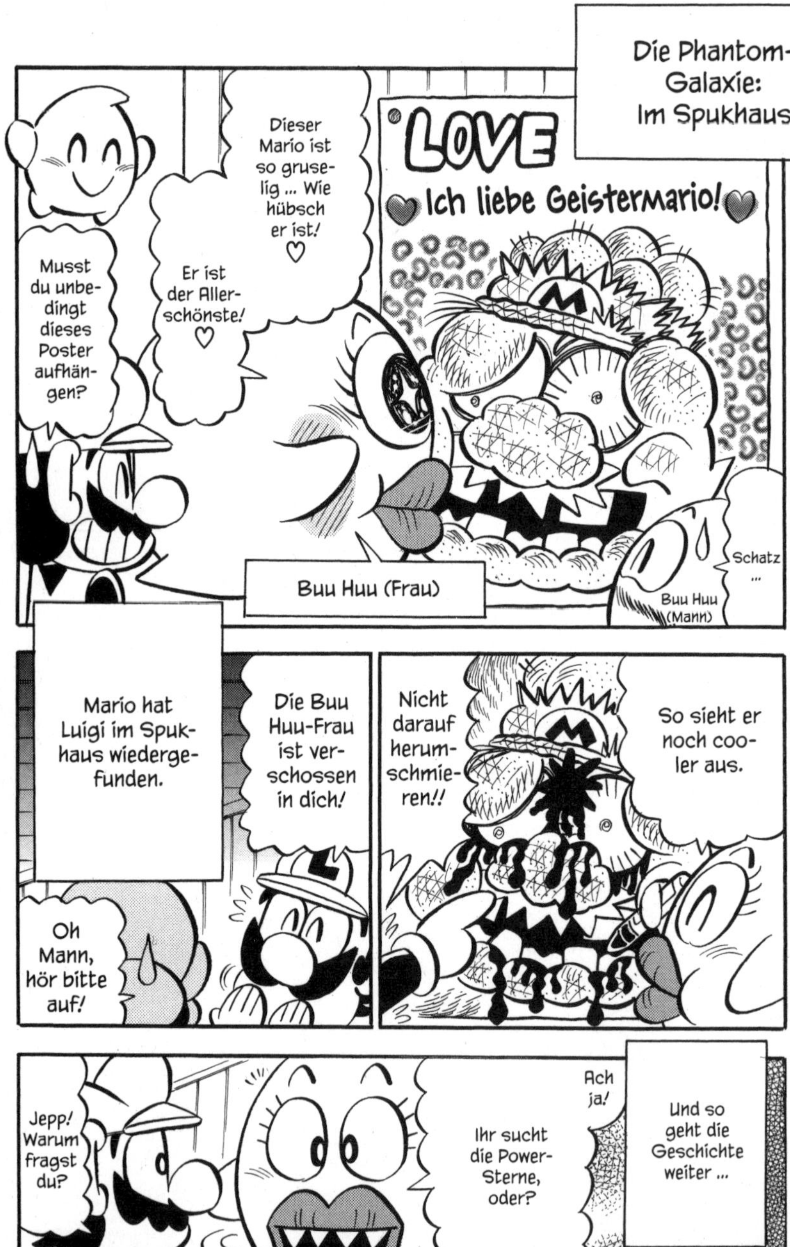

Diese Geschichte basiert auf den Ereignissen und Figuren aus *Super Mario Galaxy*. Hier muss Mario zusammen mit den Lumas verschiedene Galaxien bereisen und Power-Sterne einsammeln, um den Antrieb der »Sternwarte des Kometen« auf Vordermann zu bringen.

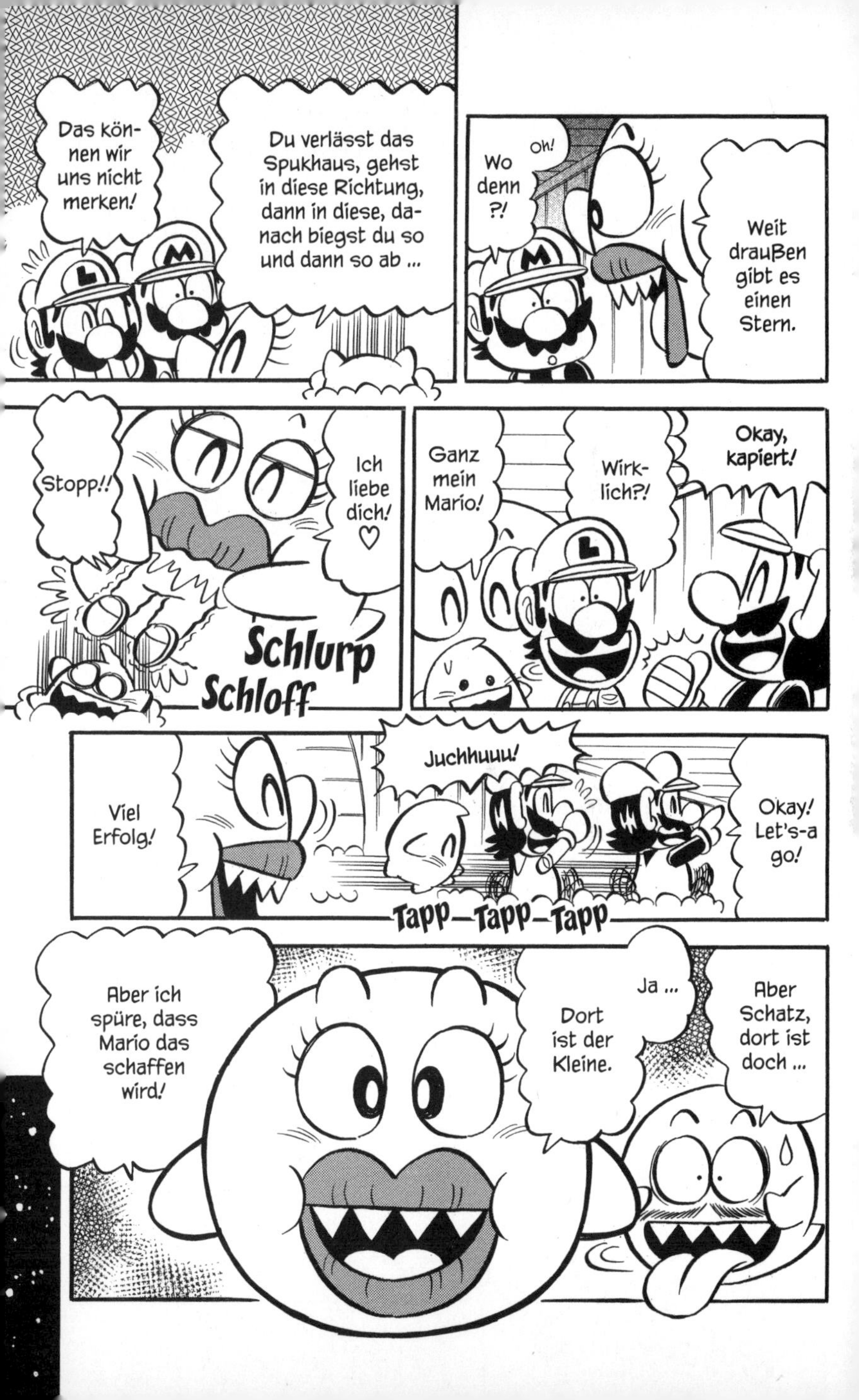
Das können wir uns nicht merken!
Du verlässt das Spukhaus, gehst in diese Richtung, dann in diese, danach biegst du so und dann so ab ...
Oh!
Wo denn?!
Weit draußen gibt es einen Stern.
Stopp!!
Ich liebe dich! ♡
Schlurp
Schloff
Ganz mein Mario!
Wirklich?!
Okay, kapiert!
Viel Erfolg!
Juchhuuu!
Okay! Let's-a go!
Tapp Tapp Tapp
Aber ich spüre, dass Mario das schaffen wird!
Ja ...
Dort ist der Kleine.
Aber Schatz, dort ist doch ...

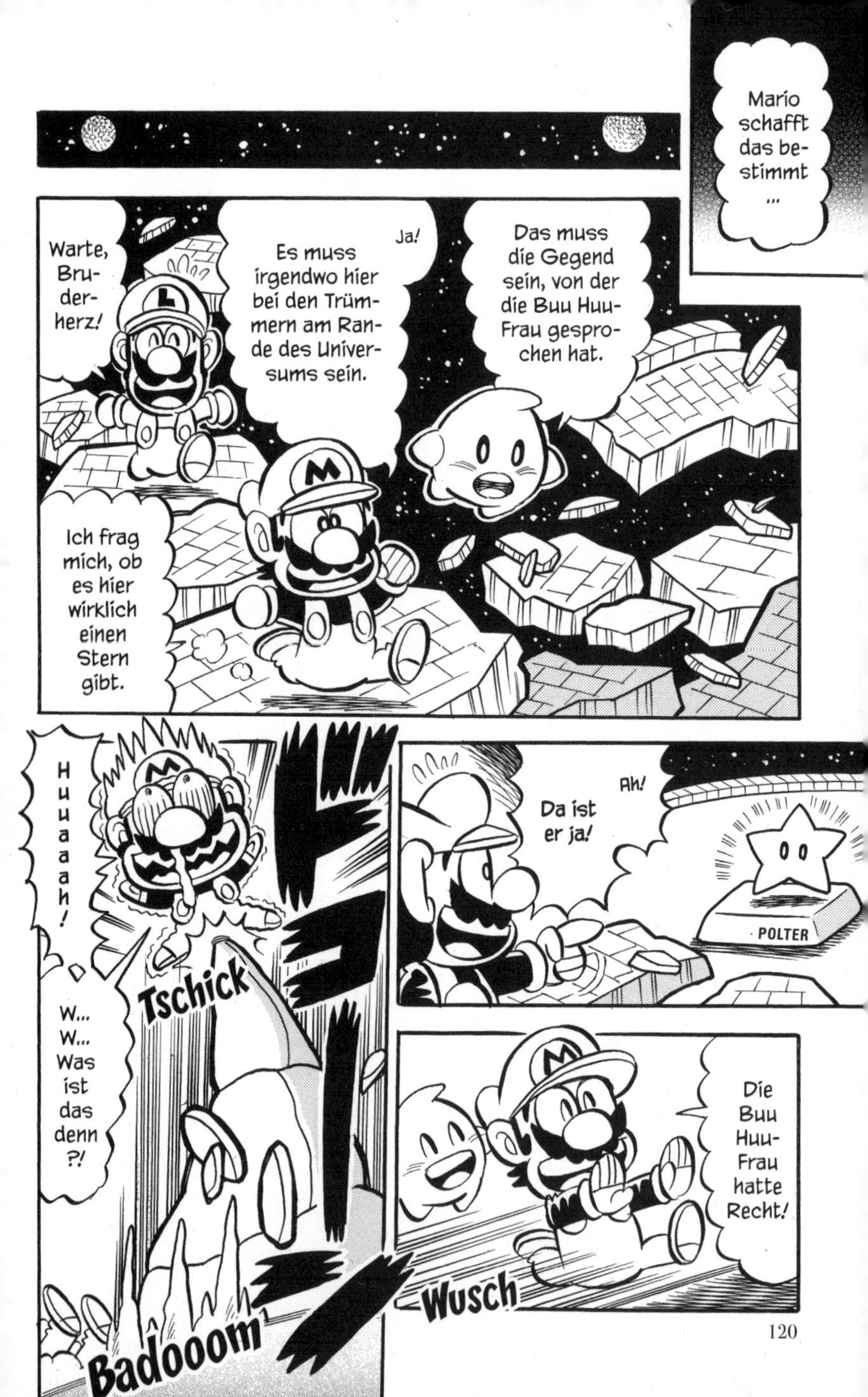
Mario schafft das bestimmt ...
Warte, Bruderherz!
Es muss irgendwo hier bei den Trümmern am Rande des Universums sein.
Ja!
Das muss die Gegend sein, von der die Buu Huu-Frau gesprochen hat.
Ich frag mich, ob es hier wirklich einen Stern gibt.
Ah!
Da ist er ja!
POLTER
Huuuaaah!
Tschick
W... W... Was ist das denn?!
Die Buu Huu-Frau hatte Recht!
Wusch
Badooom

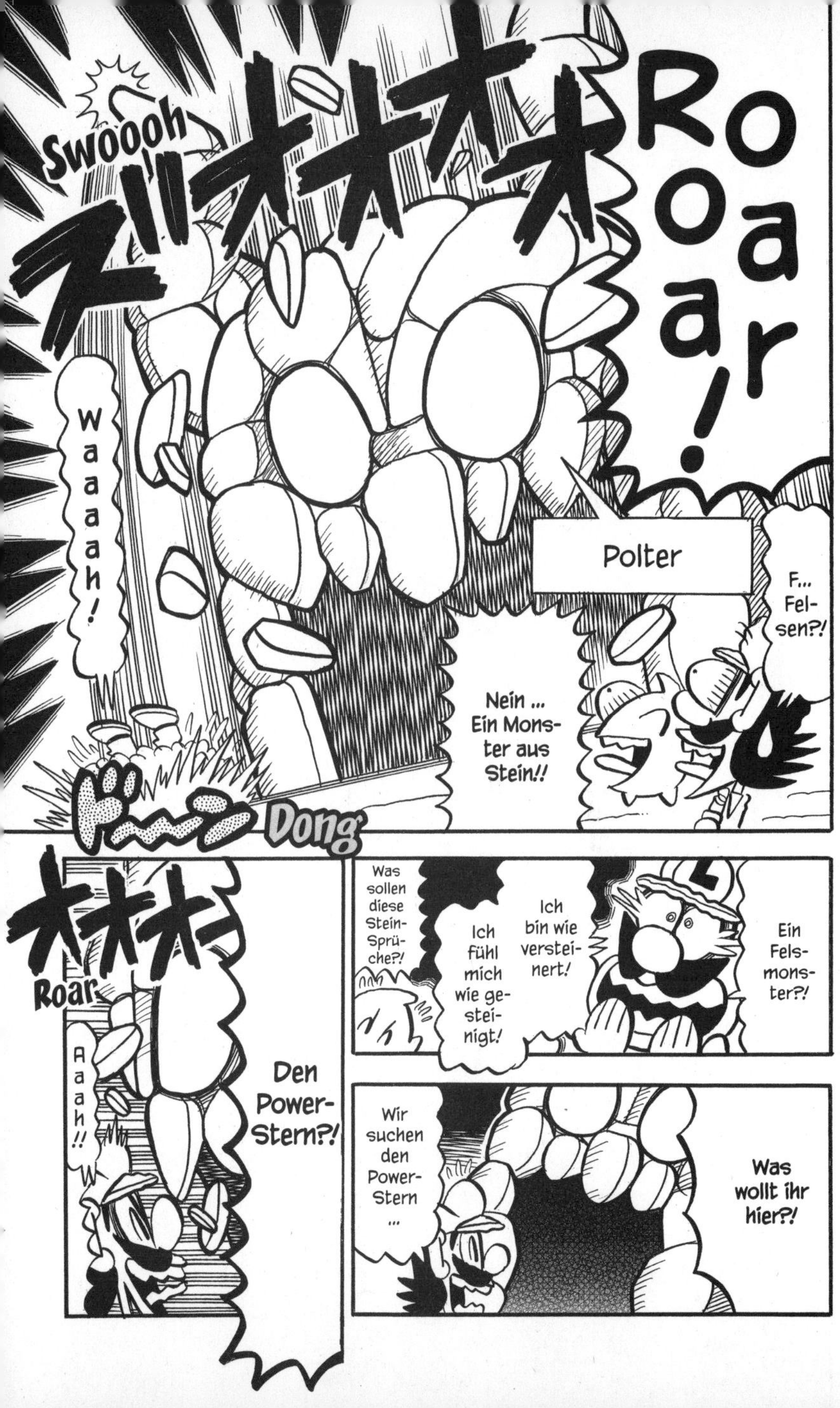
Swoooh
Roar!
Polter
F... Felsen?!
Nein ... Ein Monster aus Stein!!
Waaaaah!
Dong
Ein Felsmonster?!
Ich bin wie versteinert!
Ich fühl mich wie gesteinigt!
Was sollen diese Stein-Sprüche?!
Was wollt ihr hier?!
Wir suchen den Power-Stern ...
Den Power-Stern?!
Roar
Aaah!!

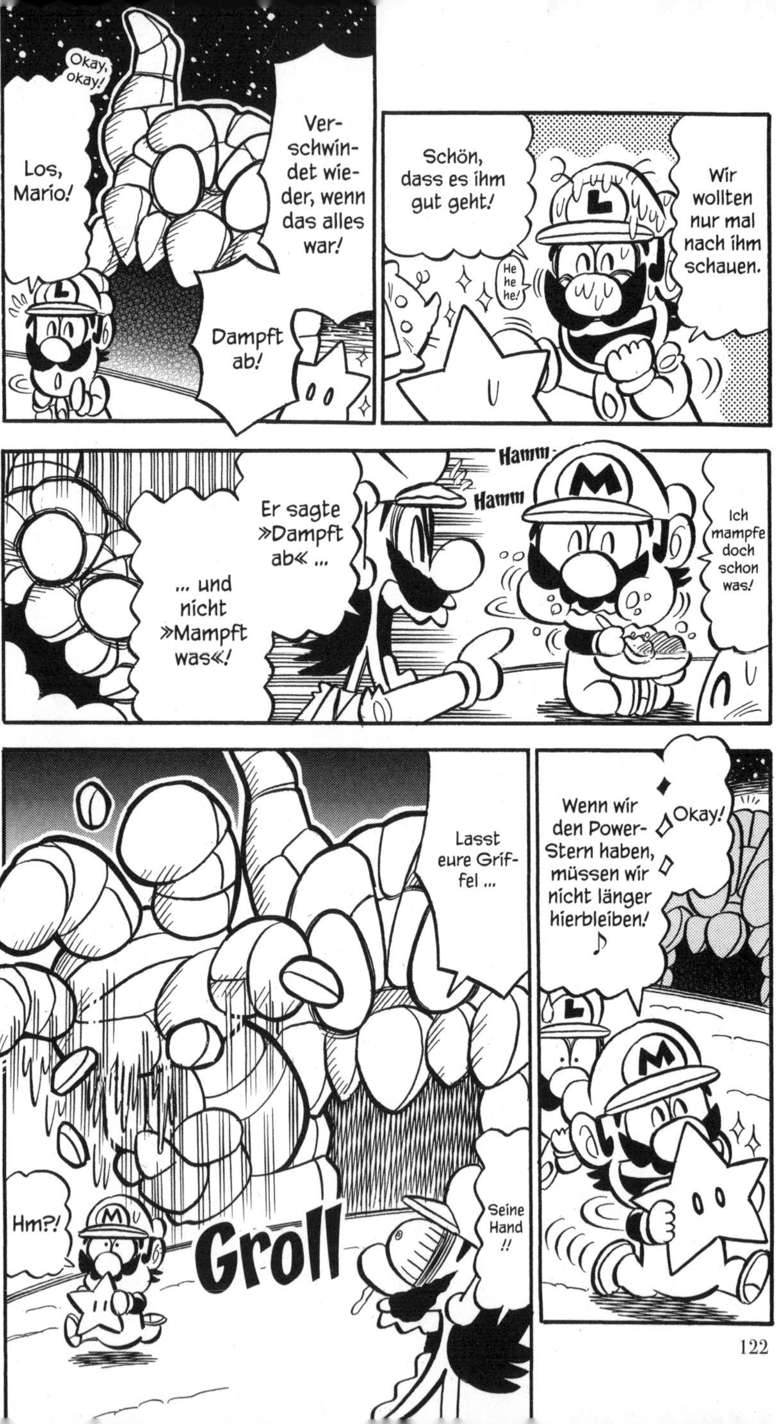
Okay, okay!
Los, Mario!
Ver-schwin-det wie-der, wenn das alles war!
Dampft ab!
Schön, dass es ihm gut geht!
He he he!
Wir wollten nur mal nach ihm schauen.
Hamm-
Hamm
Er sagte »Dampft ab« ...
... und nicht »Mampft was«!
Ich mampfe doch schon was!
Wenn wir den Power-Stern haben, müssen wir nicht länger hierbleiben! ♪
Okay!
Lasst eure Grif-fel ...
Hm?!
Groll
Seine Hand !!

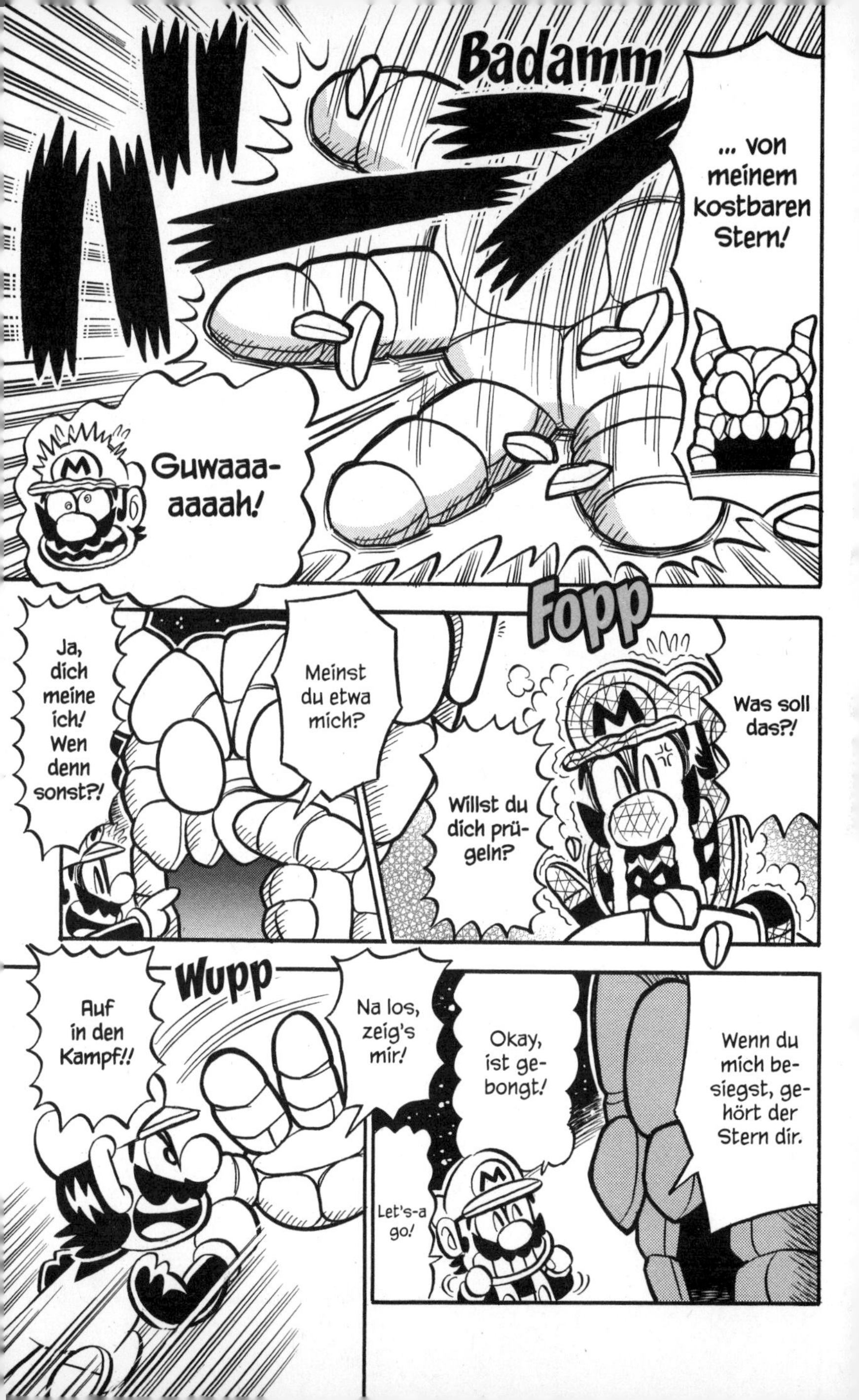
... von meinem kostbaren Stern!
Badamm
Guwaaa-aaaah!
Fopp
Was soll das?!
Willst du dich prü-geln?
Meinst du etwa mich?
Ja, dich meine ich! Wen denn sonst?!
Wenn du mich be-siegst, ge-hört der Stern dir.
Okay, ist ge-bongt!
Let's-a go!
Na los, zeig's mir!
Wupp
Auf in den Kampf!!

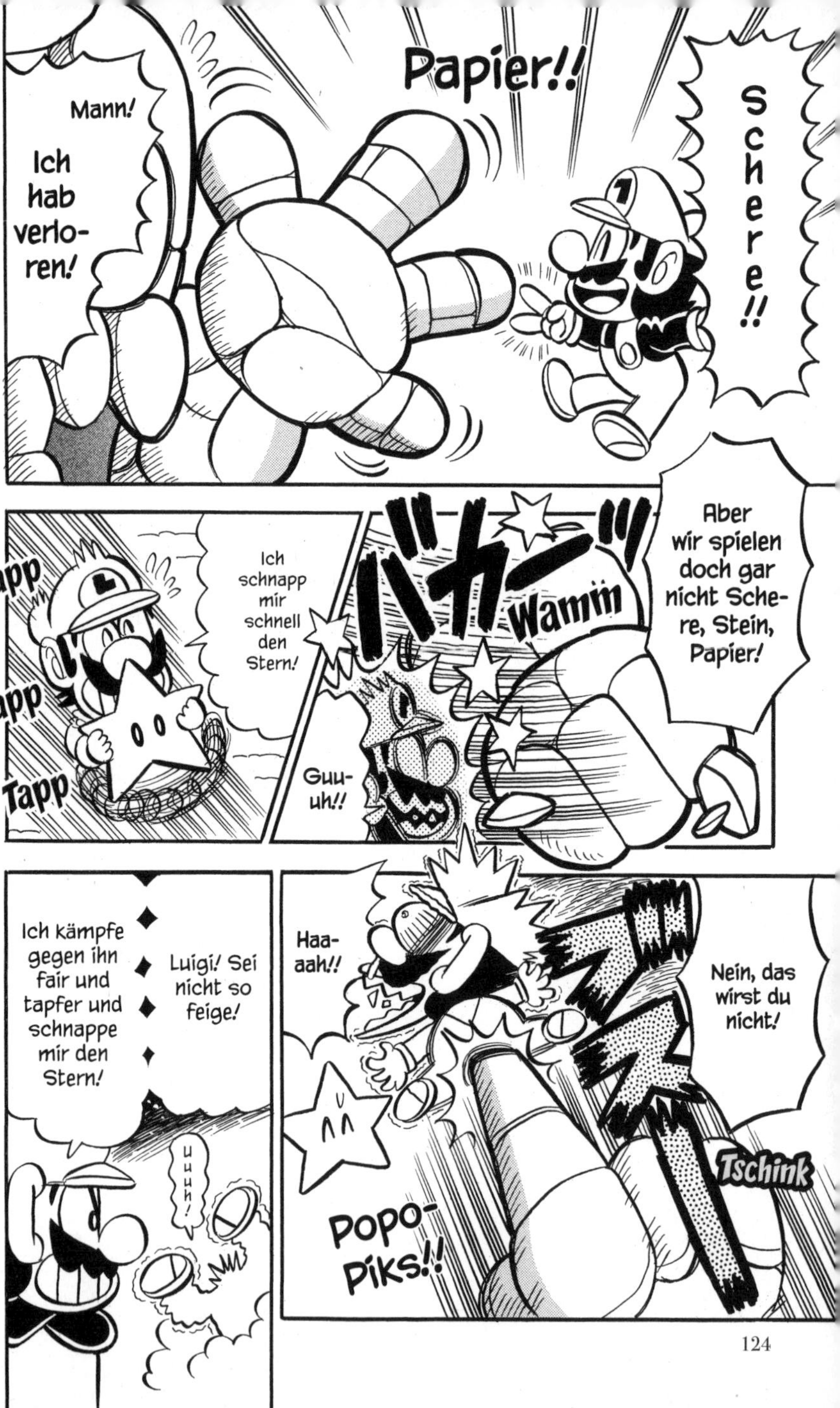

Schere!!
Papier!!
Mann!
Ich hab verloren!
Aber wir spielen doch gar nicht Schere, Stein, Papier!
バキー
Wamm
Guuh!!
Tapp
Tapp
Tapp
Ich schnapp mir schnell den Stern!
Nein, das wirst du nicht!
Tschink
Popo-Piks!!
Haaaah!!
Luigi! Sei nicht so feige!
Ich kämpfe gegen ihn fair und tapfer und schnappe mir den Stern!
Uuuh!

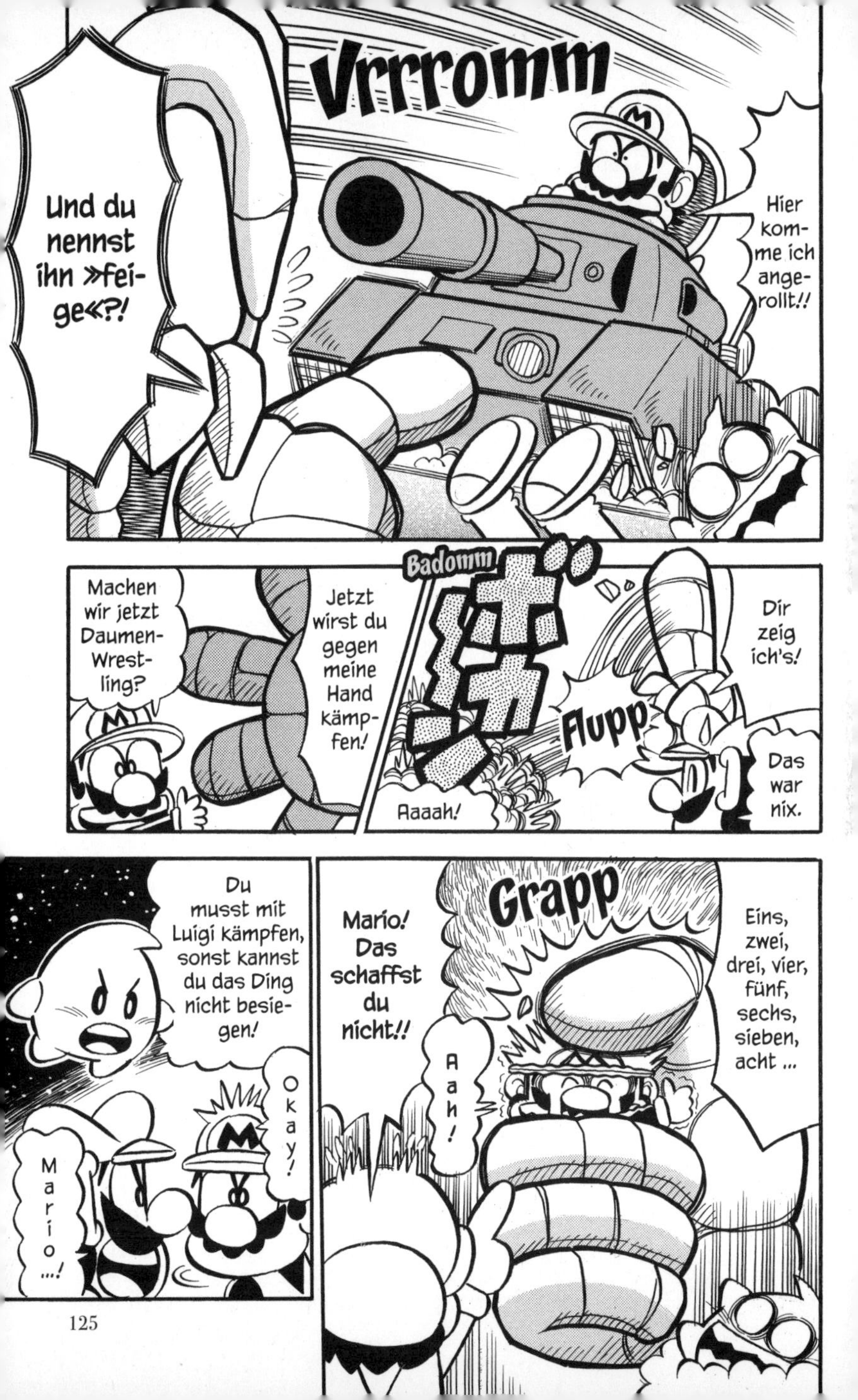
Vrrromm
Hier kom-me ich ange-rollt!!
Und du nennst ihn »fei-ge«?!
Badomm
Dir zeig ich's!
Flupp
Das war nix.
Aaaah!
Jetzt wirst du gegen meine Hand kämp-fen!
Machen wir jetzt Daumen-Wrest-ling?
Grapp
Eins, zwei, drei, vier, fünf, sechs, sieben, acht ...
Aah!
Mario! Das schaffst du nicht!!
Du musst mit Luigi kämpfen, sonst kannst du das Ding nicht besie-gen!
Okay!
Mario ...!

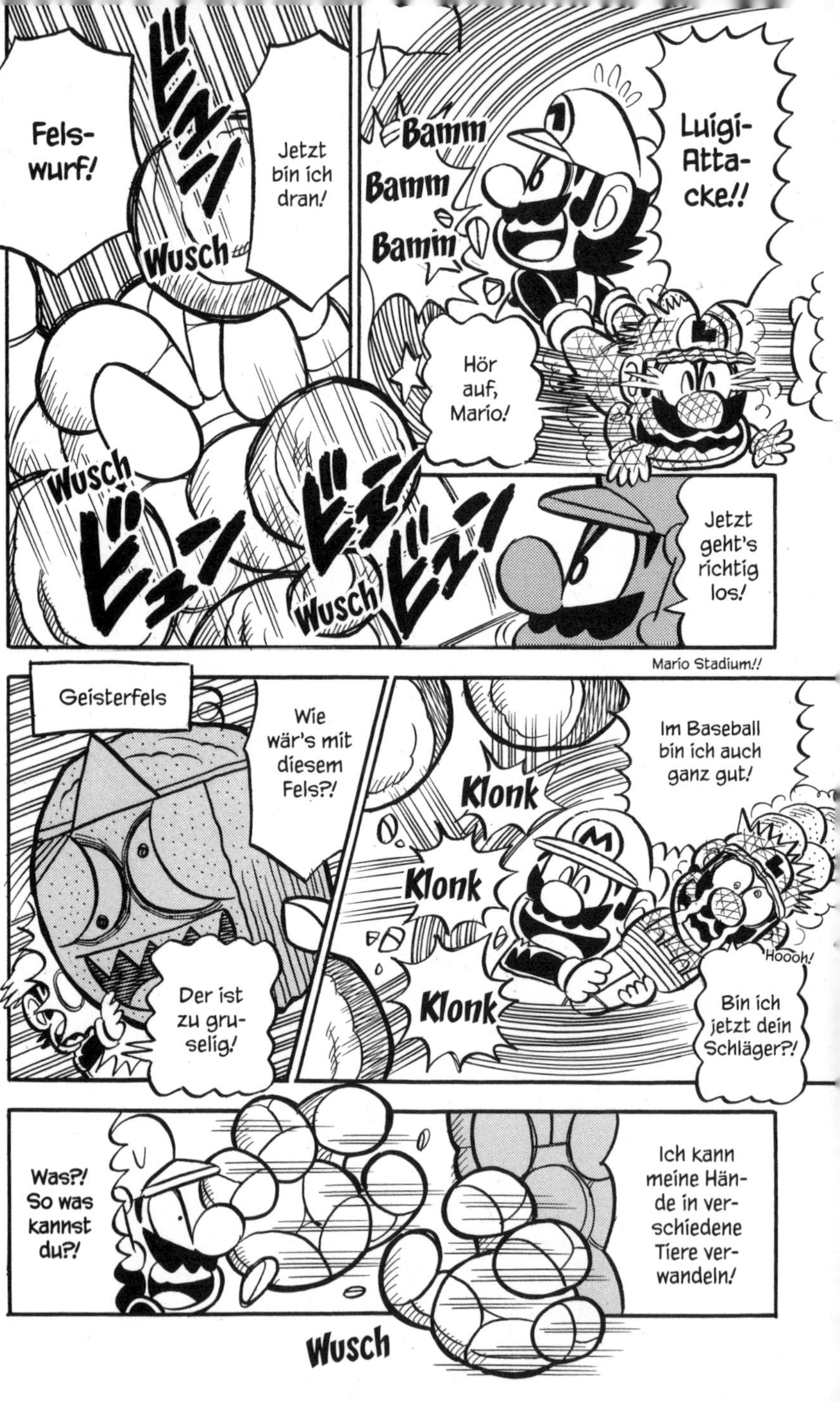
Luigi-Attacke!!
Bamm
Bamm
Bamm
Hör auf, Mario!
Jetzt bin ich dran!
Fels-wurf!
Wusch
Wusch
Wusch
Jetzt geht's richtig los!
Mario Stadium!!
Im Baseball bin ich auch ganz gut!
Klonk
Klonk
Klonk
Hoooh!
Bin ich jetzt dein Schläger?!
Geisterfels
Wie wär's mit diesem Fels?!
Der ist zu gru-selig!
Ich kann meine Hän-de in ver-schiedene Tiere ver-wandeln!
Was?! So was kannst du?!
Wusch

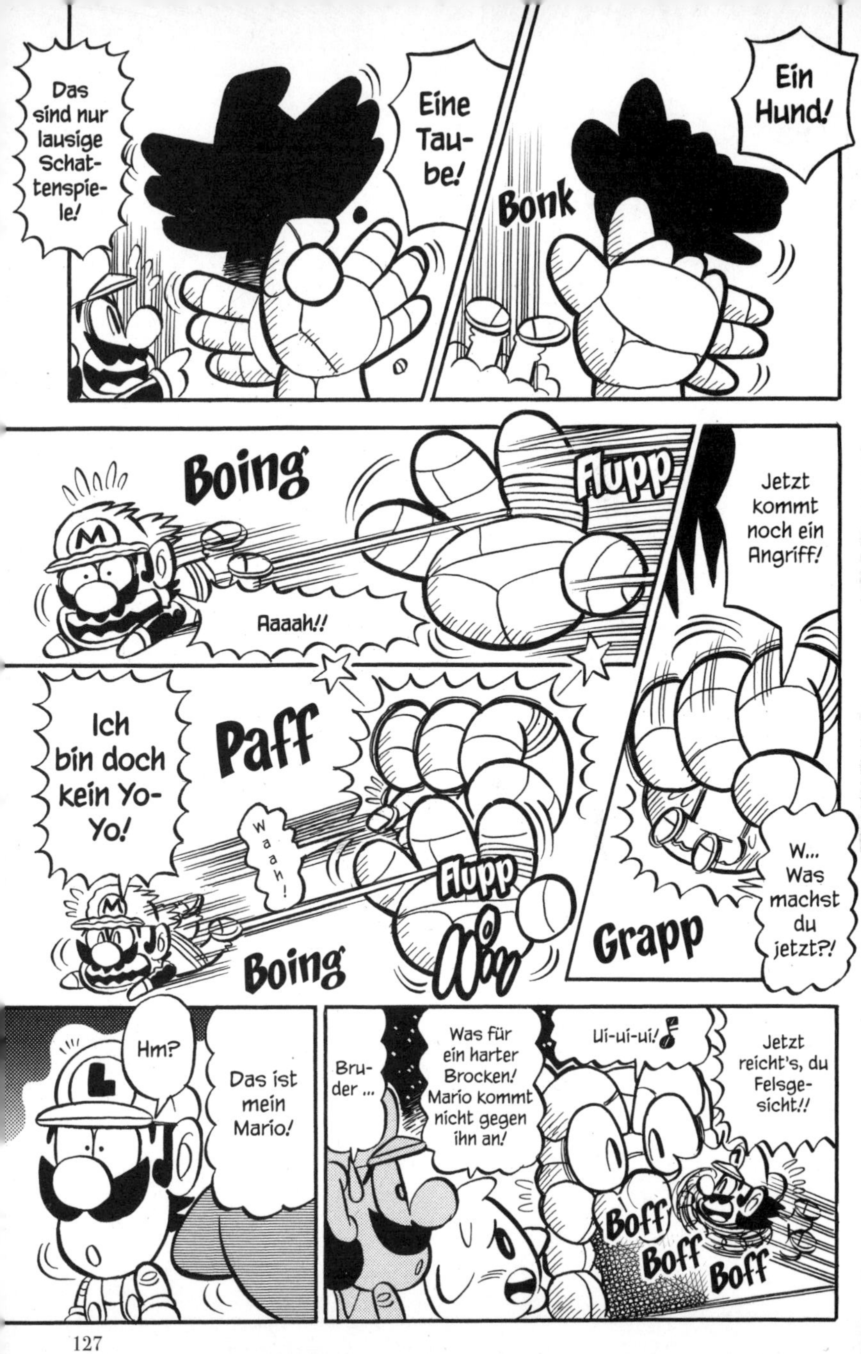
Eine Taube!
Das sind nur lausige Schattenspiele!
Ein Hund!
Bonk
Jetzt kommt noch ein Angriff!
Flupp
Boing
Aaaah!!
Grapp
W... Was machst du jetzt?!
Flupp
Paff
Ich bin doch kein Yo-Yo!
Waah!
Boing
Hm?
Das ist mein Mario!
Jetzt reicht's, du Felsgesicht!!
Ui-ui-ui!
Was für ein harter Brocken! Mario kommt nicht gegen ihn an!
Bruder ...
Boff
Boff
Boff

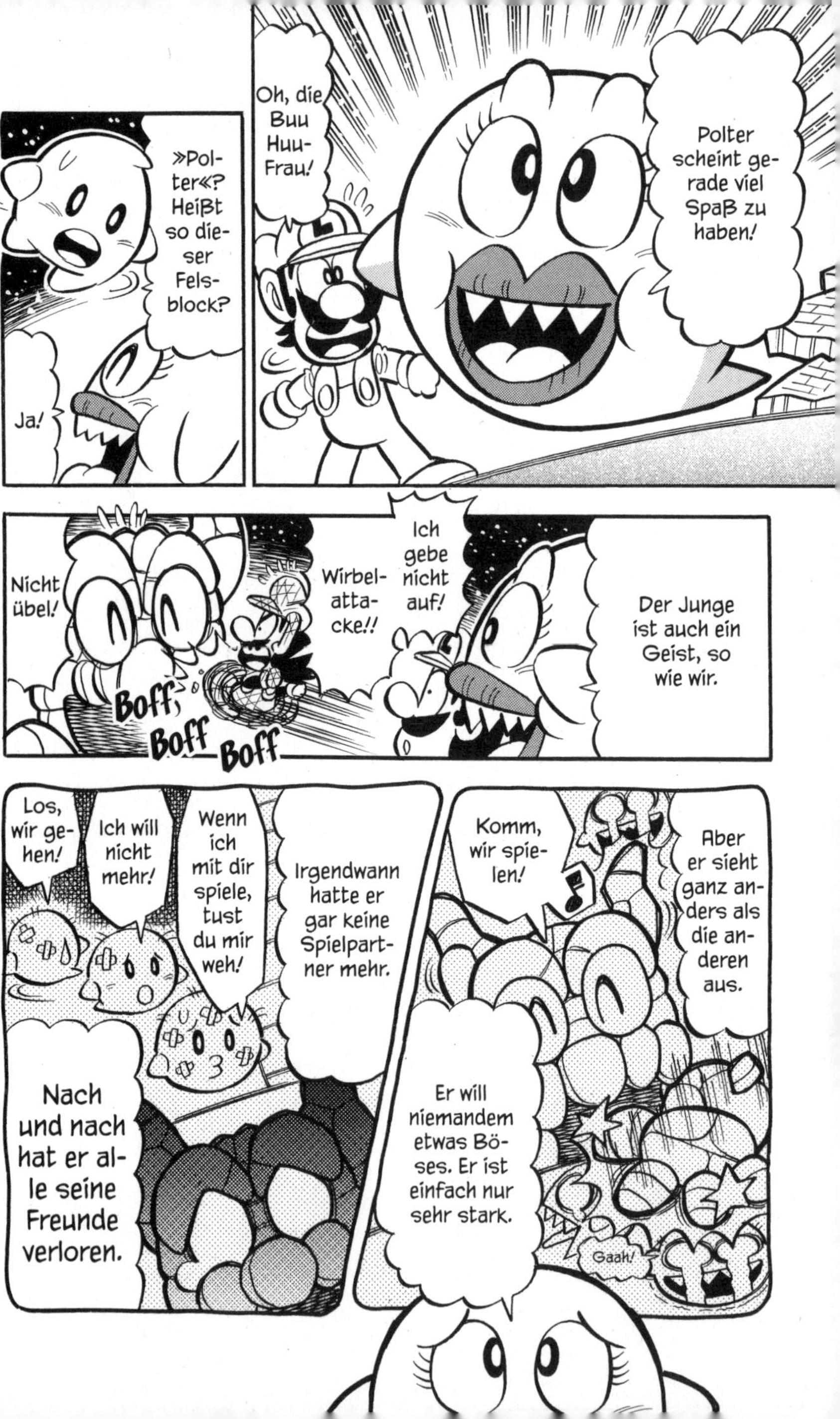

Polter scheint gerade viel Spaß zu haben!
Oh, die Buu Huu-Frau!
»Polter«? Heißt so dieser Felsblock?
Ja!
Der Junge ist auch ein Geist, so wie wir.
Ich gebe nicht auf!
Wirbelattacke!!
Boff, Boff Boff
Nicht übel!
Aber er sieht ganz anders als die anderen aus.
Komm, wir spielen!
Gaah!
Er will niemandem etwas Böses. Er ist einfach nur sehr stark.
Irgendwann hatte er gar keine Spielpartner mehr.
Wenn ich mit dir spiele, tust du mir weh!
Ich will nicht mehr!
Los, wir gehen!
Nach und nach hat er alle seine Freunde verloren.

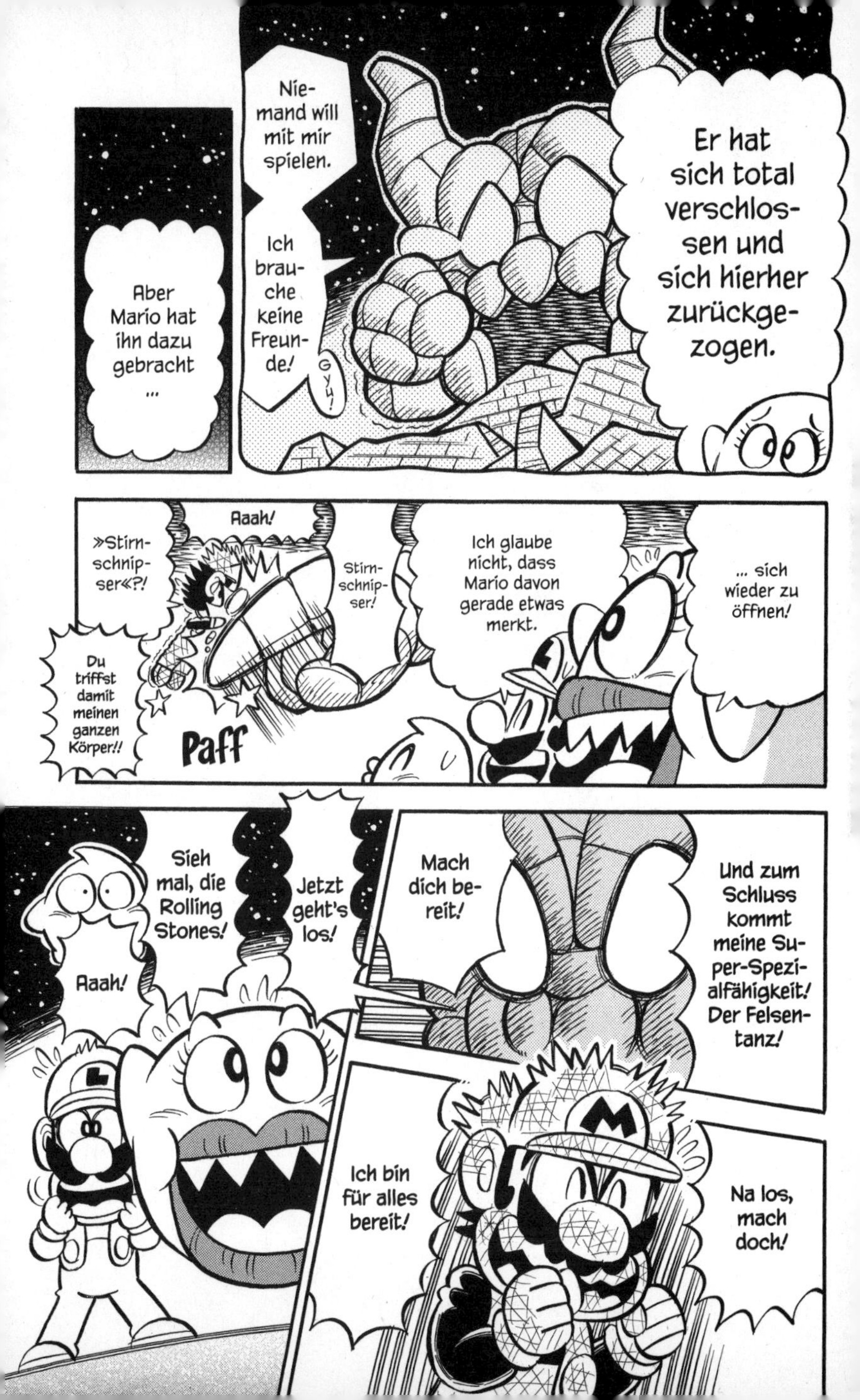
Er hat sich total verschlossen und sich hierher zurückgezogen.
Niemand will mit mir spielen.
Ich brauche keine Freunde!
GYU!
Aber Mario hat ihn dazu gebracht ...
... sich wieder zu öffnen!
Ich glaube nicht, dass Mario davon gerade etwas merkt.
Stirnschnipser!
Aaah!
»Stirnschnipser«?!
Du triffst damit meinen ganzen Körper!!
Paff
Und zum Schluss kommt meine Super-Spezialfähigkeit! Der Felsentanz!
Mach dich bereit!
Jetzt geht's los!
Sieh mal, die Rolling Stones!
Aaah!
Na los, mach doch!
Ich bin für alles bereit!

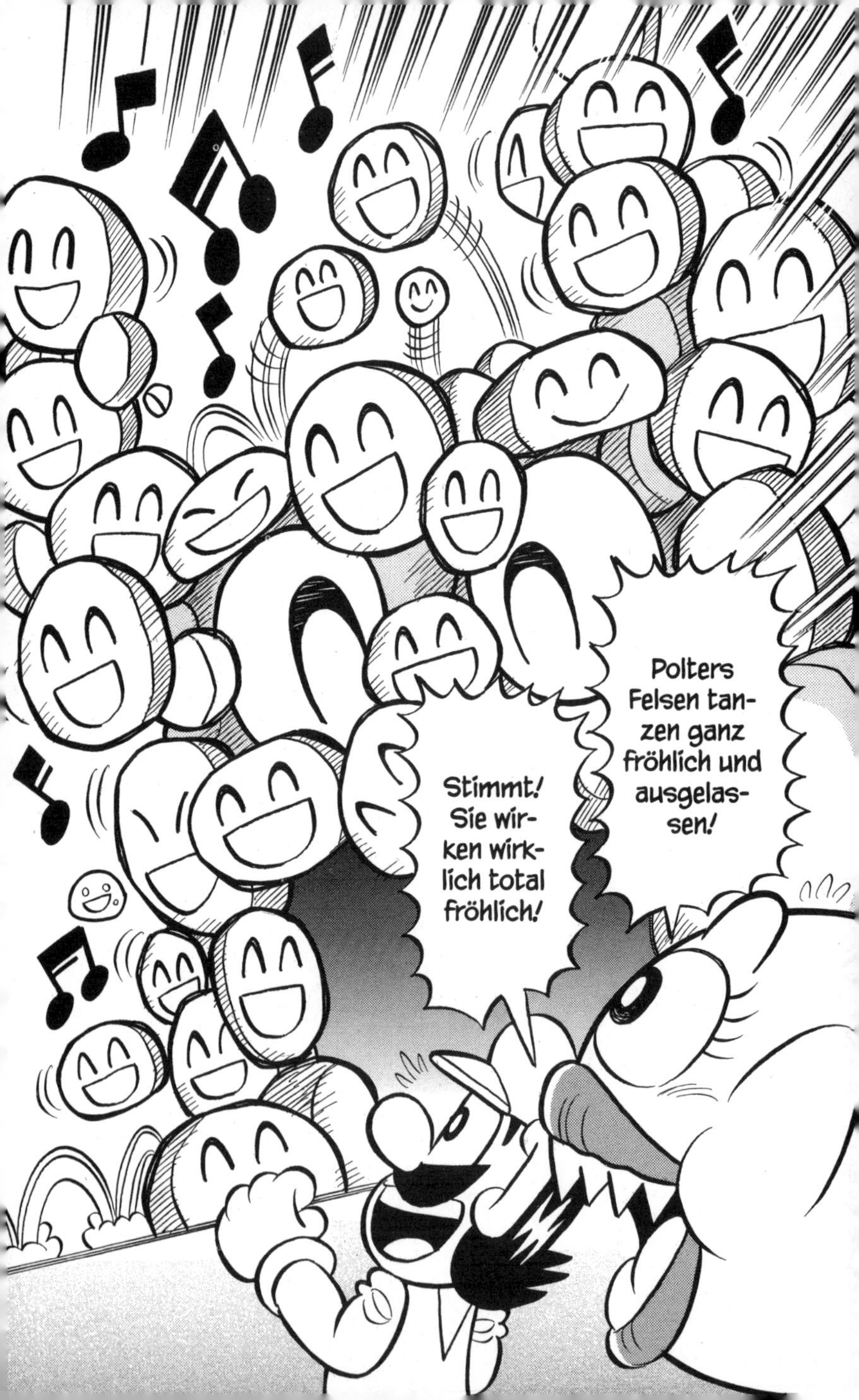
Polters Felsen tanzen ganz fröhlich und ausgelassen!
Stimmt! Sie wirken wirklich total fröhlich!

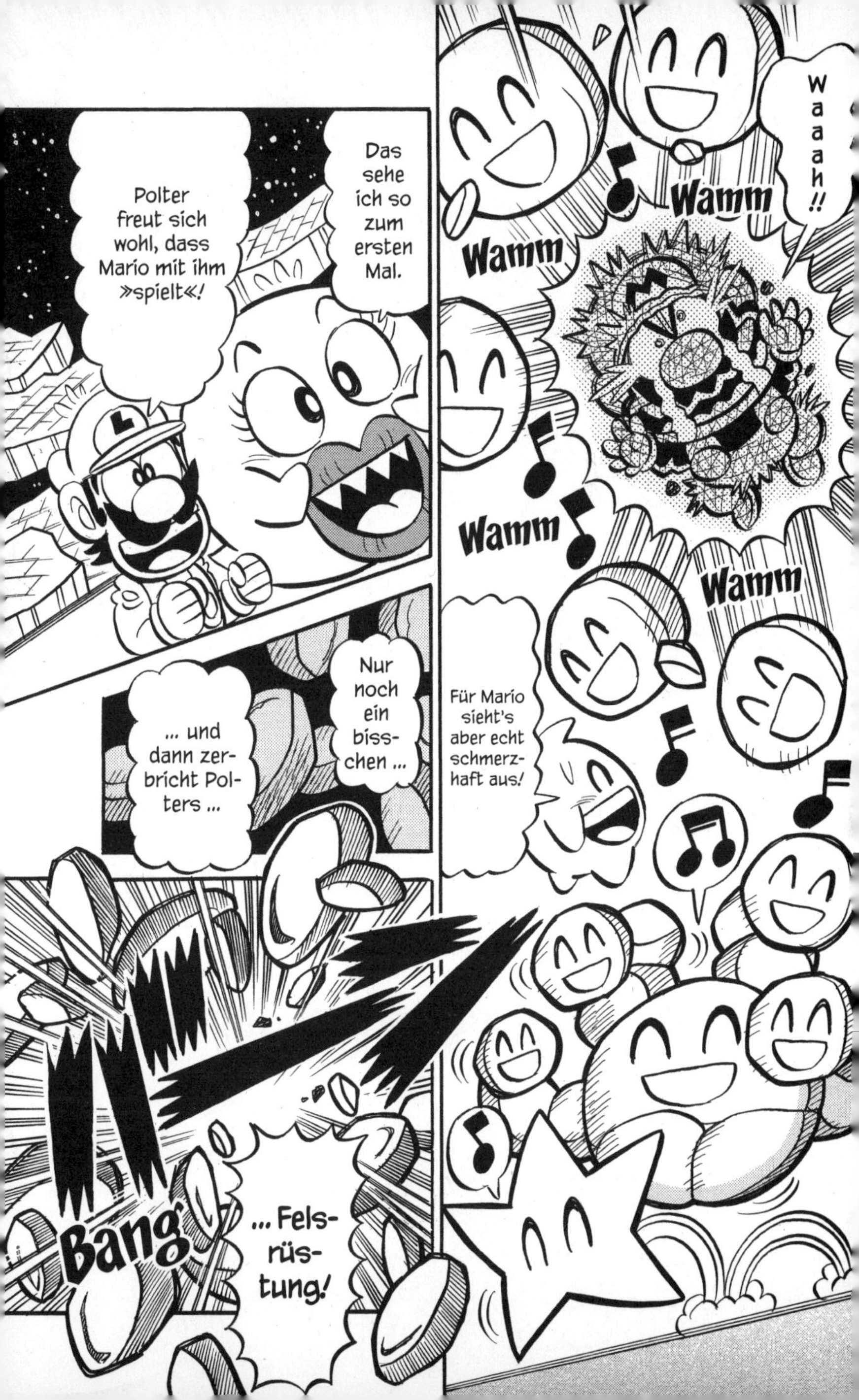
Waaaah!!
Wamm
Wamm
Wamm
Wamm
Für Mario sieht's aber echt schmerzhaft aus!
Das sehe ich so zum ersten Mal.
Polter freut sich wohl, dass Mario mit ihm »spielt«!
Nur noch ein bisschen ...
... und dann zerbricht Polters ...
Bang
... Felsrüstung!

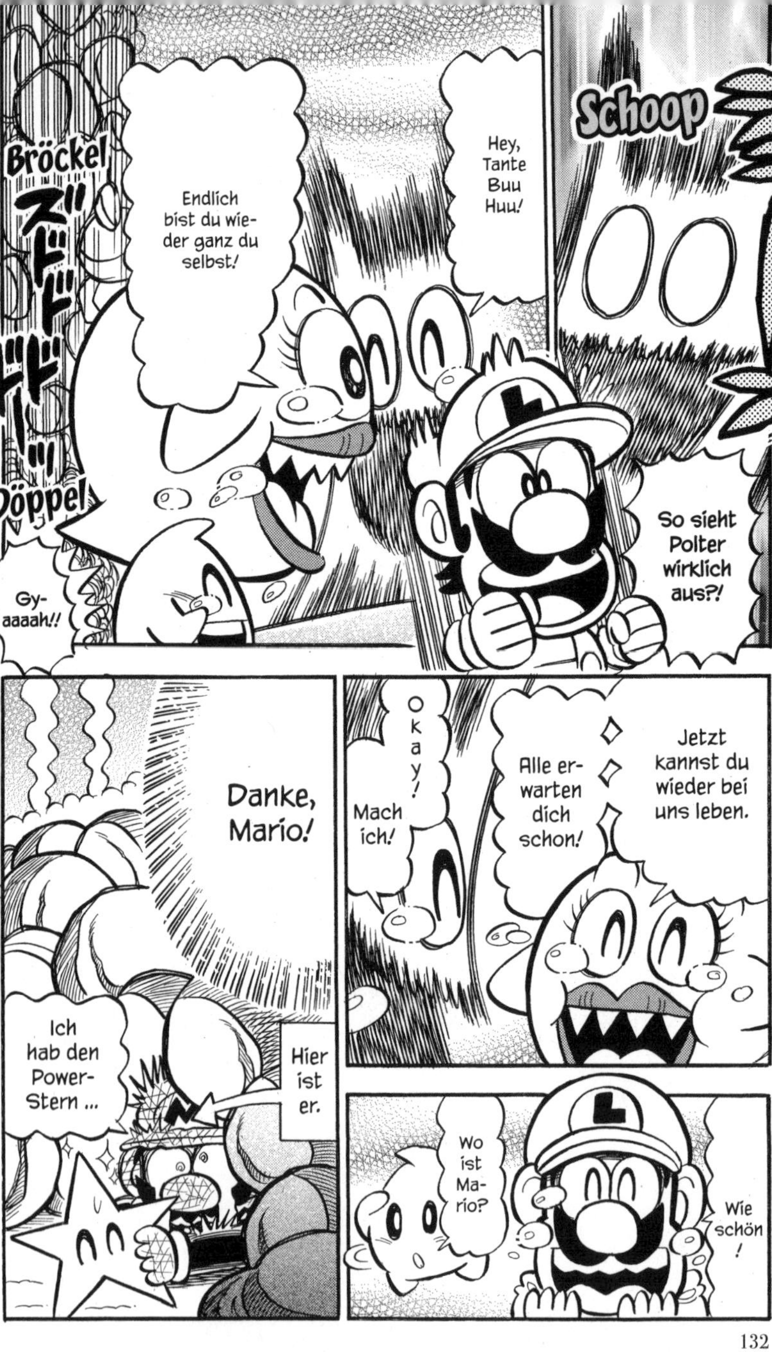
Schoop
Hey, Tante Buu Huu!
Endlich bist du wieder ganz du selbst!
Bröckel
ズドドドドーッ
Döppel
So sieht Polter wirklich aus?!
Gy-aaaah!!
Jetzt kannst du wieder bei uns leben.
Alle erwarten dich schon!
Okay!
Mach ich!
Danke, Mario!
Hier ist er.
Ich hab den Power-Stern ...
Wie schön!
Wo ist Mario?

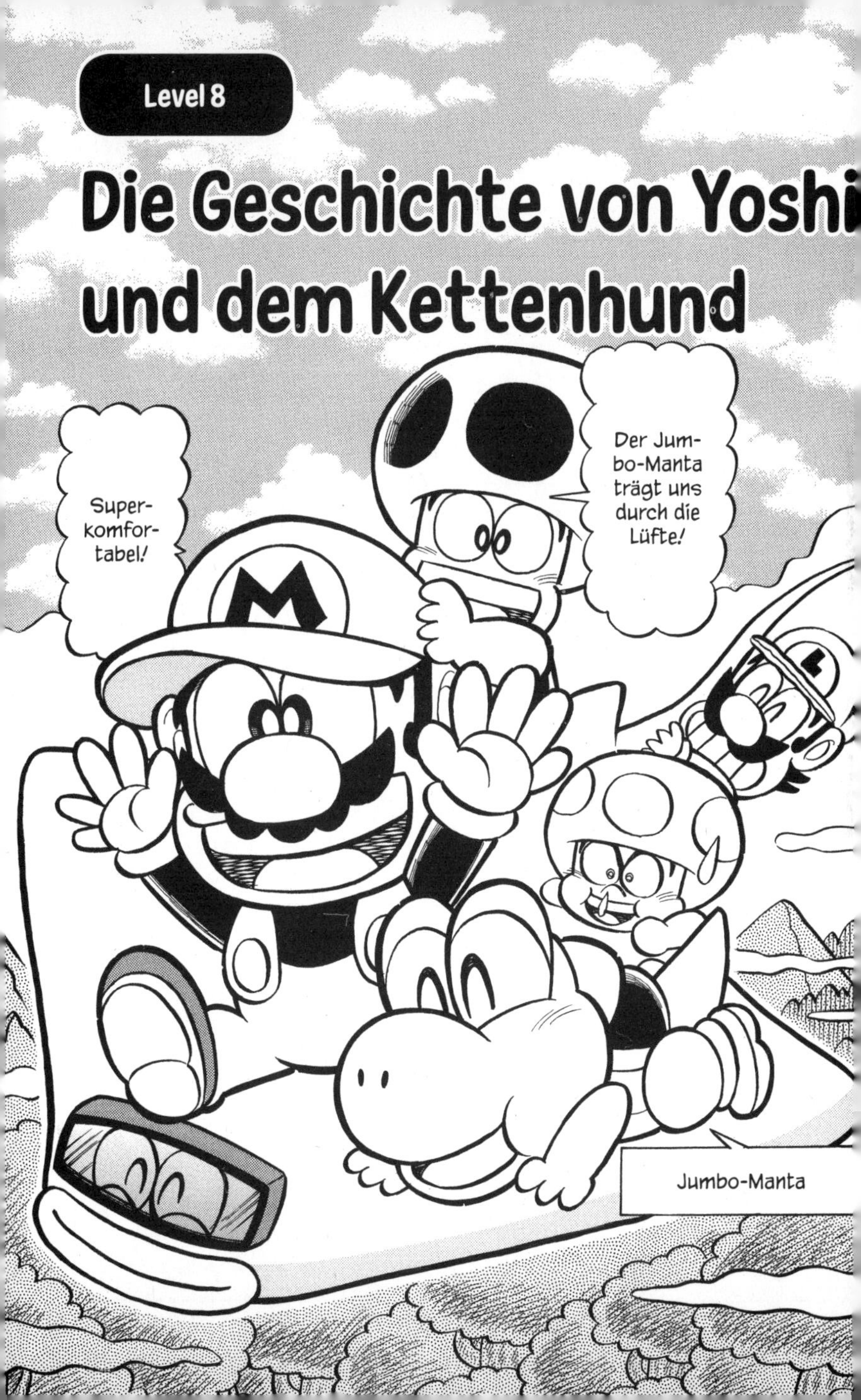
Level 8
Die Geschichte von Yoshi und dem Kettenhund
Der Jumbo-Manta trägt uns durch die Lüfte!
Superkomfortabel!
Jumbo-Manta

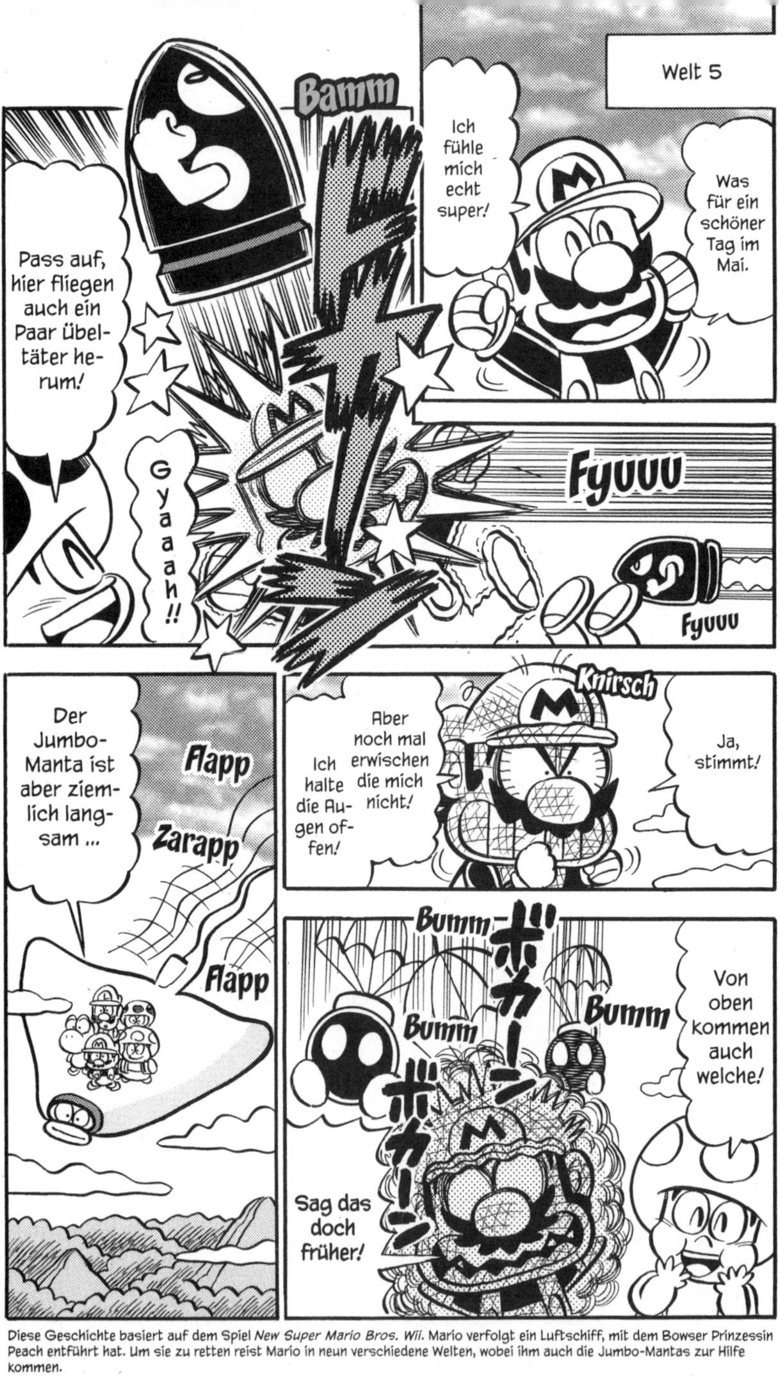

Diese Geschichte basiert auf dem Spiel *New Super Mario Bros. Wii*. Mario verfolgt ein Luftschiff, mit dem Bowser Prinzessin Peach entführt hat. Um sie zu retten reist Mario in neun verschiedene Welten, wobei ihm auch die Jumbo-Mantas zur Hilfe kommen.

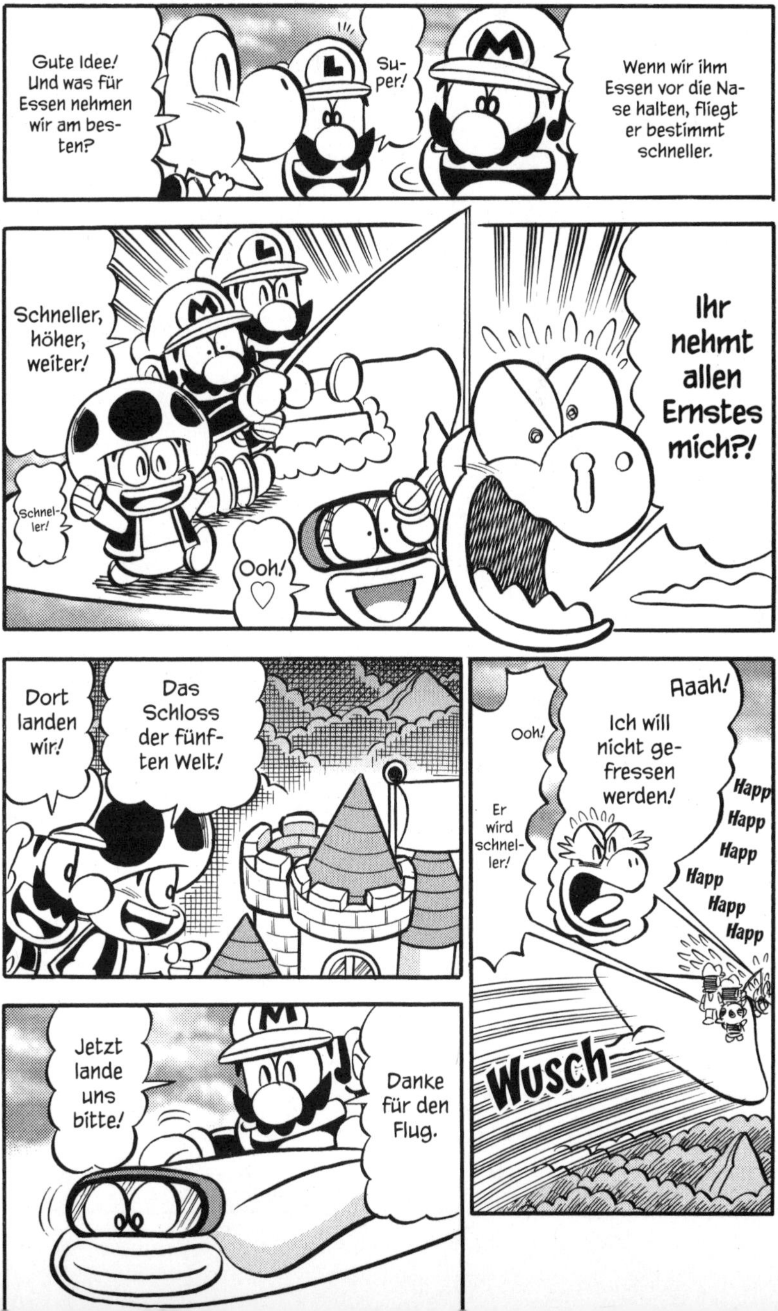

Wenn wir ihm Essen vor die Nase halten, fliegt er bestimmt schneller.
Super!
Gute Idee! Und was für Essen nehmen wir am besten?
Ihr nehmt allen Ernstes mich?!
Schneller, höher, weiter!
Schneller!
Ooh! ♡
Aaah! Ich will nicht gefressen werden!
Ooh!
Er wird schneller!
Happ Happ Happ Happ Happ Happ
Wusch
Das Schloss der fünften Welt!
Dort landen wir!
Danke für den Flug.
Jetzt lande uns bitte!

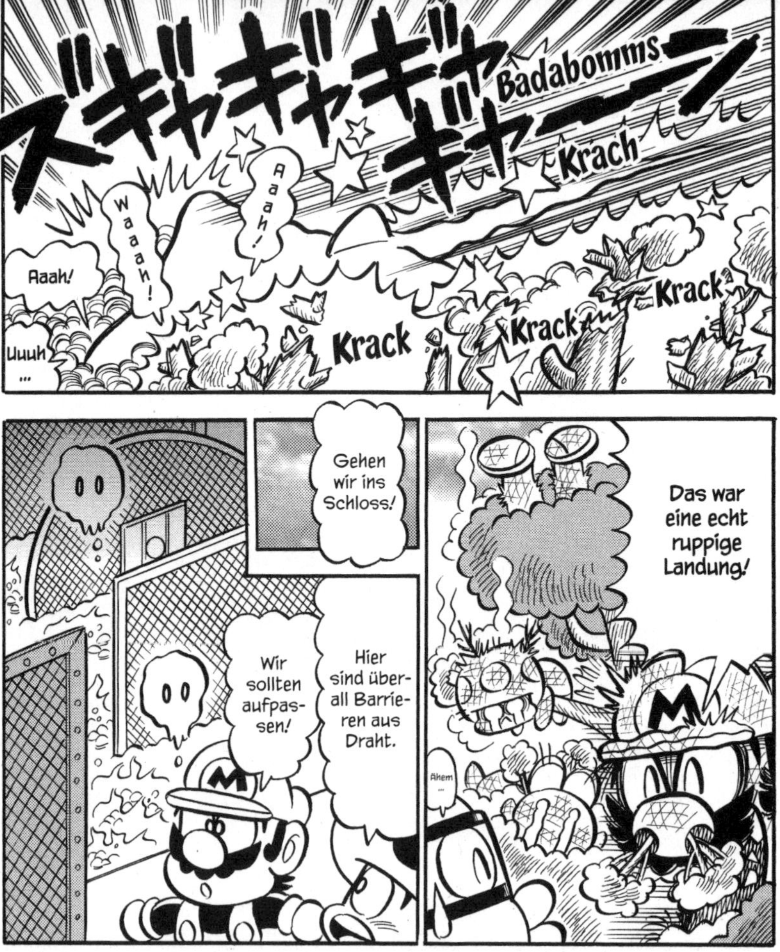
ズギャギャギャギャーン
Badabomms
Krach
Aaah!
Waaaah!
Aaah!
Uuuh ...
Krack
Krack
Krack
Krack
Das war eine echt ruppige Landung!
Ahem ...
Gehen wir ins Schloss!
Hier sind überall Barrieren aus Draht.
Wir sollten aufpassen!
Nicht, dass wir ...
Stimmt.
Flupp
Flapp
... damit zu viel Unsinn treiben und dann feststecken!
Wah ha ha ha!

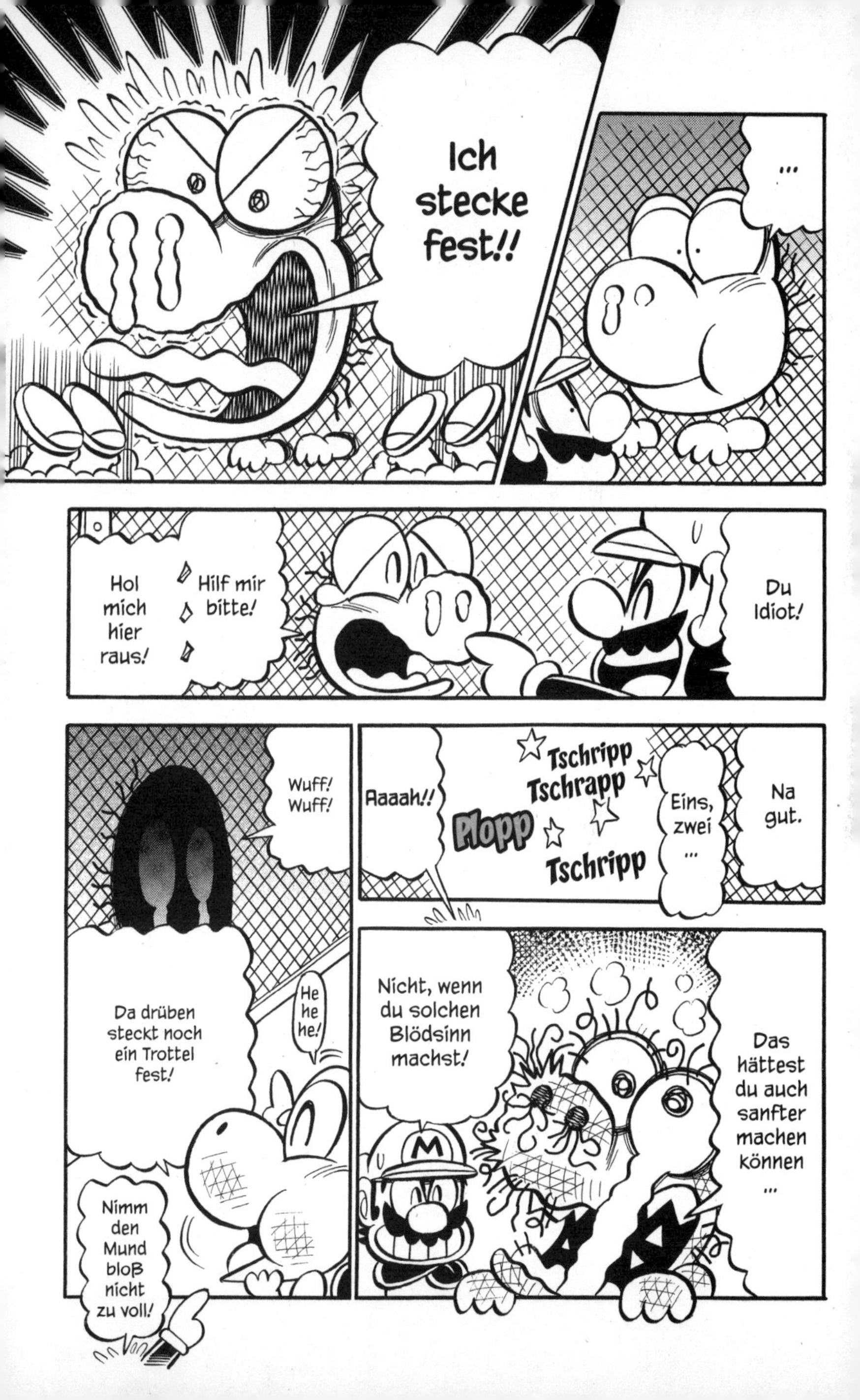
Ich stecke fest!!
...
Hol mich hier raus!
Hilf mir bitte!
Du Idiot!
Wuff! Wuff!
Aaaah!!
Plopp
Tschripp
Tschrapp
Tschripp
Eins, zwei ...
Na gut.
Da drüben steckt noch ein Trottel fest!
He he he!
Nimm den Mund bloß nicht zu voll!
Nicht, wenn du solchen Blödsinn machst!
Das hättest du auch sanfter machen können ...

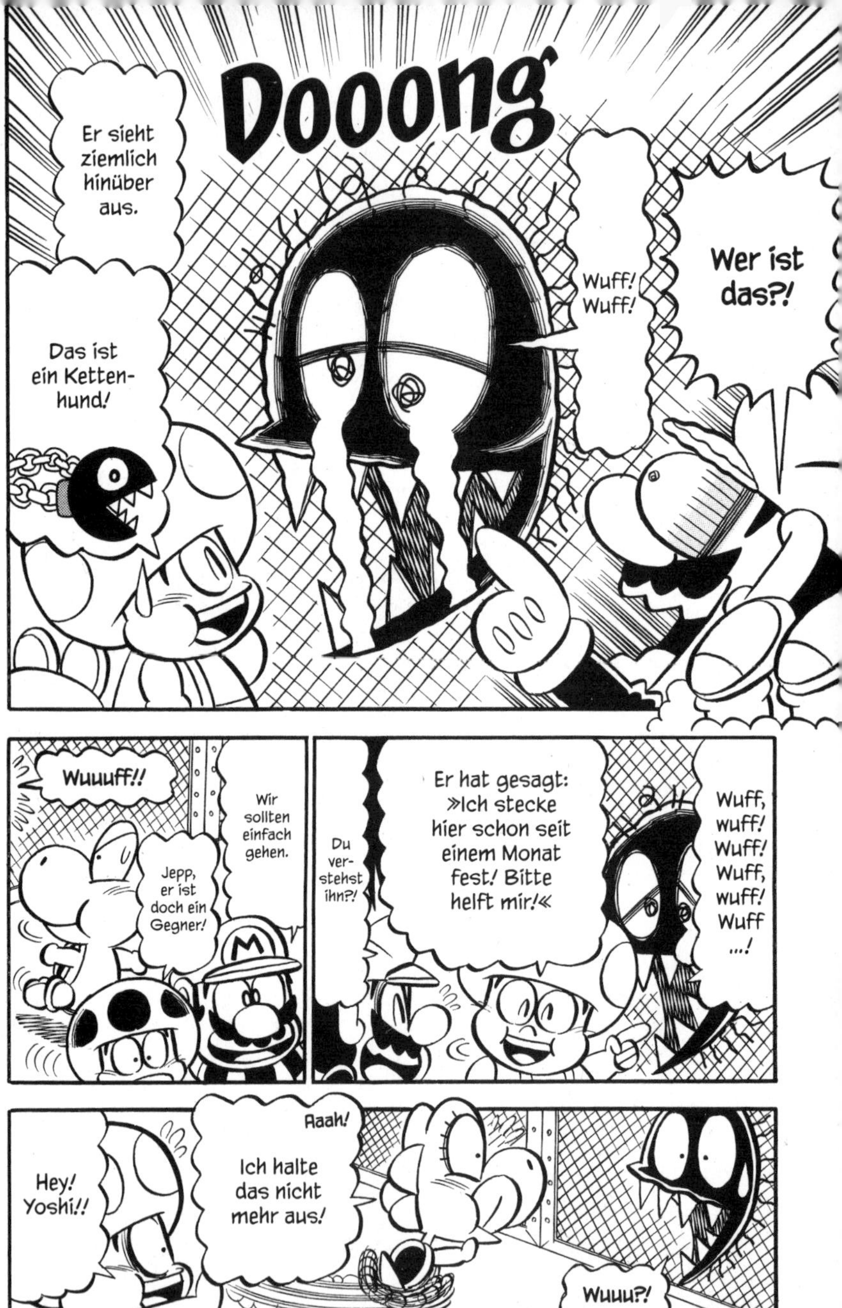
Dooong
Wer ist das?!
Wuff! Wuff!
Das ist ein Kettenhund!
Er sieht ziemlich hinüber aus.
Wuff, wuff! Wuff! Wuff, wuff! Wuff ...!
Er hat gesagt: »Ich stecke hier schon seit einem Monat fest! Bitte helft mir!«
Du verstehst ihn?!
Wir sollten einfach gehen.
Jepp, er ist doch ein Gegner!
Wuuuff!!
Wuuu?!
Aaah!
Ich halte das nicht mehr aus!
Hey! Yoshi!!

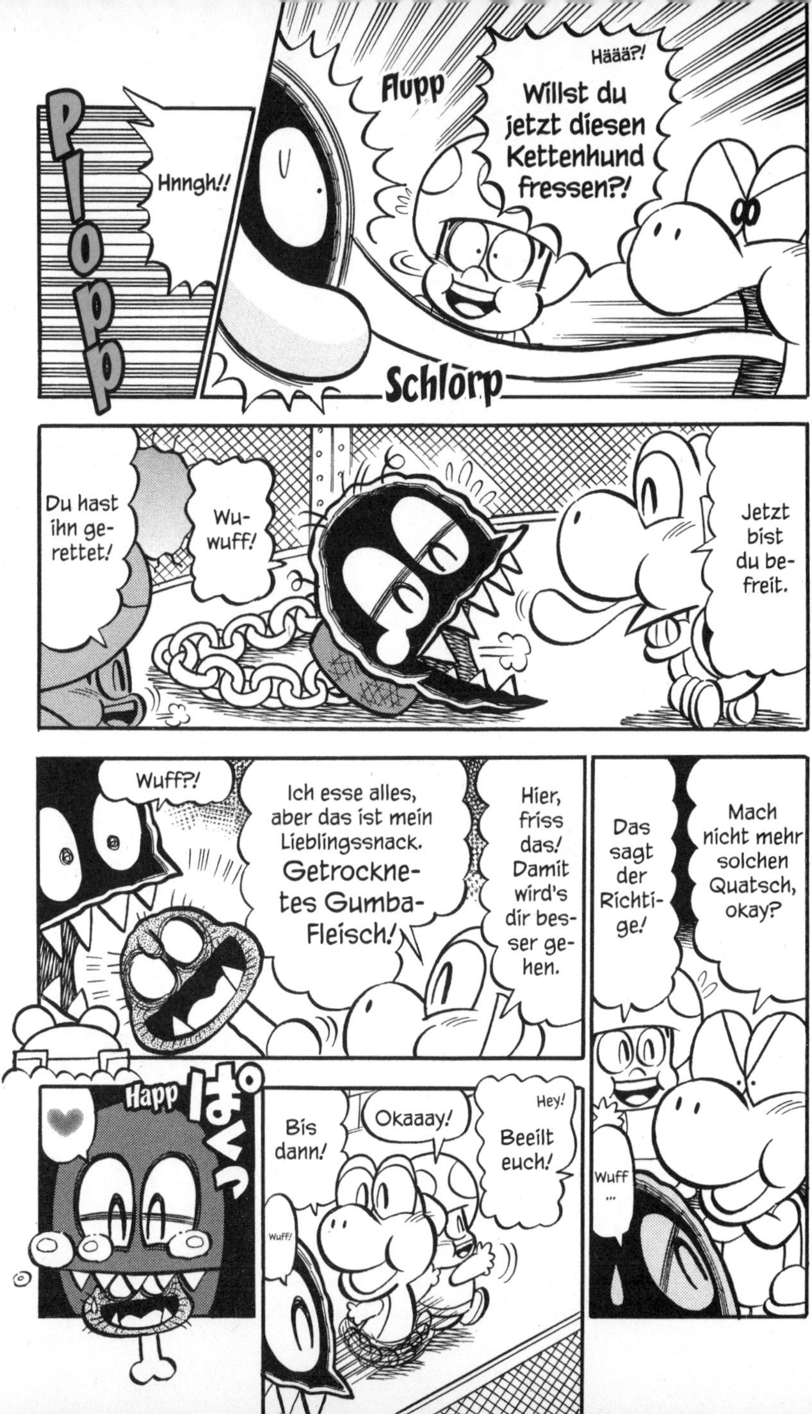
Häää?!
Willst du jetzt diesen Kettenhund fressen?!
Flupp
Hnngh!!
Plopp
Schlorp
Jetzt bist du befreit.
Wu-wuff!
Du hast ihn gerettet!
Mach nicht mehr solchen Quatsch, okay?
Das sagt der Richtige!
Wuff …
Hier, friss das! Damit wird's dir besser gehen.
Ich esse alles, aber das ist mein Lieblingssnack. Getrocknetes Gumba-Fleisch!
Wuff?!
Hey! Beeilt euch!
Okaaay!
Bis dann!
Wuff!
Happ ぱくっ

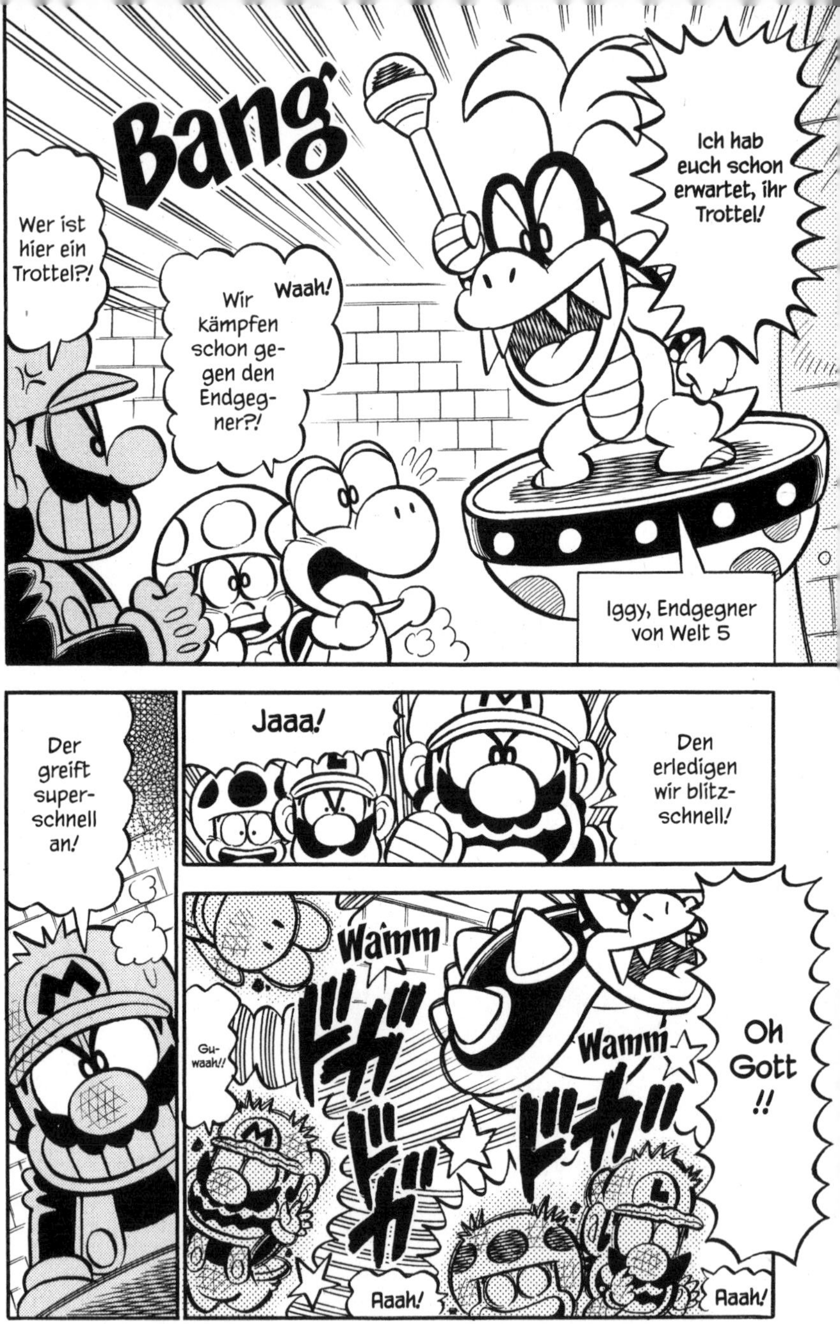
Bang
Ich hab euch schon erwartet, ihr Trottel!
Iggy, Endgegner von Welt 5
Waah!
Wir kämpfen schon gegen den Endgegner?!
Wer ist hier ein Trottel?!
Den erledigen wir blitzschnell!
Jaaa!
Oh Gott!!
Wamm
Wamm
Gu-waah!!
Aaah!
Aaah!
Der greift superschnell an!

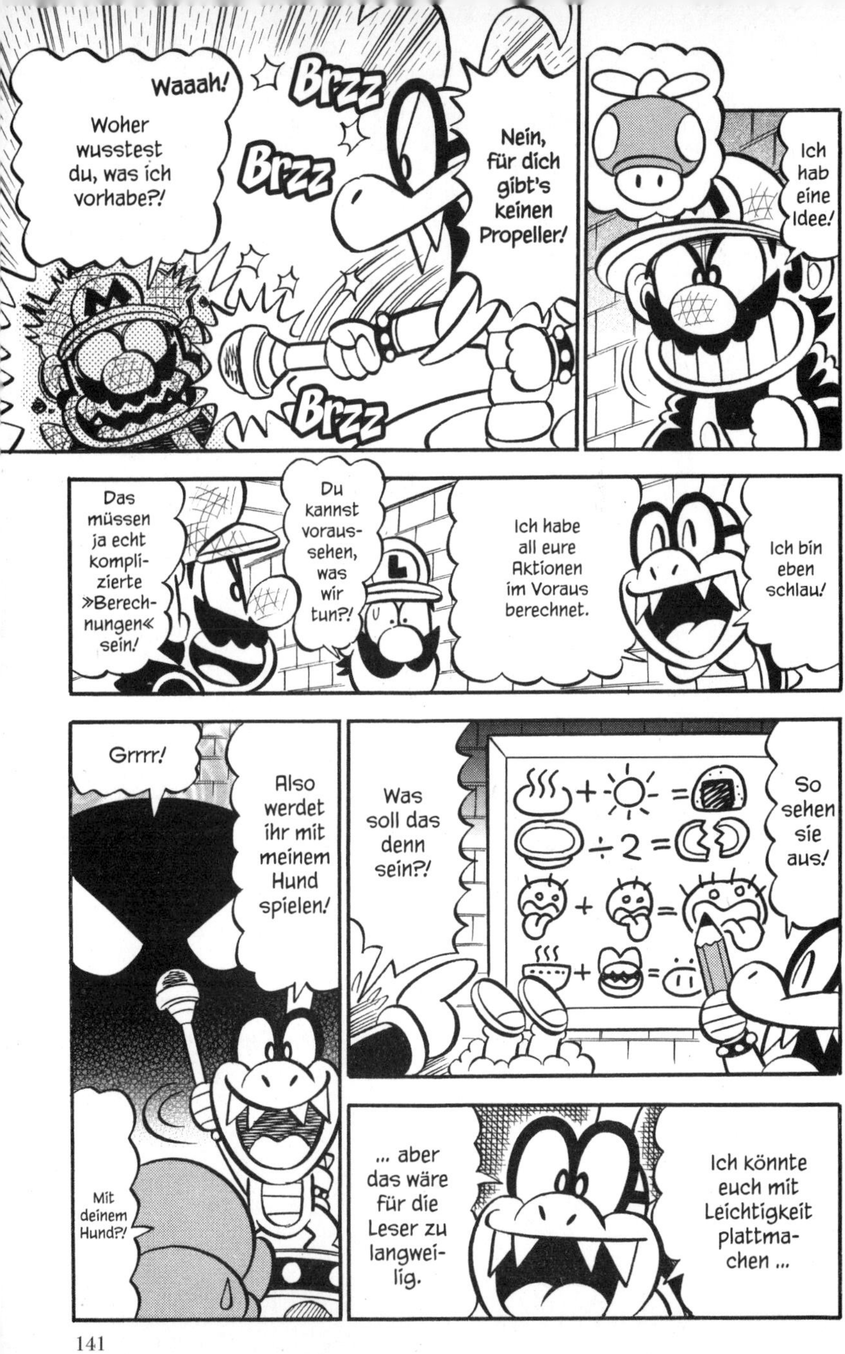

So was sollte man nie über sich selbst sagen!

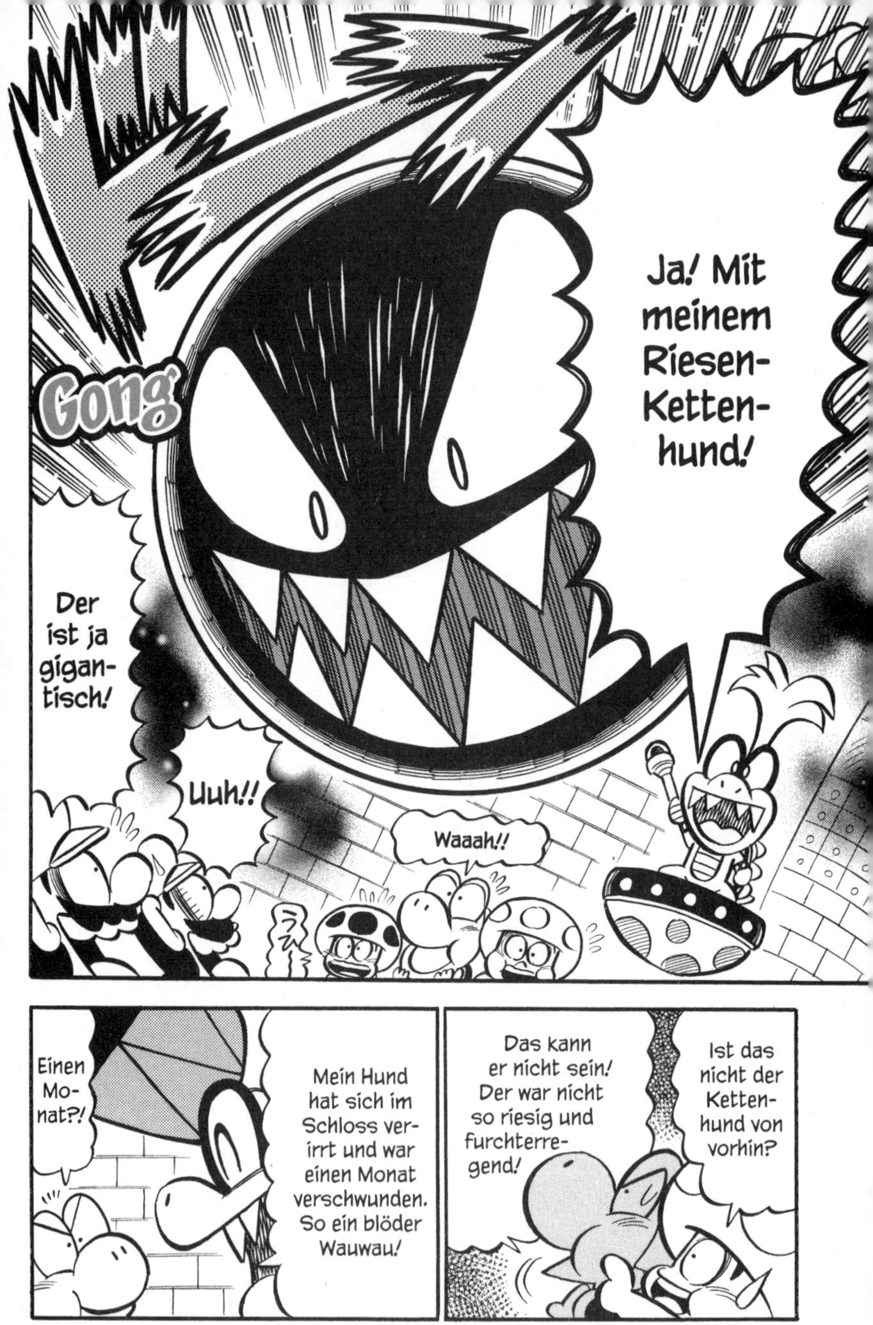
Ja! Mit meinem Riesen-Kettenhund!
Gong
Der ist ja gigantisch!
Uuh!!
Waaah!!
Ist das nicht der Kettenhund von vorhin?
Das kann er nicht sein! Der war nicht so riesig und furchterregend!
Mein Hund hat sich im Schloss verirrt und war einen Monat verschwunden. So ein blöder Wauwau!
Einen Monat?!

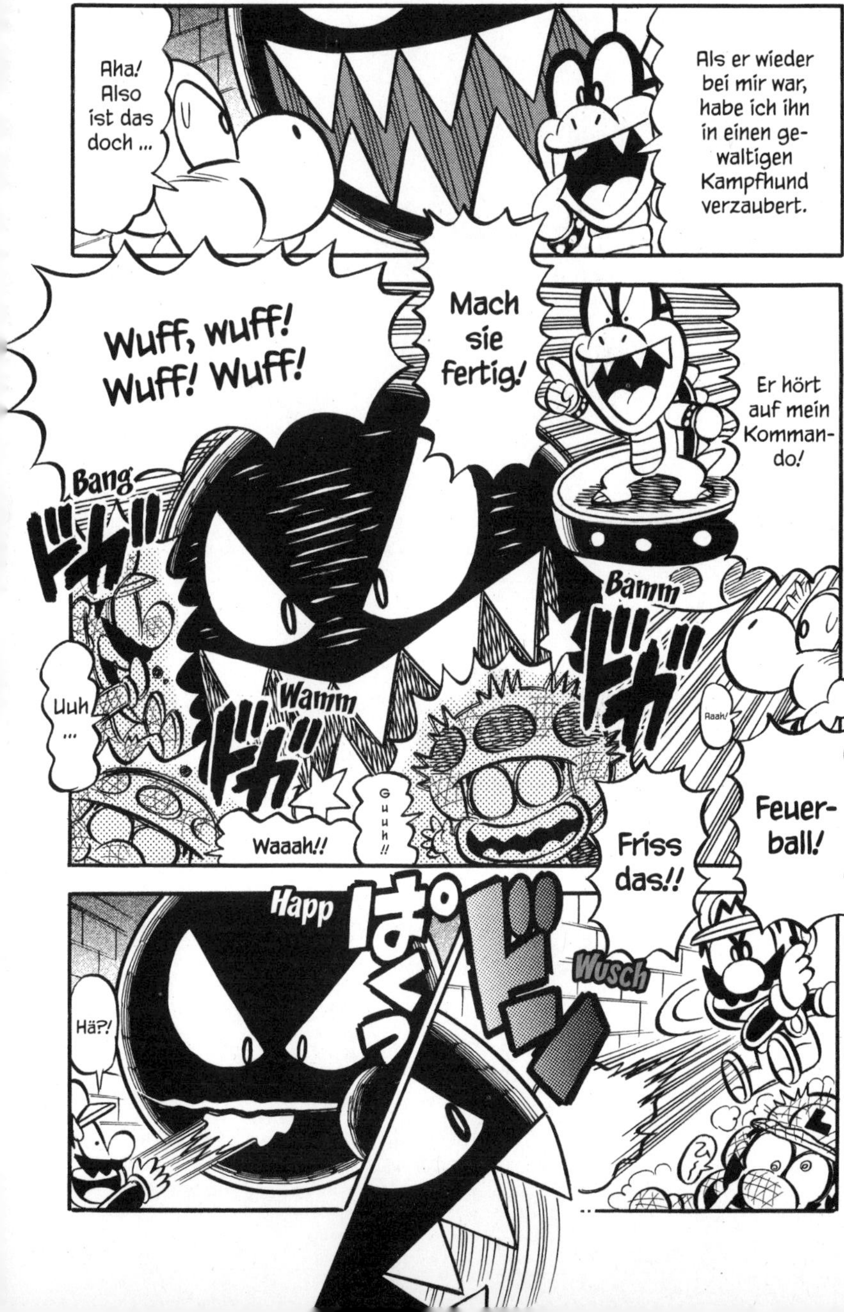
Als er wieder bei mir war, habe ich ihn in einen gewaltigen Kampfhund verzaubert.
Aha! Also ist das doch ...
Er hört auf mein Kommando!
Mach sie fertig!
Wuff, wuff! Wuff! Wuff!
Bang
Bamm
Wamm
Uuh ...
Aaah!
Guuh!!
Waaah!!
Feuerball!
Friss das!!
Happ
Wusch
Hä?!

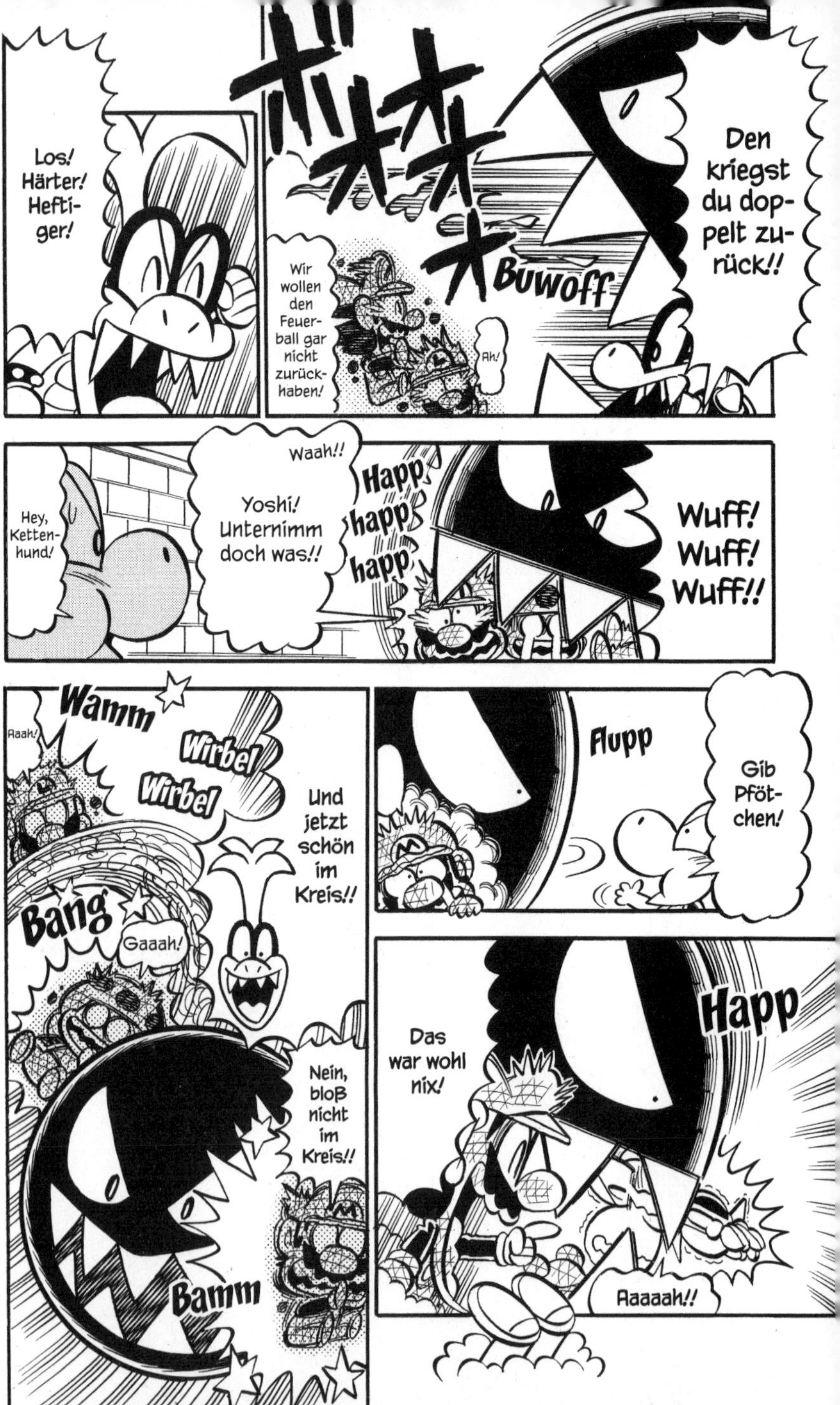
Los! Härter! Heftiger!
Buwoff
Den kriegst du doppelt zurück!!
Wir wollen den Feuerball gar nicht zurückhaben!
Ah!
Hey, Kettenhund!
Waah!!
Yoshi! Unternimm doch was!!
Happ happ happ
Wuff! Wuff! Wuff!!
Wamm
Aaah!
Wirbel
Wirbel
Und jetzt schön im Kreis!!
Bang
Gaaah!
Nein, bloß nicht im Kreis!!
Bamm
Flupp
Gib Pfötchen!
Happ
Das war wohl nix!
Aaaaah!!

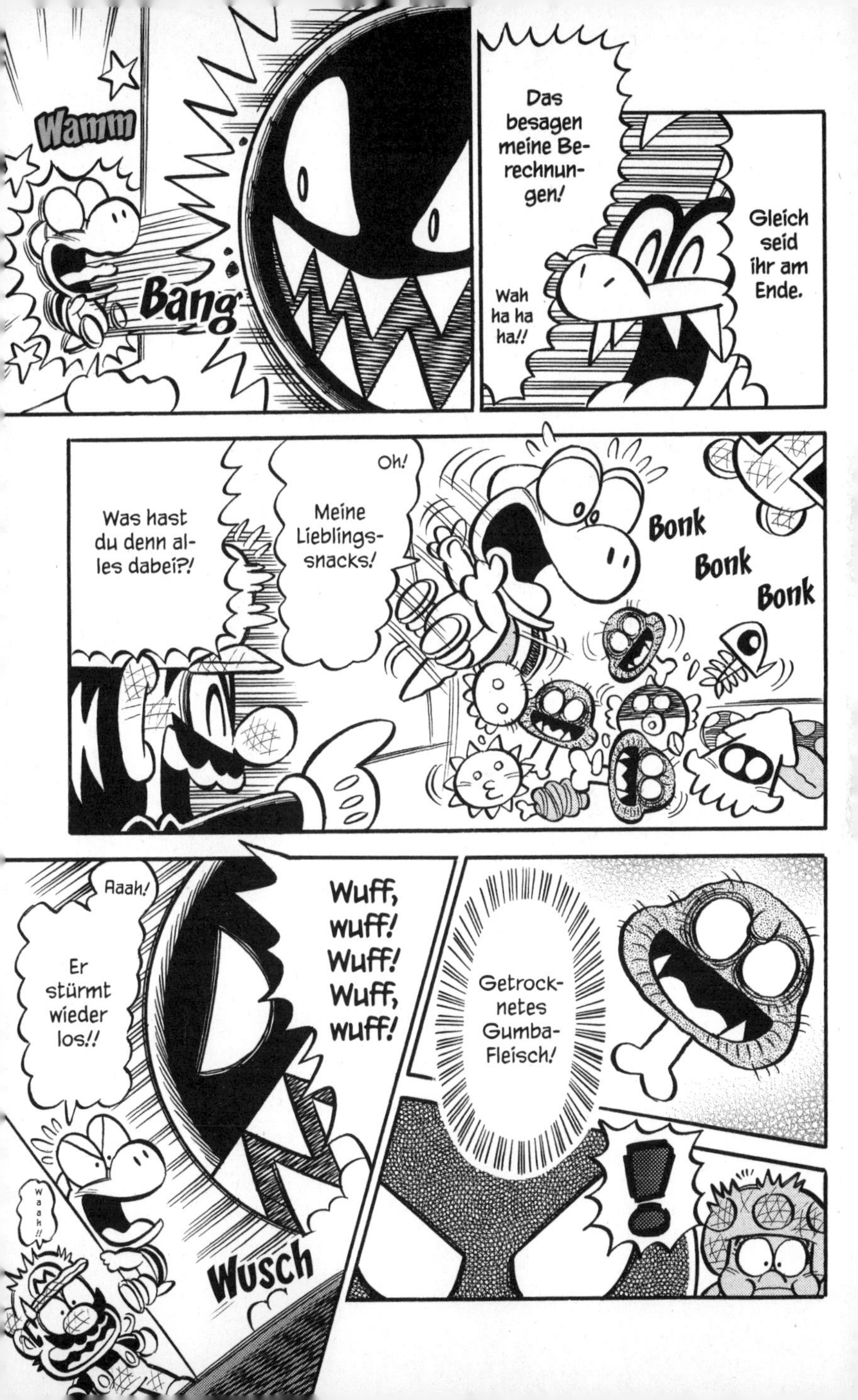
Wamm
Bang
Das besagen meine Berechnungen!
Wah ha ha ha!!
Gleich seid ihr am Ende.
Was hast du denn alles dabei?!
Oh!
Meine Lieblingssnacks!
Bonk
Bonk
Bonk
Aaah!
Er stürmt wieder los!!
Wuff, wuff! Wuff! Wuff, wuff!
Waah!!
Wusch
Getrocknetes Gumba-Fleisch!

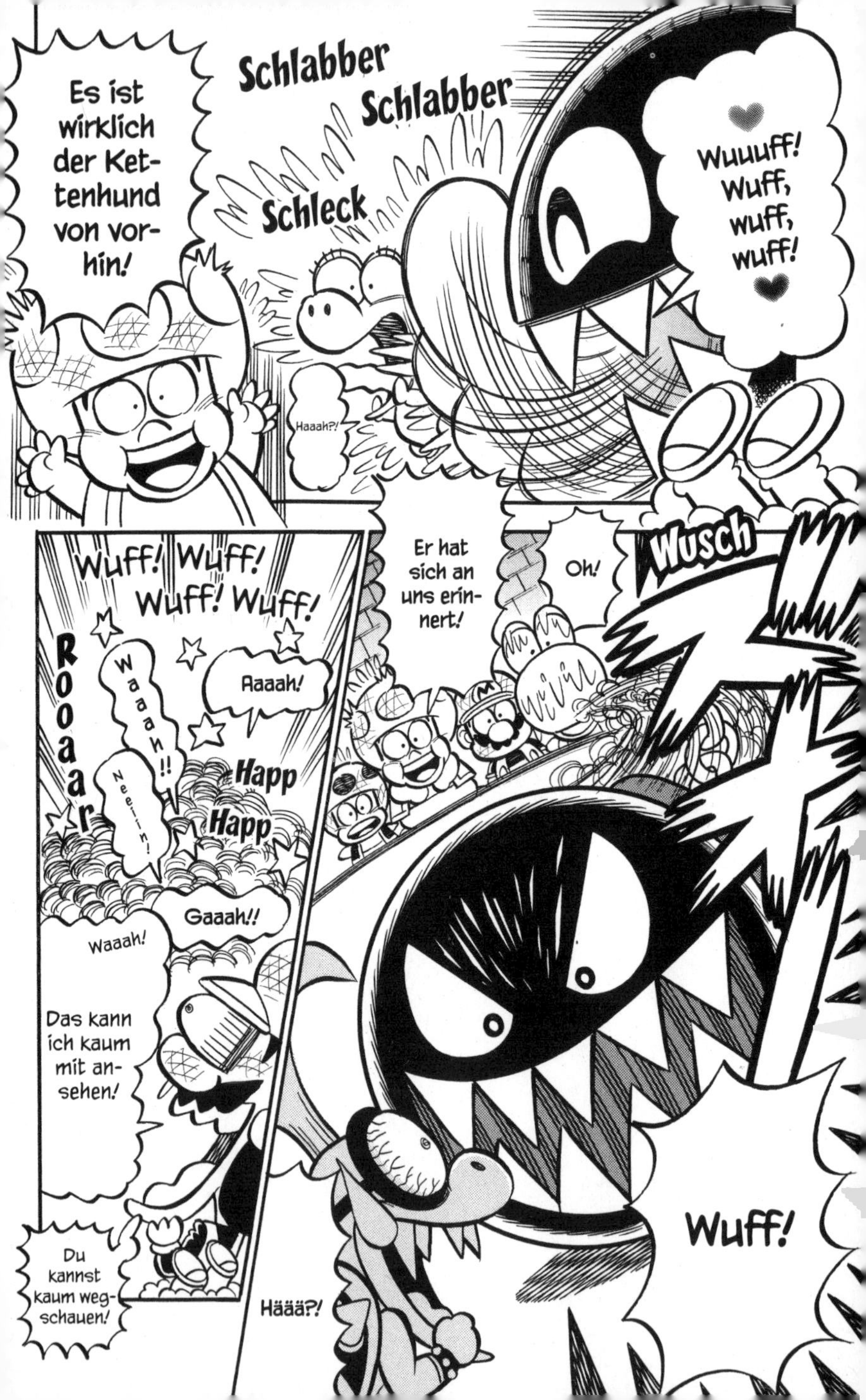

Es ist wirklich der Kettenhund von vorhin!
Schlabber
Schlabber
Schleck
Wuuuff! Wuff, wuff, wuff!
Haaah?!
Wuff! Wuff! Wuff! Wuff!
Rooaar
Waaaah!!
Aaaah!
Neeiiin!
Happ
Happ
Gaaah!!
Waaah!
Das kann ich kaum mit ansehen!
Du kannst kaum wegschauen!
Er hat sich an uns erinnert!
Oh!
Wusch
Wuff!
Häää?!

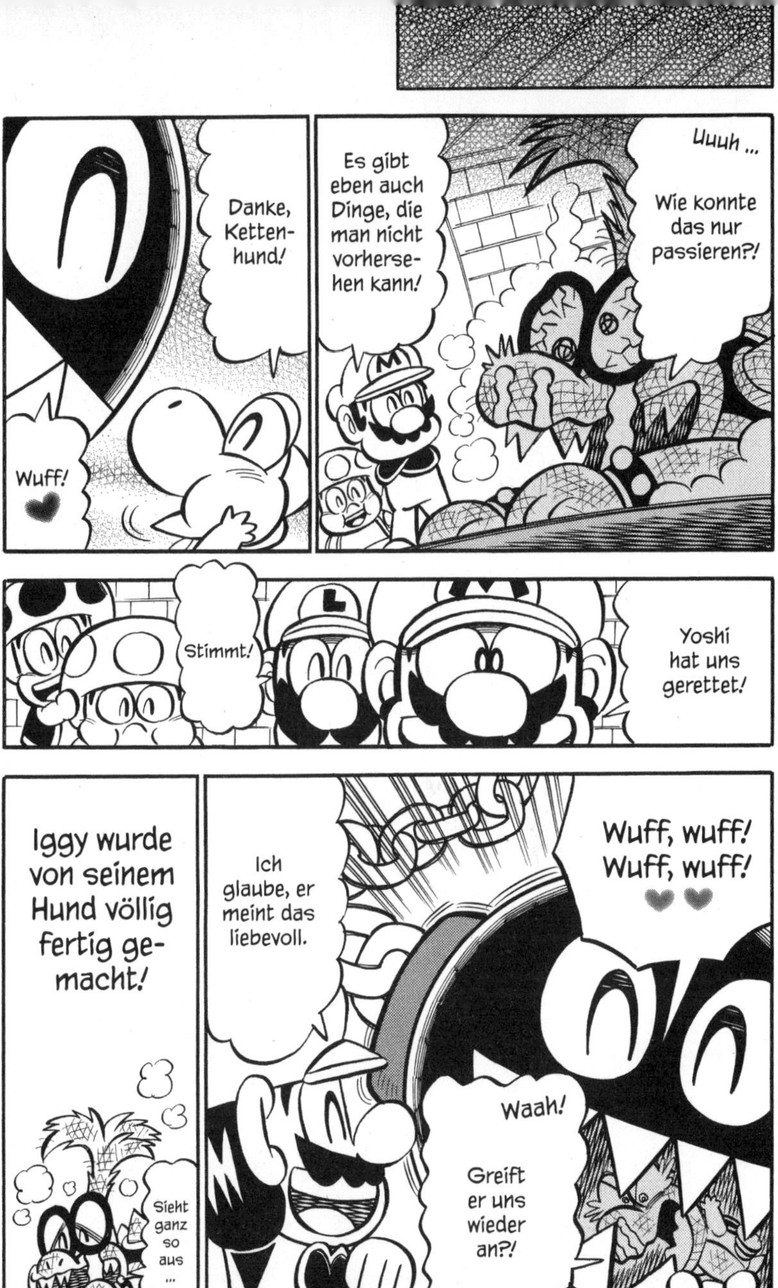
Danke, Kettenhund!
Wuff!
Es gibt eben auch Dinge, die man nicht vorhersehen kann!
Uuuh ...
Wie konnte das nur passieren?!
Stimmt!
Yoshi hat uns gerettet!
Iggy wurde von seinem Hund völlig fertig gemacht!
Sieht ganz so aus ...
Ich glaube, er meint das liebevoll.
Wuff, wuff! Wuff, wuff!
Waah!
Greift er uns wieder an?!

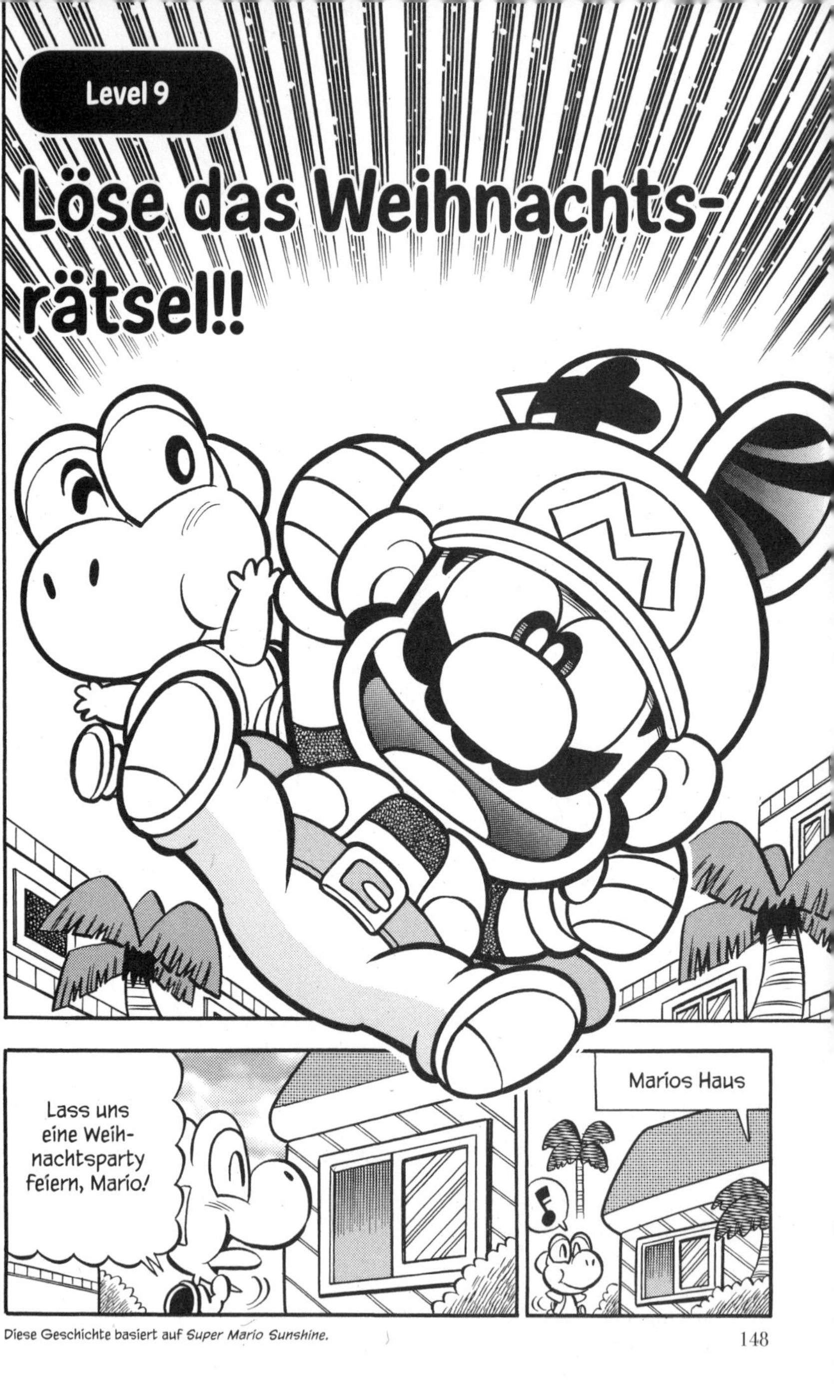

Diese Geschichte basiert auf *Super Mario Sunshine.*

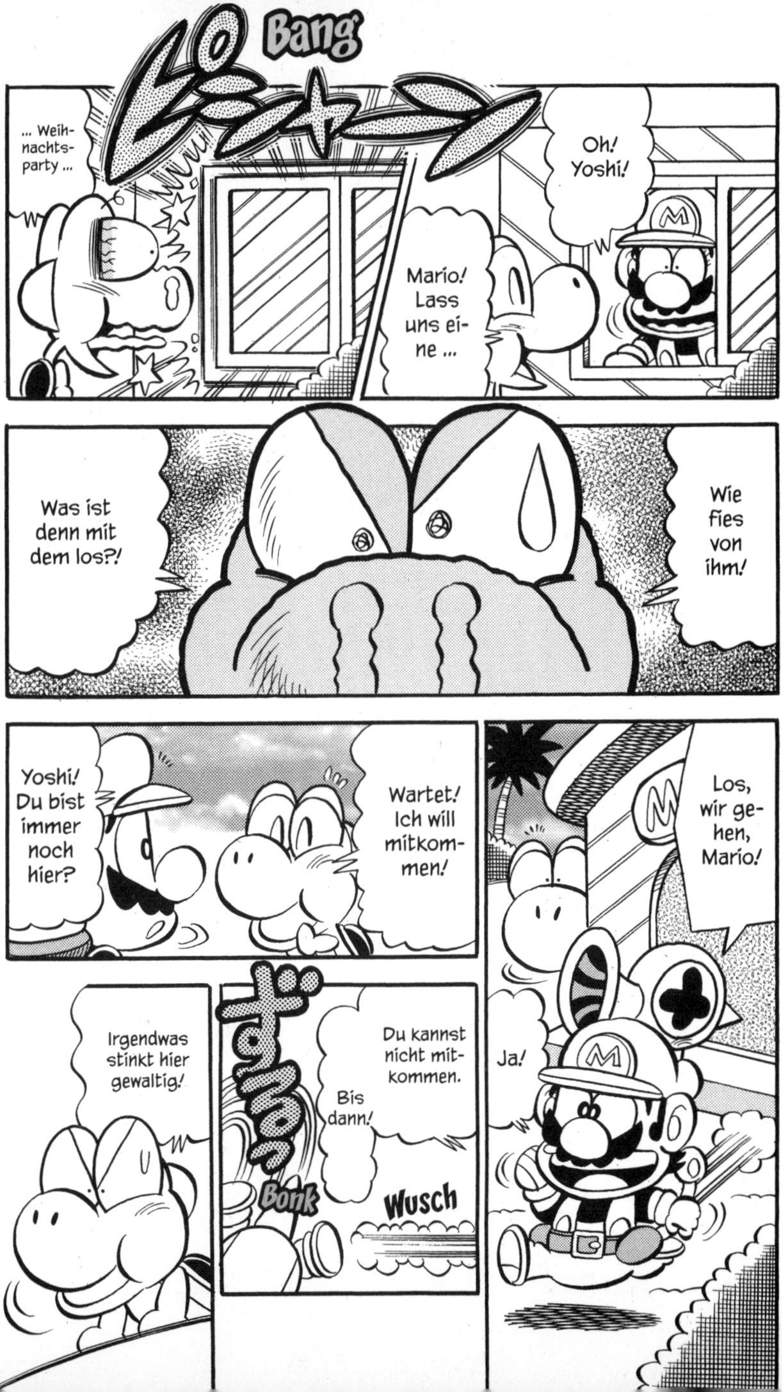
Bang
Oh! Yoshi!
Mario! Lass uns eine ...
... Weihnachtsparty ...
Wie fies von ihm!
Was ist denn mit dem los?!
Los, wir gehen, Mario!
Ja!
Wartet! Ich will mitkommen!
Yoshi! Du bist immer noch hier?
Du kannst nicht mitkommen.
Bis dann!
Bonk
Wusch
Irgendwas stinkt hier gewaltig!

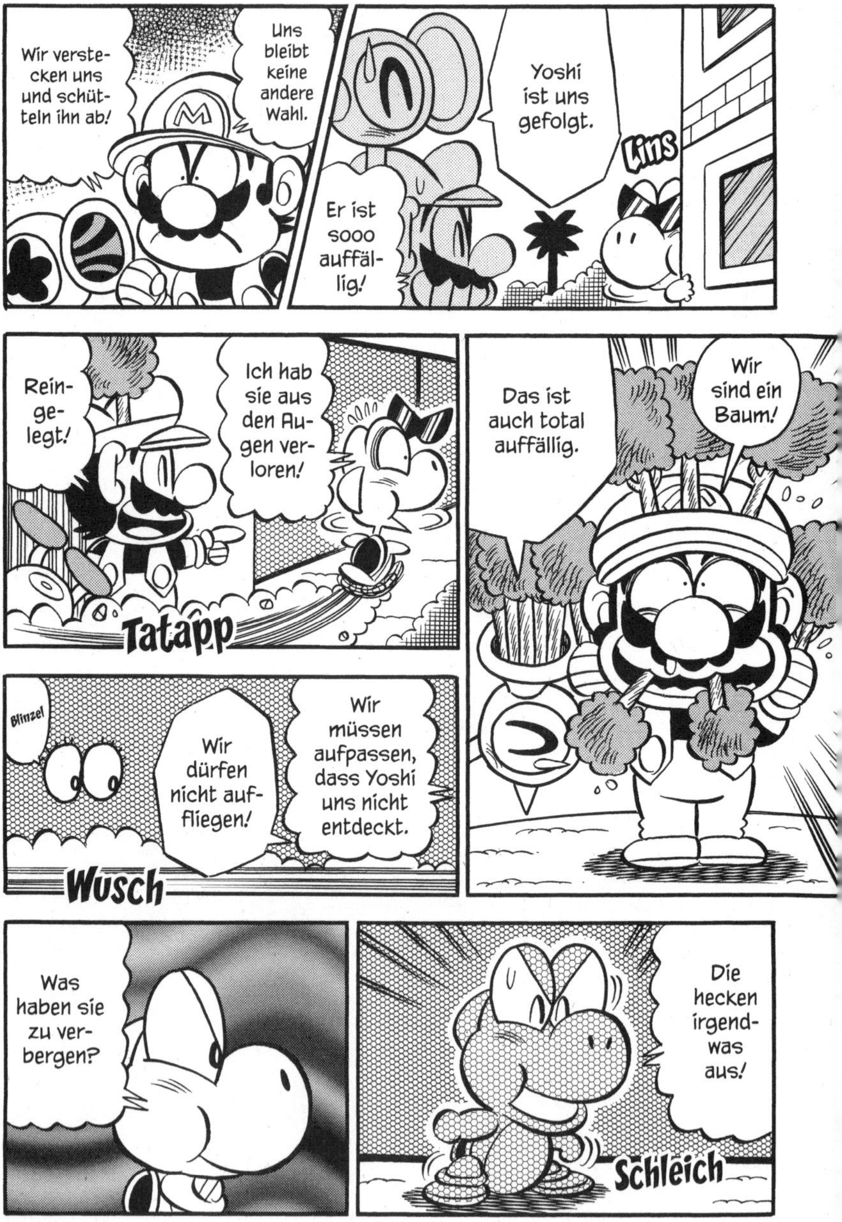
Wir verstecken uns und schütteln ihn ab!
Uns bleibt keine andere Wahl.
Yoshi ist uns gefolgt.
Lins
Er ist sooo auffällig!
Rein-gelegt!
Ich hab sie aus den Augen verloren!
Tatapp
Das ist auch total auffällig.
Wir sind ein Baum!
Blinzel
Wir dürfen nicht auffliegen!
Wir müssen aufpassen, dass Yoshi uns nicht entdeckt.
Wusch
Was haben sie zu verbergen?
Die hecken irgendwas aus!
Schleich

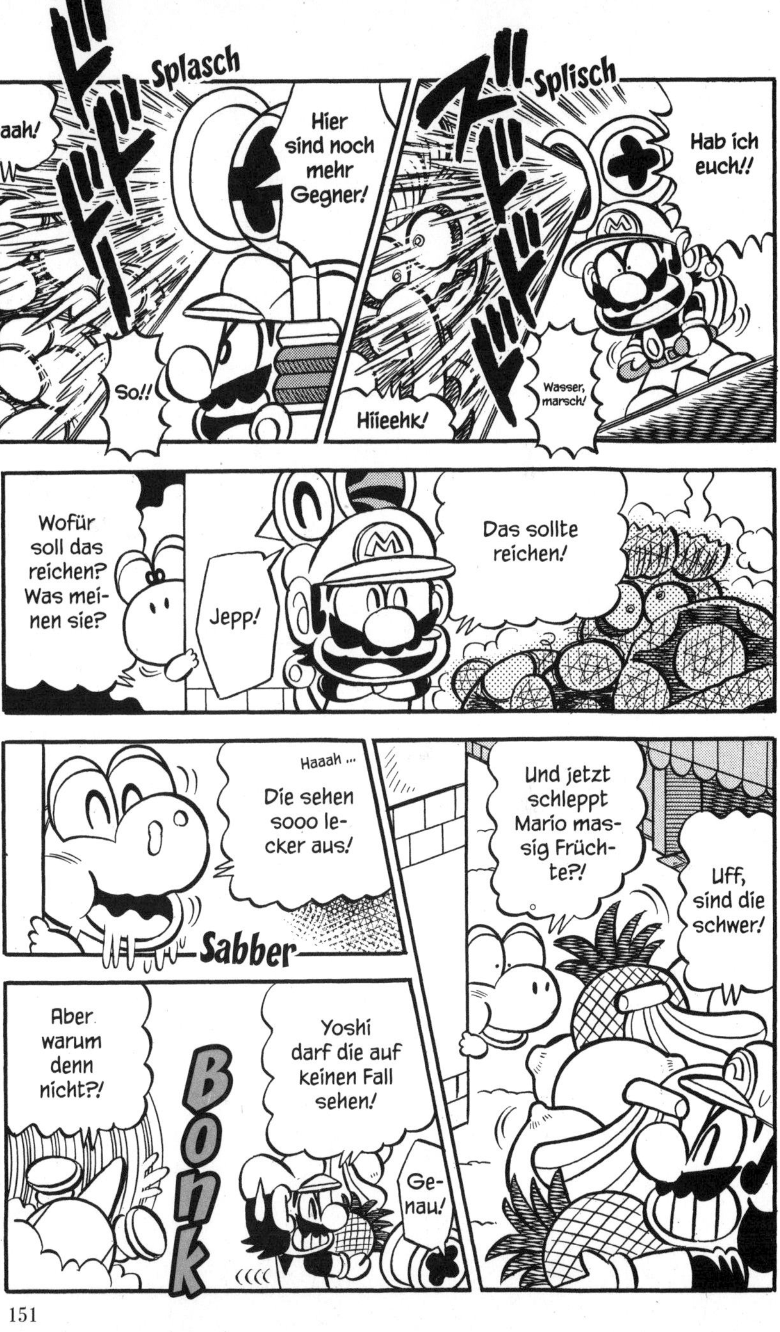
Hab ich euch!!
Splisch
Wasser, marsch!
Hiieehk!
Hier sind noch mehr Gegner!
Splasch
Gaaah!
So!!
Das sollte reichen!
Jepp!
Wofür soll das reichen? Was mei-nen sie?
Und jetzt schleppt Mario mas-sig Früch-te?!
Uff, sind die schwer!
Haaah ...
Die sehen sooo le-cker aus!
Sabber
Yoshi darf die auf keinen Fall sehen!
Ge-nau!
Aber warum denn nicht?!
Bonk

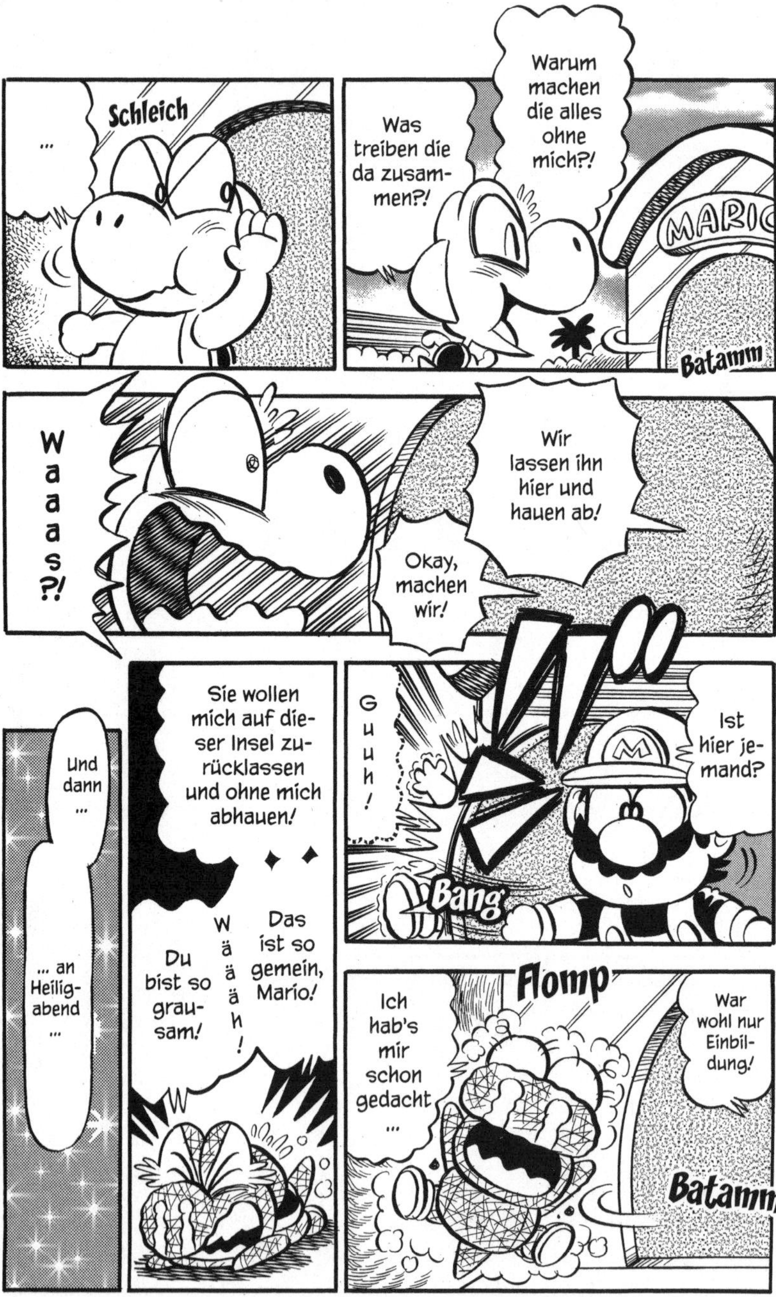
Schleich
...
Was treiben die da zusammen?!
Warum machen die alles ohne mich?!
MARIO
Batamm
Waaaas?!
Wir lassen ihn hier und hauen ab!
Okay, machen wir!
Und dann ...
... an Heiligabend ...
Sie wollen mich auf dieser Insel zurücklassen und ohne mich abhauen!
Du bist so grausam!
Wäääh!
Das ist so gemein, Mario!
Guuh!
Bang
Ist hier jemand?
Flomp
Ich hab's mir schon gedacht ...
War wohl nur Einbildung!
Batamm

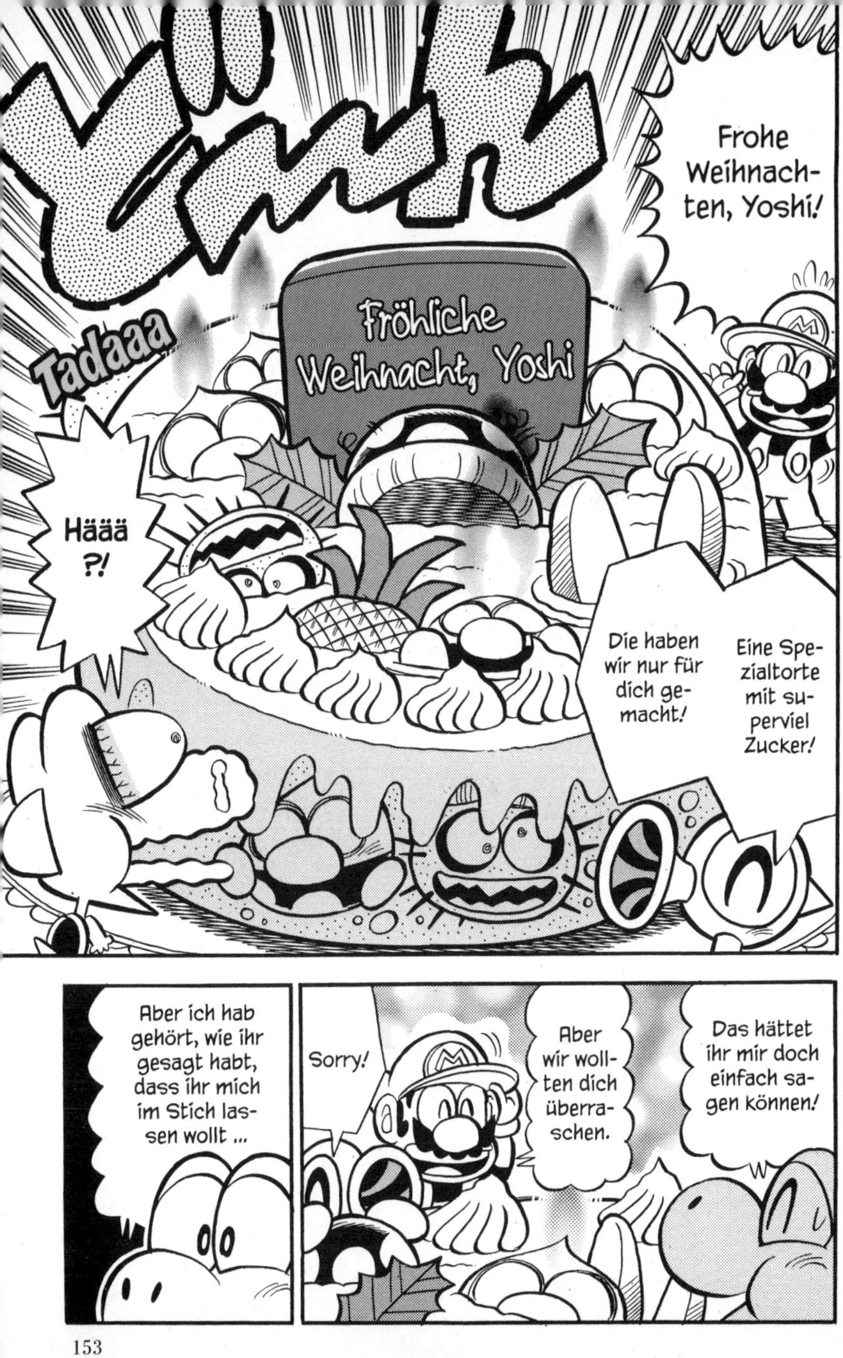
Frohe Weihnachten, Yoshi!
Fröhliche Weihnacht, Yoshi
Tadaaa
Häää ?!
Eine Spezialtorte mit superviel Zucker!
Die haben wir nur für dich gemacht!
Aber ich hab gehört, wie ihr gesagt habt, dass ihr mich im Stich lassen wollt ...
Das hättet ihr mir doch einfach sagen können!
Aber wir wollten dich überraschen.
Sorry!

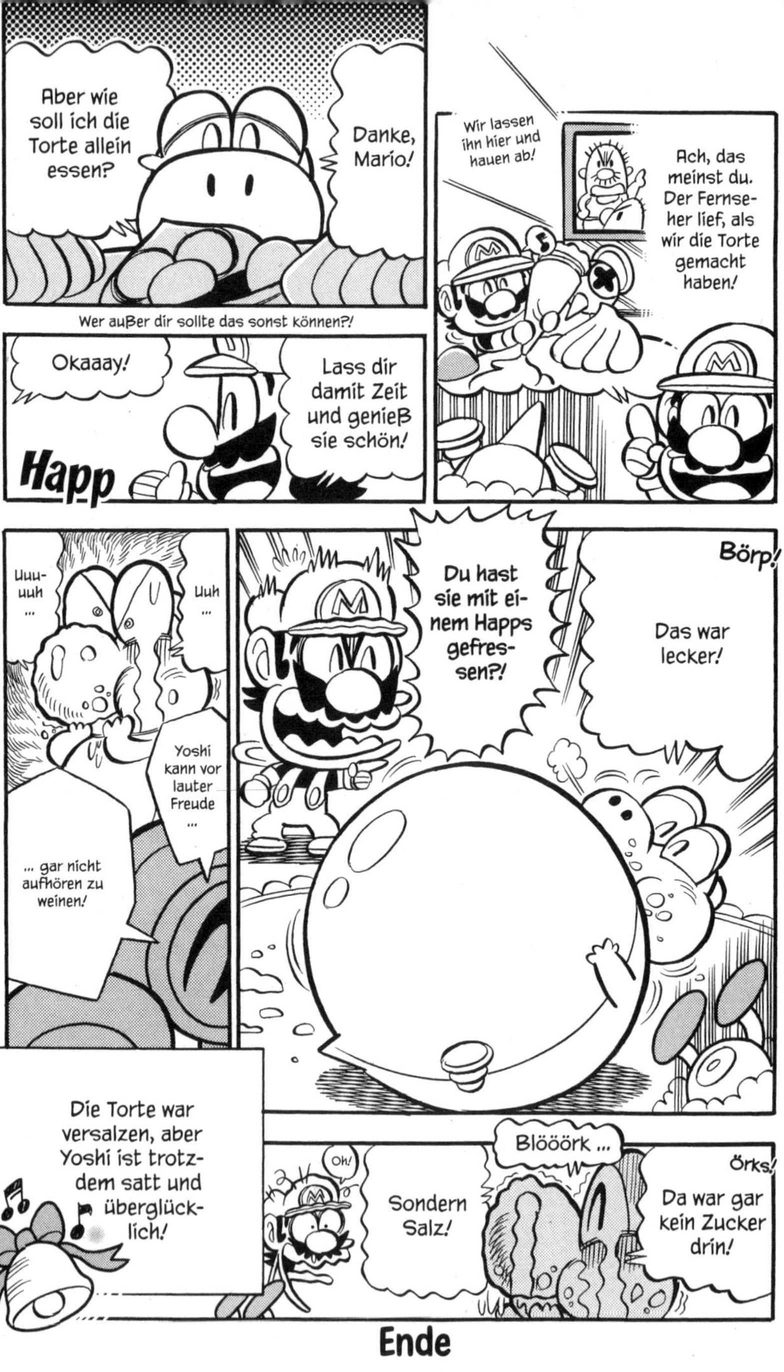

Aber wie soll ich die Torte allein essen?
Danke, Mario!
Wer außer dir sollte das sonst können?!
Wir lassen ihn hier und hauen ab!
Ach, das meinst du. Der Fernseher lief, als wir die Torte gemacht haben!
Okaaay!
Lass dir damit Zeit und genieß sie schön!
Happ
Uuu-uuh …
Uuh …
Yoshi kann vor lauter Freude …
… gar nicht aufhören zu weinen!
Du hast sie mit einem Happs gefressen?!
Börp!
Das war lecker!
Die Torte war versalzen, aber Yoshi ist trotzdem satt und überglücklich!
Oh!
Sondern Salz!
Bloöörk …
Örks!
Da war gar kein Zucker drin!
Ende

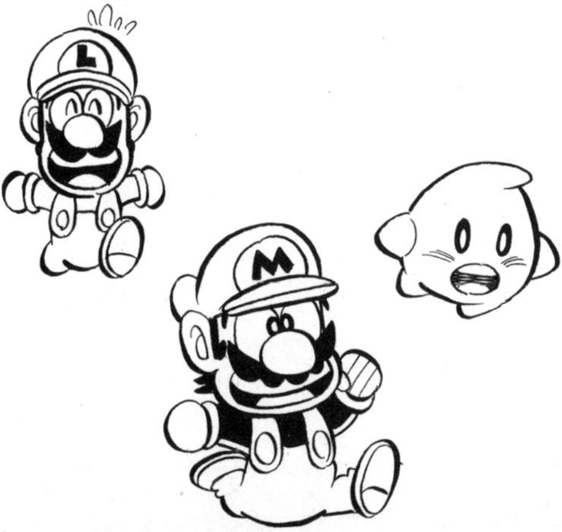

Nachwort

Ich werde oft gefragt, ob ich den *Mario*-Manga immer noch zeichne. Dieses Jahr* gibt es die Serie schon seit 27 Jahren. Nächstes Jahr sind es dann 28 Jahre. Ich hätte nie gedacht, dass die Serie so lange laufen würde! Dafür muss ich mich vor allem bei all meinen Leser*innen bedanken. Ich war einmal auf einem Meet and Greet für Fans der Serie, und dort sagte mir ein Vater, dass in seiner Familie zwei Generationen meinen Manga lesen würden: Er selbst und seine Kinder. Darüber habe ich mich richtig gefreut! Wer den Manga damals mit zehn Jahren angefangen hat und ihn heute immer noch liest, ist mittlerweile 37 Jahre alt. Alles fing damit an, dass ich mich irgendwann einmal selbst gefragt habe, wie die Komiker meiner geliebten Fernsehserie *Yoshimoto Shinkigeki*** das *Mario*-Universum wohl auf die Schippe nehmen würden.

*Anm. der Red.: Gemeint ist 2017.
**jap. Comedy-Show auf Osaka TV

Ich nahm also dieses Konzept und fügte verschiedene Elemente aus den *Mario*-Games hinzu, und so kam schließlich die Manga-Reihe zustande. Aber funktioniert das nach all den Jahren immer noch? Kann ich in dieser Serie immer noch so viel Quatsch anstellen wie die kleinen Kinder, die sie lesen? Ich bin natürlich nicht mehr der Jüngste, also kann es durchaus sein, dass der *Mario*-Manga irgendwann einfach endet, wenn ich nicht mehr fit genug dafür bin. Aber auf jeden Fall will ich noch mächtig Gas geben, bis der Manga sein 30. Jubiläum erreicht hat. Ich habe übrigens ein vierjähriges Enkelkind. Vielleicht wird es auch irgendwann meinen Manga lesen ...?

Yukio Sawada

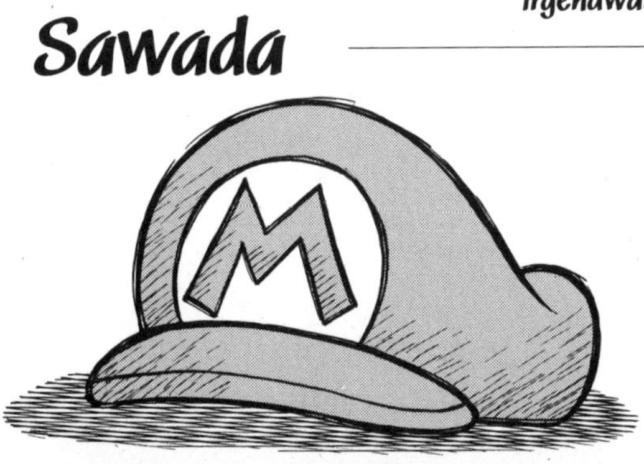

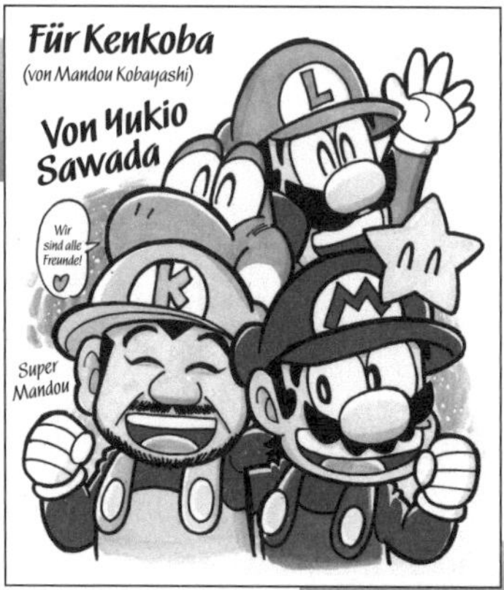

Diese Zeichnung schenkte ich Kendo Kobayashi, als ich einen Auftritt in der Fernsehsendung *Mandou Kobayashi* hatte. In dieser Sendung gab man den Zuschauern preis, wie oft die Wörter »Furz« und »Kacke« in den ersten 52 Bänden meines *Super Mario*-Mangas vorkommen: In den 686 Kapiteln taucht »Kacke« 119 Mal und »Furz« 77 Mal auf. Das kam mir überraschend wenig vor! Für dieses Best-of habe ich allerdings Geschichten ausgewählt, die ein bisschen anständiger sind. Nehmt es mir also bitte nicht übel, dass ihr hier kaum Fäkalsprache zu lesen bekommt!

Yukio Sawada

SUPER MARIO

Seine größten Abenteuer

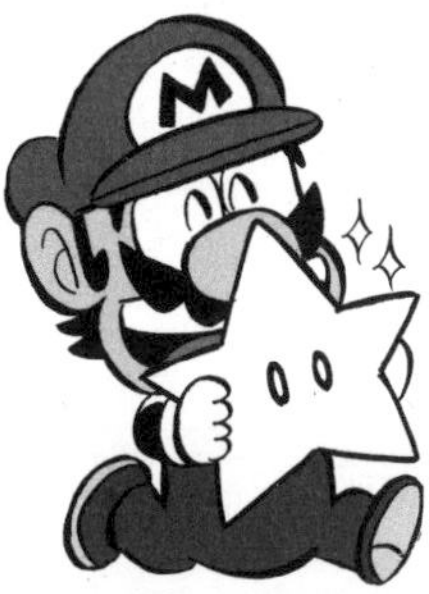

TOKYOPOP GmbH
Hamburg

TOKYOPOP
4. Auflage, 2026
Deutsche Ausgabe/German Edition

Aus dem Japanischen von Sascha Mandler

Original cover design: Yoshiyuki SEKI + Isao AOYAMA (VOLARE inc.)

Redaktion: Benjamin Spinrath
Lettering: Vibrant Publishing Studio
Herstellung: Mathias Neumeyer
GPSR: produktsicherheit@tokyopop.de
Druck und buchbinderische Verarbeitung:
CPI - Clausen & Bosse GmbH, Leck
Printed in Germany

MIX Papier FSC FSC® C083411

Wir achten auf die Umwelt.
Dieses Produkt besteht aus FSC®-zertifizierten und anderen kontrollierten Materialien.

ISBN 978-3-8420-7937-3

www.tokyopop.de